Ulrike Petermann/Franz Petermann
Training mit sozial unsicheren Kindern

Training mit sozial unsicheren Kindern

Einzeltraining, Kindergruppen, Elternberatung

Ulrike Petermann
Franz Petermann

4., ergänzte Auflage 1992

mit 42 Abbildungen und 6 Tabellen

Psychologie Verlags Union
Weinheim 1992

Anschriften der Autoren:

Prof. Dr. Ulrike Petermann
Kinderambulanz der Universität Bremen
Grazer Str. 2, 2800 Bremen 33

Prof. Dr. Franz Petermann
Klinische Psychologie der Universität Bremen
Grazer Str. 2, 2800 Bremen 33

Anschriften der Herausgeber der Bände
„Materialien für die psychosoziale Praxis"

Prof. Dr. Franz Petermann
Klinische Psychologie der Universität Bremen
Grazer Str. 2, 2800 Bremen 33

Prof. Dr. Martin Hautzinger
Klinische Psychologie der Universität Mainz
Postfach, 6500 Mainz 1

CIP-Kurztitelaufnahme der Deutschen Bibliothek

Petermann, Ulrike
Training mit sozial unsicheren Kindern : Einzeltraining,
Kindergruppen, Elternberatung / Ulrike Petermann ; Franz
Petermann – 4., neubearb. und erw. Aufl. – München :
Psychologie-Verl.-Union, 1992
     (Materialien für die psychosoziale Praxis)
     ISBN 3-621-27078-7
NE: Petermann, Franz

Umschlagentwurf: Dieter Vollendorf, München
Printed in Germany.

© Psychologie Verlags Union 1992
Druck und Bindung: Druckhaus „Thomas Müntzer", Bad Langensalza, Thüringen

ISBN 3-621-27078-7

Unserem Vater Karl Petermann

(25.10.1916 – 14.06.1988)

gewidmet

Inhalt

Vorwort

Das vorliegende Buch liegt nach knapp zehn Jahren nun in vierter Auflage vor. Seit dem Jahre 1989, das heißt seit dem Erscheinen der dritten Auflage, hat sich an unserem Vorgehen wenig geändert. Einige theoretische Arbeiten, neue empirische Belege unserer Vorgehensweise und Materialien wurden ergänzt. Auf die sich in den letzten vier Jahren bewährten Kombinationsmöglichkeiten der vorliegenden Programme mit dem „Jugendlichen-Training" (Petermann & Petermann 1991b) sei noch besonders hingewiesen.

Bei der Erweiterung des vorliegenden Trainings unterstützten uns im wesentlichen unsere ehemaligen Bonner Mitarbeiter Frau Dipl.-Psych. Simone Senftleben und Herr Dipl.-Psych. Michael Kusch.

Mittlerweile wechselten wir an die Universität Bremen und werden dort für potentielle Interessenten praxisorientierte Fortbildungsveranstaltungen anbieten. Diese Veranstaltungsreihe („Bremer Kinder-Verhaltenstherapietage") wird ab Sommer 1992 durchgeführt werden (Tel.: 0421/2380943 / Fax 0421/2380941). Wir hoffen, daß wir damit eine „persönliche Hilfe" bei der Anwendung unserer „Trainings" bieten können.

Unser Dank gilt auch immer wieder der Psychologie Verlags Union, die unsere Bücher seit Jahren fördert und betreut. Leser und Praktiker motivieren uns genauso wie Kinder und Familien dazu, unser Vorgehen zu überdenken und unter Heranziehung neuer wissenschaftlicher Befunde weiterzuentwickeln. Wir ermutigen alle, uns Rückmeldungen zu unserer Arbeitsform zu übermitteln.

Bremen, im Frühjahr 1992

Ulrike Petermann
Franz Petermann

Einleitung

Der Fall Robert

Es ist große Pause. Die Kinder strömen auf den Schulhof. Einige spielen Fangen, andere machen Hüpfspiele, wieder andere stehen zusammen, erzählen und lachen. Manche streiten sich. Robert, elf Jahre alt, steht allein an einer Mauer des Schulhofs in der Nähe des Eingangs des Schulgebäudes. Er „hält" sich an der Mauer fest, als ob er Angst hätte, von seinen Mitschülern umgerannt zu werden. Beim Klingelzeichen am Ende der großen Pause geht Robert ins Schulgebäude, darauf bedacht, mit niemandem zusammenzustoßen.

Als Robert nach der Schule nach Hause kommt, steckt er nur kurz den Kopf zur Küchentür herein und murmelt ein „Tag" zur Mutter, um sofort in sein Zimmer zu gehen. Er schiebt eine Musikkassette in den Rekorder und legt sich mit einem Buch auf das Bett. Kurze Zeit später erscheint die Mutter in der Tür des Kinderzimmers: „Wie war es heute in der Schule?" - „Wie immer!" antwortet Robert und liest weiter. „Heute kam ein Brief von deiner Lehrerin", sagt die Mutter. „Sie schreibt, du würdest dich im Unterricht nie melden und wenn du aufgerufen wirst, sagst du gar nichts oder nur so leise, daß sie nichts verstehen kann. Stimmt das?" - „Hm..." ist die einzige Reaktion, die die Mutter erhält. Beim Hausaufgaben-Machen fällt Robert ein bunter Zettel aus der Schultasche. Die Mutter hebt ihn auf. Es ist eine Einladung für Robert zu einem Kindergeburtstag. Nur: die Geburtstagsfeier war schon gestern. Die Mutter fragt: „Warum hast du denn nicht gesagt, daß du zum Geburtstag eingeladen worden bist? Und warum bist du nicht hingegangen?" - „Weil ..., weil ..., ich hatte keine Lust!" antwortet Robert. -

„Und warum hattest du keine Lust?"- „Hm!" - „Hattest du Streit mit den anderen Jungen?" - „Nein."
Nach den Hausaufgaben verzieht sich Robert wieder in sein Zimmer. Nach einer Weile klingelt es. Ein Junge aus der Nachbarschaft taucht in der Tür von Roberts Zimmer auf: „Tag, Robert. Was machst du denn?" Erstaunt und verlegen zugleich sieht Robert den Jungen kurz an, dann dreht er den Kopf zur Seite, schaut auf den Boden und erwidert leise: „Och - nichts besonderes." - „Kommst du mit raus zum Spielen?" fragt der Junge. Robert sitzt immer noch unbeweglich am Boden, dreht eine kleine Spielfigur nervös zwischen seinen Fingern und hebt den Kopf nur kurz zu dem Jungen, ohne mit ihm Blickkontakt aufzunehmen: „Nein, ich habe hier zu tun!" Worauf der andere mit einem: „Na, dann tschüss!" reagiert und wieder geht.
Robert ist wieder allein - wie jeden Tag.

Dieser Ausschnitt aus dem Tagesablauf von Robert zeigt mögliche typische Verhaltensweisen und Probleme eines **sozial unsicheren Kindes**. Sozial unsicheres Verhalten kann kindspezifisch und aufgrund unterschiedlicher Sozialisationshintergründe variieren. Gemeinsam ist allen unsicheren Kindern der mangelnde Kontakt zu Gleichaltrigen. Soziale Isolation, inkompetentes Verhalten, Gehemmtheit, Schüchternheit, Unsicherheit, Angst und andere Schlagworte fallen zu dem oben beschriebenen Verhalten ein. Wie ist es fachwissenschaftlich zu definieren und zu operationalisieren? Was ist die Motivation von Kindern, sich so zu verhalten wie Robert? Können mögliche Ursachen für die Entwicklung dieses Verhaltens benannt werden? Und wie kann man mit diesen Kindern therapeutisch arbeiten - das heißt, welche Interventionsmöglichkeiten gibt es und inwieweit sind sie auf ihre Wirksamkeit hin überprüft?

Die folgenden Ausführungen versuchen, auf all diese Fragen Antworten zu geben. Sie gliedern sich in: theoretische Ausführungen (1), Überlegungen zur Indikationsstellung (2), Fallbeschreibungen (3), Konzeption und konkretes Vorgehen eines Verhaltensmodifikationsprogrammes (4- 7), dessen Effektprüfung (8) und Hinweise zum Erlernen des Vorgehens (9).

1 Theoretische Überlegungen

Sozial unsicheres Verhalten ist ein weit verbreitetes **Alltagsproblem**. So belegen Cranach et al. (1976) anhand einer Studie an 1.115 Münchner Vorschulkindern, daß 16,8 % als „schüchtern" zu bezeichnen und von diesen wiederum 59 % therapiebedürftig sind.

Havers (1981) berichtet über verschiedene Studien, die sich mit der Häufigkeit einzelner Erziehungs- und Schulschwierigkeiten beschäftigen (vgl. auch Gresham 1981). Dabei zeigt sich, daß nach Lehreraussagen aus Deutschland und Nordamerika zwischen 24 und 35 % der untersuchten Schüler schüchtern und zurückgezogen sind. In 18 % der Fälle tritt dieses Verhalten häufig oder sehr intensiv auf. Mit Havers ist jedoch anzumerken, daß die Studien teilweise Stichprobenprobleme aufweisen, lediglich auf Lehrerbefragungen anhand eines Fragebogens beruhen und nicht unbedingt die aktuellsten Zahlenverhältnisse widerspiegeln.

Dabei muß man sich auch vor Augen führen, daß sich diese Zahlen auf unterschiedliche Begriffe beziehen. Da ist die Rede von:

> Sozialer Angst,
> Selbstunsicherheit,
> mangelndem Selbstvertrauen,
> fehlender Selbstbehauptung oder
> sozialer Inkompetenz.
>
> Hinzu kommen die Bezeichnungen:
>
> Depression,
> soziale Isolation,
> sozialer Rückzug,
> Schüchternheit,
> Kontaktprobleme und
> soziale Phobie.

Weiterhin erhebt sich die Frage, ab welcher Intensität und Häufigkeit Schüchternheit oder Zurückgezogenheit ein Problem und wann es „nur" eine entwicklungsbedingte vorübergehende Phase ist (Davison & Neale 1988). Soziale Phobien werden von Davison & Neale als „nicht selten auftretend" bezeichnet. Diesem globalen Urteil entsprechen unsere Erfahrungen mit Anfragen von Eltern, Lehrern, Kindergärtnerinnen und Ärzten.

Die oben genannten Begriffe liegen teilweise auf unterschiedlichen Ebenen und müßten in ein Gesamtkonzept integriert werden. Dies leisten die bisher vorliegenden theoretischen Überlegungen allerdings nicht, und dies ist auch nicht die Absicht dieses Buches. Trotzdem wollen wir auf eine Begriffsklärung nicht verzichten:

Dazu gehen wir von dem Begriff **sozial unsicheres Verhalten** aus, der das zu ändernde **Problemverhalten** bezeichnet. Das **Zielverhalten** wird als **sozial kompetentes Verhalten** bezeichnet. Wie diese Begriffe bestimmt, warum sie gewählt werden und wie sie untereinander verknüpft sind, versuchen wir in den folgenden Ausführungen etwas näher zu klären.

1.1 Was ist sozial unsicheres Verhalten?

Die zentrale Bedeutung des Sozialverhaltens wird vor allem bei Kindern und Jugendlichen sichtbar (vgl. Christoff & Myatt 1987). So schränkt mangelhaftes oder unangemessenes Sozialverhalten leider oft die Entwicklungschancen von Kindern ein. Es lassen sich nicht nur gestörte Interaktionen feststellen, sondern auch Auswirkungen auf die Lernprozesse in der Schule.

Ein Sozialverhalten, das die Entwicklung von Kindern nachteilig beeinflußt, bezeichnen wir als sozial unsicheres Verhalten. Warum? Dies läßt sich am Fall Robert erläutern. Roberts Problem hat immer **etwas mit anderen Menschen** zu tun: Mit den Mitschülern, mit der Lehrerin, mit dem Nachbarjungen und anscheinend auch mit seiner Mutter. Wenn es um die **Interaktion** mit anderen Personen geht, kneift Robert; das heißt, er **vermeidet** oder **verweigert** sogar den Kontakt. Er meldet sich nicht im Unterricht. Er folgt der Geburtstagseinladung nicht. Er steht alleine und abseits auf dem Schulhof. Er will mit niemandem zusammenstoßen. Er lehnt die Spielaufforderung des Nachbarjungen ab.

Bei alldem fällt eine gewisse **Unsicherheit** auf: Er antwortet nicht auf Fragen der Lehrerin oder so leise, daß sie nichts versteht. Auch bei der Mutter und dem Nachbarjungen ist er nicht gesprächig. Man könnte sich fragen, ob Robert überhaupt der Sprache mächtig ist. Das Bücherlesen spricht für eine gewisse Sprachfertigkeit. Unsicher erscheint Robert auch in seiner Mimik und Gestik. Er nimmt keine Blickkontakte auf, sitzt unbeweglich, spielt nervös mit den Fingern.

Schließlich ist noch etwas zu entdecken: **Angst.** Er hält sich in der Pause an der Mauer des Schulhofes fest, „als ob er Angst hätte, von seinen Mitschülern umgerannt zu werden".

Zentral in Roberts Alltag sind seine mißlungenen Sozialkontakte und seine Unsicherheit im Verhalten. Soziale Angst ist in einer Situation angedeutet. Wenn wir Kinder, die zu uns in Behandlung kommen, beobachten, können wir bei ihnen die gleichen zentralen Probleme feststellen: Unsicherheit in Gestik, Mimik und Spielverhalten sowie Schwierigkeiten im Sozialkontakt. Deshalb ist nach unseren Beobachtungsstudien **sozial unsicheres Verhalten** für diese Kinder die treffendste Bezeichnung (vgl. Petermann & Walter 1989). Der Begriff erlaubt zudem, unterschiedliche Motivationen für ein solches Verhalten zu berücksichtigen.

1.1.1 Abklärung des Begriffsfeldes

Wir werden nun das Begriffsfeld, das zum Problembereich sozial unsicheres Verhalten existiert, näher betrachten. Gemeinsamkeiten und Unterschiede zu anderen Bezeichnungen werden herausgearbeitet.

Soziale Inkompetenz

Im Rahmen eines Gruppentrainings sozialer Kompetenzen, das von Hinsch & Pfingsten (1983) für verschiedene Erwachsenengruppen sowie Jugendliche konzipiert wurde, stellen die Autoren sozial kompetentes **sozial inkompetentem Verhalten** gegenüber. Sie wählen eine weite Definition, da noch keine exakte Beschreibung sozialer Kompetenz beziehungsweise Inkompetenz vorliegt. Hinsch & Pfingsten bezeichnen solche Verhaltensweisen als sozial inkompetent, die **langfristig ein nachteiliges Verhältnis negativer und positiver Konsequenzen zur Folge** haben. Nach ihren Überlegungen bedingen fünf Aspekte soziale Inkompetenz.

(1) **Situationale Überforderung**: Es kann soziale Situationen oder äußere Umstände geben, die von einer Person nicht mehr bewältigt werden können.

(2) **Ungünstige kognitive Verarbeitung**: Damit sind zum Beispiel Wahrnehmungsverzerrungen, mangelnde Diskriminationsfertigkeiten und mangelnde Selbstwirksamkeit gemeint. Für unsere Sichtweise ist vor allem die mangelnde Selbstwirksamkeit im Sinne Banduras (1986) von Belang, die wir in Abschnitt 1.2.3 ausführen.

(3) **Ungünstige emotionale Verarbeitung**: Neben physiologischen Erregungsprozessen wird auch die soziale Angst für Selbstunsicherheit verantwortlich gemacht.

(4) **Ungünstiges motorisches Verhalten**: Es bezieht sich auf Vermeidungsverhalten, mangelnde Fertigkeiten und ungünstige Verhaltensgewohnheiten.

(5) **Ungünstige Konsequenzen und Konsequenzverarbeitung**: Nicht nur objektiv nachteilige Konsequenzen von sozial inkompetentem Verhalten, sondern auch die subjektive Wahrnehmung und Ursachenzuschreibung von erfolgreichen oder mißlungenen Handlungen stellen eine Einflußgröße dar; sie sind für Selbstverstärkung und -bestrafung entscheidend.

Hinsch & Pfingsten (1983) berücksichtigen in ihrem Ansatz viele Aspekte, die auch für sozial unsichere Kinder Bedeutung besitzen.

● So können Situationen im Kinderalltag auftreten,

mit denen ein Kind überfordert ist. Für **Robert** war es beispielsweise zu schwer, mit der Mutter über ein so kritisches Thema wie Melden im Unterricht zu sprechen.

- Es stellt sich weiter die Frage, ob Robert erkennt, daß andere Kinder gern mit ihm spielen wollen. Warum sonst würde er eine Einladung zum Kindergeburtstag bekommen oder spontan vom Nachbarjungen zum Spielen aufgefordert werden? Robert scheint wenig von seiner Selbstwirksamkeit überzeugt zu sein, und sein kurzes, zögerndes Verhalten bei der Frage des Nachbarjungen deutet auf seine Unsicherheit hin.

- Soziale Angst deutet die Schulhofsituation an. Dieser Aspekt müßte im Fall Robert noch differenzierter untersucht werden.

- Robert zeigt offensichtlich auch ungünstiges motorisches Verhalten. Er spricht kaum, vermeidet Sozialkontakt, ist nicht blickkontaktfähig und liebt es anscheinend immer, alleine Musik zu hören, zu lesen und sich in eine selbstbestimmte Phantasiewelt zurückzuziehen.

- Das zurückgezogene Verhalten wirkt sicherlich selbstverstärkend. Er kann seinen Lieblingsbeschäftigungen nachgehen und muß sich nicht auf andere einstellen, kooperieren. Das Vermeidungsverhalten reduziert auch die eventuell vorhandene soziale Angst.

Sozialer Rückzug

Nach Davison & Neale (1988) handelt es sich hierbei um überkontrolliertes Verhalten. Sie setzen diesen Ausdruck mit **Schüchternheit** gleich. Beschrieben wird ein Kindverhalten, das extrem ruhig und schüchtern ist. Solche Kinder gehen Fremden aus dem Weg. Sie haben zu wenig Gelegenheit, soziale Fertigkeiten zu erwerben, weil sie zum Beispiel Spielplätze, Kindergruppen und Kinderfreizeiten meiden. In einer fremden sozialen Umgebung verweigern sie sich: Sie sprechen nicht, klammern sich an den Eltern fest, verstecken sich hinter Möbeln.

Von sozial zurückgezogenen, schüchternen Kindern wird behauptet, daß sie meistens über intensive Beziehungen zu ihrer Familie, vertrauten Angehörigen sowie zu Freunden der Familie verfügen. Sie können auch mit Erwachsenen freier als mit Kindern interagieren. Auch in diesen Erscheinungsformen können wir Roberts Kontaktvermeidung und soziale Unsicherheit erkennen.

Soziale Isolierung und Schüchternheit

Versteht man unter sozialem Rückzug und **sozialer Isolierung** dasselbe? Überschneidungen ergeben sich durch den Begriff Schüchternheit. Davison & Neale (1988) setzen sozialen Rückzug und Schüchternheit gleich. Christoff & Myatt (1987) verwenden soziale Isolation und Schüchternheit synonym. Lauth & Viebahn (1987) begreifen unter anderem Schüchternheit als einen die soziale Isolierung begünstigenden individuellen Faktor. **Schüchternheit** definieren sie als das Fehlen eines allgemein erwarteten Sozialverhaltens. Schüchterne stehen alleine, besuchen äußerst ungern Feste und Veranstaltungen, zeigen wenig Risikobereitschaft und Initiative in sozialen Situationen, sprechen kaum und brechen selten das Schweigen in einer Gruppe. Zudem erzählen sie wenig von sich selbst; vielleicht weil ihnen Vertrauen zu anderen fehlt.

Soziale Isolierung besteht für Lauth & Viebahn (1987) hingegen **nicht nur** in einem geringen Sozialkontakt zu anderen; sie ist auch nicht mit Beziehungen zu einem eingeschränkten Personenkreis identisch, sondern sie wird bevorzugt als das **negative, individuelle Erleben** unzureichender Sozialkontakte definiert. Einsamkeitserleben, Entfremdungsgefühle, ungünstige Bewertungen sozialer Beziehungen rücken in den Blickpunkt.

Die Merkmale der Schüchternheit nach Lauth & Viebahn (1987) decken sich wiederum mit den beobachtbaren Verhaltensweisen von **Robert**. Ob Robert seine Sozialkontakte unzureichend und negativ erlebt, kann nicht ohne weiteres belegt werden. Es wurde sogar weiter oben die Vermutung angestellt, daß sich Robert mit dem Alleinebeschäftigen selbst verstärkt. Ist dies der Fall, dann erlebt er seine soziale Isolierung als angenehm und positiv. Demnach würde Robert zwar die isolierungsbegünstigende Schüchternheit aufweisen, aber nicht als sozial isoliert gelten.

Diese Ausführungen verdeutlichen, daß die zur Zeit diskutierten Begriffe und damit verbundenen spezifischen Diagnosen weder eindeutig voneinander abgrenzbar noch vollkommen deckungsgleich sind (vgl. Kazdin 1988).

Die Sachlage verkompliziert sich noch, wenn man den Begriff soziale Angst mitberücksichtigt. Leider kann darauf nicht verzichtet werden. Soziale Angst ist nicht bei allen sozial unsicheren Kindern, aber bei vielen anzunehmen; so auch bei Robert.

1.1.2 Die Motivation „soziale Angst"

Soziale Angst resultiert aus mehr oder weniger konkreten und realistischen Wahrnehmungen sowie Erwartungen im Hinblick auf bedrohliche soziale Situationen. Sie **motiviert** das Handeln einer Person in einer bestimmten Weise. Damit gehen wir in Anlehnung an Heckhausen (1980) und Trower & Gilbert (1989) davon aus, daß soziale Angst wie auch Aggression als **soziales Motiv** aufzufassen ist. Allerdings ist damit noch nicht von vornherein festgelegt, welches Verhalten aus diesem Motiv resultiert. So unterscheiden wir in unseren Studien zum aggressiven Verhalten zwischen **angst-** und **egoistisch motivierter Aggression** (vgl. Petermann & Petermann 1991a). Das bedeutet, daß aggressives Verhalten und sozial unsicheres Verhalten durch soziale Angst motiviert sein **kann**. Beide Verhaltensweisen unterscheiden sich dann nicht in ihren Motiven, vielmehr handelt es sich um **verschiedene Verarbeitungsformen** desselben Motivs. Ob angstmotiviert-aggressives oder sozial unsicheres Verhalten entwickelt wird, entscheiden spezifische Sozialisationsbedingungen sowie individuelle Eigenheiten des Kindes.

Die Motivation soziale Angst kann sowohl als Zustandsangst als auch als überdauernde Reaktionsbereitschaft (= Ängstlichkeit) auftreten. Diese Unterscheidung in soziale Angst als **aktuellen** sowie **kurzfristig andauernden** Zustand und Angst als **habitualisierten, überdauernden** Zustand soll in Anlehnung an Schwarzer (1987) angenommen werden (vgl. auch Butollo 1979; Fröhlich 1983; Krohne 1975a, 1985; Levitt 1987). Lerntheoretisch betrachtet ist habitualisierte soziale Angst nicht als Persönlichkeitsmerkmal mehr oder minder ausgeprägt vorhanden, sondern entwickelt sich im Zusammenhang mit häufig und/oder intensiv erlebter Zustandsangst. Das bedeutet: Die Lerngeschichte einer Person bedingt ein spezifisches Erwartungs- und Beurteilungsverhalten, so daß im Falle der habitualisierten sozialen Angst eine „neutrale Situation" eher als bedrohlich eingeschätzt und damit angstauslösend wahrgenommen wird.

Kommen wir noch einmal zum Fall **Robert**. Auf dem Schulhof steht er an die Mauer angelehnt, alleine in der Nähe des Schuleingangs. Seine Mitschüler rennen umher, spielen Fangen und anderes. Eine an sich neutrale Situation! Robert scheint sie aber als **gefährliche** und zumindest **mehrdeutige Gefahrensituation** wahrzunehmen. Er befürchtet umgerannt zu werden, was ihn veranlaßt, sich ängstlich an der Mauer „festzuhalten". Er verfügt über **kein** anderes **angemessenes Verhalten** als diese Gefahrensituation so gut es geht zu vermeiden. Die Situation ist für Robert auch noch am Ende der großen Pause bedrohlich und angstauslösend. Er geht bedächtig ins Schulgebäude, um mit niemandem zusammenzustoßen.

Betrachtet man sich die Hauptpunkte dieses Ablaufs, so sind wesentliche Merkmale der Angst erkennbar:

Angst ist „ein (emotionaler) Zustand des Organismus, bestimmt durch einen als betont unangenehm erlebten Erregungsanstieg angesichts der Wahrnehmung einer komplexen und mehrdeutigen Gefahrensituation, in der eine adäquate Reaktion des Individuums nicht möglich erscheint" (nach Krohne 1975a, S. 11).

Was genau ist nun aber soziale Angst, wie wird ihr Zusammenhang zu sozialen Fertigkeiten, sozialer Isolierung und Unsicherheit gesehen?

Bei Ullrich de Muynck & Forster (1974) stellen **soziale Angst** und **Hemmung** einen Bereich neben dem der **Einstellung zu sich selbst** (Selbstkonzept) und dem der **sozialen Fertigkeiten** dar. Zusammen bilden sie das Bedeutungsfeld von Selbstunsicherheit (vgl. auch Ullrich de Muynck & Ullrich 1978).

Soziale Angst bedeutet bei Wolpe (1961) die Angst vor
- Kritik,
- Beobachtung bei der Arbeit,
- Ablehnung,
- sozialer Hervorhebung (im Mittelpunkt stehen) und
- Autoritätspersonen.

Ähnliche Definitionen und Merkmale sozialer Angst tauchen in modernen Lehrbüchern auf (Davison & Neale 1988; Strian 1983). So führen Davison & Neale aus, daß sozial-ängstliche Personen **Situationen vermeiden** möchten, in denen sie sich kritisch beobachtet fühlen, ihre Angst verraten oder sich unangemessen verhalten könnten. Jede **beliebige Handlung** kann bei der **Anwesenheit anderer** extreme und oft **irrationale** Angst auslösen. Eine Steigerung sozialer Angst nennen die Autoren **soziale Phobie**, die neben der Agoraphobie eine der beeinträchtigensten Phobien ist, da sie sinnvolles und gezieltes Handeln erheblich behindern kann.

Das Vermeidungsverhalten, das mit der sozialen Angst gekoppelt ist, heben auch Hinsch & Pfingsten (1983) hervor. Sie führen aus, daß eine Person theoretisch sehr wohl in der Lage sein kann, sich in einer bestimmten Situation sozial kompetent zu verhalten, aber durch ihre soziale Angst an der Ausführung des Verhaltens gehindert wird. Entweder meidet sie die Situation ganz - wie Robert die Geburtstagsfeier -, oder sie zeigt vermeidendes Verhalten in der Situation, wie Robert dies durch leises, kurzes Antworten, nervöses Fingerspiel und keinen Blickkontakt aufnehmen tat, als ihn der Nachbarjunge besuchte.

Hinsch & Pfingsten (1983) sehen soziale Angst als ungünstige emotionale Verarbeitungsstrategie, die mit den bereits genannten anderen vier Bedingungen soziale Inkompetenz hervorruft.

Nach Lauth & Viebahn (1987) begünstigt soziale Angst neben **Schüchternheit, geringem Selbstwertgefühl, mangelnden sozialen Kenntnissen, Fertigkeitsdefiziten** und **zu hohen Bewertungsstandards** soziale Isolierung. Sie umschreiben soziale Angst als Unbehagen und negatives Gefühl infolge von Beobachtungen, Bemerkungen oder bloßer Anwesenheit anderer. Sie wird in Vermeidungsverhalten deutlich und geht mit Fertigkeitsdefiziten einher. Die Autoren weisen besonders auf die **kognitiven Momente** sozialer Angst hin. Dies ist deshalb von großer Bedeutung, da das Gefühl der Angst kognitiv repräsentiert und reflektiert wird.

Nehmen wir zur Verdeutlichung noch einmal **Robert**: Er meldet sich nicht im Unterricht, und wenn er aufgerufen wird, schweigt er oder spricht unverständlich leise. Vermutlich hat Robert vor dieser sozialen Hervorhebung Angst und deshalb eine erhöhte Tendenz zur **Selbstaufmerksamkeit** (vgl. auch Lange et al. 1983; Schwarzer 1987). Dabei wendet er seine Aufmerksamkeit von der Frage der Lehrerin beziehungsweise von der Aufgabe ab und der bewertenden Lehrerin zu. Auch wenn Robert eigentlich die Lösung oder Antwort weiß - nämlich zum Beispiel zu Hause in einer entspannten Situation - so ist er spätestens mit der erhöhten Selbstaufmerksamkeit nicht mehr fähig zu reagieren. Weiterhin treten innere Sätze (zum Beispiel: „Das schaff' ich nie!") mit sozialer Angst gekoppelt auf. Mißerfolgserwartungen machen den Kreislauf der sozialen Angst perfekt.

Schließlich beschreibt Ralf Schwarzer in seinem Buch „Streß, Angst und Hilflosigkeit" (1987) die soziale Angst als Gefühlsreaktion **vor** oder **in** einer Interaktion. Er gliedert die soziale Angst in Anlehnung an Buss (1980) in **Verlegenheit, Scham, Publikumsangst** und **Schüchternheit** (vgl. Check & Buss 1981). Die Gefühle der Verlegenheit und Scham sind eng miteinander verbunden. Verlegenheit wird als kurzfristig und relativ unbedeutend aufgefaßt; Scham ist längerandauernd, schwerwiegend und moralbezogen. Publikumsangst entspricht der bereits erwähnten sozialen Hervorhebung nach Wolpe und die Schüchternheit kennzeichnet Schwarzer mit ähnlichen Verhaltensweisen, wie wir sie bereits im Abschnitt 1.1.1 ausgeführt haben.

> Übereinstimmend zeigen sich bei allen Autoren zwei wesentliche Bestimmungsmerkmale der sozialen Angst:
> - Soziale Angst ist an die **bloße Anwesenheit anderer Personen** geknüpft. Manchmal spielen Bewertungen durch andere eine Rolle.
> - Soziale Angst mündet meistens in ein **Vermeidungsverhalten**, was langfristig Fertigkeitsdefizite und damit inkompetentes sowie unsicheres Verhalten in sozialen Situationen mit sich bringt.

Die Auswirkungen der sozialen Angst erstrecken sich auf viele Lebensbereiche und sind bei Kindern besonders deutlich im schulischen Lern- und Sozialverhalten erkennbar. Viele Lernprobleme resultieren aus sozialer Angst und äußern sich wie folgt:
- Kein Kontakt zu Mitschülern,
- mangelnde mündliche Unterrichtsbeteiligung,
- manchmal Lern- und Leistungsprobleme mit mangelhaften Ergebnissen oder
- Vermeiden beziehungsweise Verweigern des Schulbesuches.

Bei **Robert** erkennt man mangelnden Kontakt zu seinen Mitschülern und eine nicht ausreichende mündliche Unterrichtsbeteiligung als Teilproblematik seiner sozialen Unsicherheit. Handelt es sich hierbei nun um **soziale Angst oder** um **Schulangst**? Gehen wir einmal mit Lange et al. (1983) und Schwarzer (1981) davon aus, daß

- leistungs- und prüfungsbezogene Situationen in der Schule oftmals Gegenstand **öffentlicher Bewertung** sind;

- Selbstbewertungen auch als sozialer Vergleich ablaufen und damit in mehr oder weniger ungünstiger Weise für einen selbst **bezugsgruppenabhängig** sind und
- die soziale Position in einer Klasse durch die **öffentliche Bewertung** sowie die **spezifische Bezugsgruppe** bestimmt wird.

Damit sind soziale Situationen gegeben, auch wenn sie schulspezifische Inhalte wie Prüfungen und Leistungen zum Gegenstand haben. Sie werden besonders dadurch zu sozialen Situationen, daß Hochängstliche für soziale Bewertungen aus ihrer Umwelt besonders empfänglich sind. Sie achten in Leistungssituationen darauf, ob andere anwesend sind. Ist dies der Fall, dann fühlen sie sich sehr beeinträchtigt und sind es oft auch. In diesem Kontext sind Schul- und Leistungsängste bei den meisten Personen und in den meisten Situationen mit sozialen Ängsten identisch (vgl. auch Lange et al. 1983).

Die soziale Angst beeinflußt das Schülerverhalten und sein **Selbstbild**. Die Problematik zeigt sich vor allem im Hinblick auf den Teufelskreis, der dadurch entsteht, daß einmal ängstliche Personen sich negativer einschätzen als nicht-ängstliche, und einmal ängstliche Personen von einer negativen Fremdeinschätzung ausgehen, die sich leider oft bewahrheitet. „Ängstliche Schüler besitzen also, verglichen mit nicht-ängstlichen, nicht nur ein negativeres Selbstbild, auch ihr vermutetes Fremdbild ist weniger positiv, und tatsächlich werden sie von ihrer Umwelt auch weniger geschätzt", meint Krohne (1975b, S. 135).

Ob und in welchem Ausmaß **Robert** ein negatives Selbstbild hat, wäre noch zu überprüfen. Aus der Fallbeschreibung geht auch nicht hervor, was Robert glaubt, wie ihn seine Mitschüler einschätzen. Es scheint jedoch, daß er gegenwärtig von seiner Umwelt geschätzt wird, da er zum Geburtstag eingeladen und vom Nachbarjungen zum Mitspielen aufgefordert wird.

Wir wollen einen letzten Sachverhalt ansprechen: Gibt es **empirische** Aussagen zur sozialen Angst? Eine schon etwas länger zurückliegende Studie existiert von Butollo (1979). Er wertete Daten, die durch ein standardisiertes Interview gewonnen wurden, faktorenanalytisch aus. Es wurden 146 Personen mit Phobien und chronischer Angst zu verschiedenen Problembereichen der Angst befragt. Von den sechs interpretierbaren **Faktoren** konnte einer mit der Bezeichnung **Sozialangst** klar abgegrenzt und mit spezifischen sozialen Situationen beschrieben werden. Die Faktoren lauten im einzelnen:
- Körperbezogene Ängste,
- Existenzangst,
- Sozialangst,
- unspezifische Angst,
- physiologische Begleiterscheinungen und
- Depression vor der Angstkonfrontation.

Bei der Sozialangst handelt es sich um Aussagen über Angst **in** sozialen Situationen sowie über Gedanken **an** soziale Situationen, die bereits starke Angst auslösen. Als solche angstauslösenden sozialen Situationen werden die Begegnungen mit Fremden, generell negative Bewertungen, Sprechen in der Öffentlichkeit und ähnliches bezeichnet. Zu beachten ist bei dem Faktor soziale Angst, daß in den Interviews hinsichtlich des Angstverlaufs häufig Angaben darüber gemacht werden, „daß die Angst *vor* der Konfrontation mit der angstauslösenden Situation *stärker* ist, als wenn die Person der Situation direkt ausgesetzt ist („*während*")" (Butollo 1979, S. 36). - Ähnlich sieht es bei Schülern und ihrer Prüfungsangst aus. Sie haben oft **vor**, aber nicht **während** der Klassenarbeit Angst (vgl. Lange et al. 1983).

Resümierend hält Butollo (1979) fest, daß Sozialangst als **eigenständiger Faktor** zu berücksichtigen sei, da er sich im Hinblick auf die Auslöser und die Erscheinungsformen von anderen Angstreaktionen deutlich unterscheide und die spezifischen Reaktionen auf eine Therapie bei sozialen Ängsten ebenfalls anders ausfielen als bei generalisierten Situations- (Agora-, Klaustrophobie) oder körperbezogenen Ängsten.

Einen weiteren **direkten,** empirischen Beleg für soziale Angst scheint es nicht zu geben. Ein **indirekter** Schluß läßt sich aus eindeutigen Beziehungen zwischen Unsicherheit und sozialer Angst ziehen. Bei einer Extremgruppe sehr unsicherer Personen konnte etwa ein Drittel als sehr ängstlich registriert werden. Dies macht zugleich deutlich, daß sozial unsicheres Verhalten nicht zwangsläufig mit sozialer Angst verbunden sein muß (vgl. Hinsch & Pfingsten 1983).

Als Ergebnis einer Korrelationsstudie, die Schwarzer (1987) an 94 Studenten durchführte, steht ein Syndrom, das Personen als allgemein ängstlich, schüchtern und publikumsängstlich ausweist. Dies sind Aspekte, die nach Buss (1980) und Schwarzer (1987) den Oberbegriff **soziale Angst** bilden.

Wenn wir **selbstabwertende innere Sätze** und Überzeugungen von Personen in sozialen Situationen betrachten, so kann indirekt die Existenz von sozialer Angst geschlußfolgert werden. Typische Sätze können sein:

- Jeder muß mich anerkennen!
- Ich darf niemals einen Fehler machen!
- Es ist furchtbar, wenn ich Kritik erfahre!
- Ich langweile die anderen, deshalb rede ich lieber nichts!
- Ich kann nirgendwo mehr hingehen, überall werde ich abgelehnt!

Solche und ähnliche Aussagen und Erwartungen konnten in verschiedenen empirischen Untersuchungen bei jenen Personen gefunden werden, die als neurotisch, sozial-ängstlich, schüchtern und zurückhaltend eingeordnet wurden (Davison & Neale 1988; Wlazlo 1990).

1.1.3 Sieben Aspekte sozial unsicheren Verhaltens

Als Ergebnis der bisherigen Ausführungen zur Begriffsbestimmung können sieben Aspekte sozial unsicheren Verhaltens aufgeführt werden:

1. Sozial unsicheres Verhalten beruht auf der **Motivvoraussetzung** soziale Angst und/oder auf der **Handlungsvoraussetzung** „defizitäres Sozialverhalten".

2. Sozial unsicheres Verhalten ist über die Motivvoraussetzung soziale Angst mit einem als unangenehm erlebten **Erregungsanstieg** mit erhöhter Selbstaufmerksamkeit, selbstabwertenden inneren Sätzen, Mißerfolgserwartungen und Befangenheit gekoppelt.

3. Da soziale Angst als überdauernde Reaktionsbereitschaft ausgebildet sein kann, tritt sozial unsicheres Verhalten bei dieser Motivvoraussetzung als **habitualisierter Zustand** auf. Das bedeutet, ein sozial unsicheres Kind mit sozialer Angst erlebt schneller und entsprechend häufiger den unangenehm erlebten Erregungsanstieg.

4. Bei sozial unsicherem Verhalten spielt die **Wahrnehmung eines Gefahrenreizes** eine Rolle. Dies bezieht sich immer auf die **Anwesenheit von Personen**.

Ein zweiter Punkt betrifft die **mehrdeutig interpretierbare** soziale Situation, das heißt: Werde ich beobachtet oder nicht? Werde ich kritisiert, bewertet - und das auch noch vor den anderen - oder nicht? Die Folge davon ist, die Handlung wird blockiert.

5. Entweder durch die Handlungsblockierung oder durch die Verhaltensdefizite oder beides kommt es zu **Hilflosigkeitsreaktionen in Form sozial unsicheren Verhaltens,** zum Beispiel Vermeiden, Verweigern, Initiativelosigkeit, Passivität oder sozialer Rückzug.

6. Sozial unsicheres Verhalten tritt **situations-** oder **objektspezifisch** auf, so zum Beispiel bezogen auf den Umweltbereich Schule oder auf Kindergruppen und fremde Erwachsene.

7. Für die Indikationsstellung sind **beobachtbare Verhaltensweisen** wie das Sprachverhalten, die Mimik und Gestik, nicht personengebundene Tätigkeiten und der Sozialkontakt aufzuführen. Eine systematische Sammlung solcher Verhaltensweisen liegt in dem in Abschnitt 2.2.2 dargestellten Beobachtungsbogen für unsicheres Verhalten (BSU) vor.

Die **Motivation soziale Angst** ist vor allem aufgrund der genauen Kenntnis der Biographie des Kindes festzustellen. Die Erlebnisse und Erfahrungen des Kindes, vor allem in der Familie, können Hinweise auf die Entstehung der sozialen Angst geben. Liegen bestimmte Bedingungen nicht vor, so wird die Motivation soziale Angst für sozial unsicheres Verhalten unwahrscheinlich.

1.2 Was ist sozial kompetentes Verhalten?

Die Analyse sozial unsicheren Verhaltens gibt uns zwar Hinweise darauf, durch welche Verhaltensdefizite ein Kind auffällt und welche Motivation zugrunde liegt; sie hilft uns aber nicht ohne weiteres, die Therapieziele eindeutig festzulegen. Mögliche **Therapieziele** werden von uns unter dem Oberbegriff „sozial kompetentes Verhalten" zusammengefaßt.

Dieser Ausdruck ermöglicht es, viele andere Begriffe zu integrieren, wie „Selbstsicherheit", „Selbstvertrauen", „Selbstbehauptung" beziehungsweise „Assertiveness", „soziale Fertigkeiten" sowie „Interaktionsfähigkeiten" (vgl. Brandau et al. 1984). Die **Definition** von Hinsch & Pfingsten (1983, S. 6; vgl. auch Döpfner et al. 1981), erscheint uns für die weitere Bezeichnung geeignet. Sie lautet: „Sozial kompetentes Verhalten befähigt eine Person dazu, über solche kognitiven, emotionalen und motorischen Verhaltensweisen zu verfügen und sie anzuwenden, die in spezifischen sozialen Situationen langfristig ein günstiges Verhältnis von positiven und negativen Konsequenzen erbringen." Sozial kompetentes Verhalten wird im folgenden unter interaktions- und lerntheoretischer Sicht betrachtet. Diese Sichtweisen bieten die notwendigen Anhaltspunkte für eine Umsetzung in ein Verhaltensmodifikationsprogramm (Hinsch & Pfingsten 1983). Dabei kann sozial kompetentes Verhalten auf drei Ebenen angesiedelt sein, und zwar als:

1. differenziertes Verhaltensrepertoire,
2. diskriminative Wahrnehmung und
3. Fähigkeit zur reflektierten Überprüfung sowohl von Situationen als auch von Verhaltensalternativen.

1.2.1 Interaktionstheoretische Sichtweise

Hier ist auf Argyle (1972) hinzuweisen, der sozial kompetentes Verhalten als die Fertigkeit einer Person definiert, soziale Situationen zu bewältigen. Argyle (1972) möchte durch die Dimensionen sozialen Verhaltens Interaktionsprozesse sowie deren Bezug zu Persönlichkeitsvariablen erhellen, aber auch Verhaltensvorhersagen treffen. Besondere Bedeutung mißt Argyle der Körperhaltung, Mimik, Gestik, Blickrichtung, dem emotionalen Tonfall von Äußerungen und ähnlichem zu. Auf einer globaleren Ebene beschreibt er **sieben Dimensionen** sozialen Verhaltens, die mit den Interaktionselementen (Körperhaltung, Mimik etc.) interagieren und empirisch gut belegt sind. Das Ausmaß der Bewältigung sozialer Situationen und die Interaktionseffektivität überhaupt werden von diesen Dimensionen sozialen Verhaltens bestimmt.

Die Dimensionen lassen sich drei Ebenen zuordnen:

1. Motivation,
2. Übersetzung (zum Beispiel von Konsequenzen in Handeln) und Fertigkeiten sowie
3. Wahrnehmung und Rückkoppelung (aufgrund von Rollenübernahmefähigkeit).

Die sieben Dimensionen lauten (Argyle 1972, S. 313):

Motivationsebene
1a) Extraversion und Affiliation (Anlehnungsbedürfnis)
1b) Dominanz - Submission (Unterwerfung)
1c) Gelassenheit - soziale Ängstlichkeit

Übersetzungs- und Fertigkeitsebene
2a) Belohnungswert
2b) Interaktionsfertigkeiten

Wahrnehmungs- und Rückkoppelungsebene
3a) wahrnehmungsbezogene Sensitivität
3b) Fähigkeit, sich in Rollen zu versetzen

Zur Charakterisierung der Dimensionen:

1a) Der **Extravertierte** ist in der Kontaktsuche aktiver als der Introvertierte. Er sucht die räumliche Nähe zu anderen Menschen, verbringt viel Zeit mit ihnen, verhält sich warm und herzlich, nimmt gerne Augenkontakt auf, spricht mehr als andere in Gruppen und möchte eher beliebt als ein Führer sein. Für den Extravertierten spielen die erfahrenen Wertschätzungen in einer Gruppe eine größere Rolle als eine Aufgabe. Die Motivation, die der Extraversion zugrunde liegen könnte, bezieht sich nach Argyle auf das **Affiliationsbedürfnis**, also den Wunsch, sich anzunähern und anzulehnen.

1b) Der **Dominante** hat die Tendenz, andere in Gruppensituationen zu beherrschen und zu kontrollieren, wobei er weniger an der Gruppenbeziehung als an der Aufgabe interessiert und weniger am Beliebtheitsgrad als an der Führerrolle orientiert ist. Der Gegentyp ist der **Submissive**, also die sich bereitwillig unterordnende Person; sie will abhängig sein und beherrscht werden. Zur Realisierung seines Verhaltens benötigt der Dominante ein Minimum an sozialen Fertigkeiten. Er ist vom Autoritären in der

Weise zu unterscheiden, daß der Autoritäre je nach Machtposition und Einflußmöglichkeit sowohl dominant, und zwar punitiv beziehungsweise nichtbelohnend, als auch submissiv sein kann. Der Dominante hingegen kann durchaus antiautoritär sein.

1c) Der **Gelassene** empfindet in sozialen Situationen keine Angst, fühlt sich entspannt sowie zufrieden und ist fähig, die Situation zu beherrschen. Er spricht ruhig und weist eine entspannte Körperhaltung auf. Der **sozial Ängstliche** hingegen zeigt unruhiges, verwirrtes, gehemmtes, verkrampftes und ähnliches Verhalten. Eine mögliche Erklärung für das sozial ängstliche Verhalten bietet nach Argyle das „Konzept der Unsicherheit - definiert als das Ausmaß, in dem ein Mensch sich seines Selbstbildes unsicher ist und darum auf die Reaktionen der anderen achtet" (S. 318). Weiterhin hat wahrscheinlich das Fehlen sozialer Fertigkeiten zur Bewältigung schwieriger Situationen eine besondere Bedeutung.

2a) Der **Belohnungswert** einer Person wird im Zusammenhang mit deren Beliebtheit interpretiert; das heißt, die Beliebtheit einer Person bedingt ihren Belohnungswert für andere. Umgekehrt kann der Belohnungswert zusätzliche Beliebtheit und auch Einfluß mit sich bringen. Die Beliebtheit scheint unter anderem durch Hilfsbereitschaft bedingt zu sein. Weitere Elemente, die den Belohnungswert einer Person ausmachen, sind die von ihr gezeigte Aufmerksamkeit, das Reden in angenehmem Tonfall, freundliche Körperhaltung, verbales Eingehen auf den Interaktionspartner, ohne diesen zu unterbrechen, und anderes.

2b) **Interaktionsfertigkeiten** sind in allen sozialen Situationen unentbehrlich. Ob es alltägliche Situationen (wie Verkaufs-/Verhandlungssituationen, verbale Verteidigungssituationen, Interviewsituationen) betrifft, immer sind soziale Fertigkeiten erforderlich: zum Beispiel eine freundliche Beziehung aufbauen, Kooperation zeigen, jemanden überzeugen können, unangenehme Fragen taktvoll stellen, erklären können und anderes. Es gilt, über das Beherrschen von unverbundenen Teilfertigkeiten hinaus, ein aufeinander bezogenes Interaktionsmuster möglichst reibungs- und lückenlos zu entwickeln und anwen-

den zu können. Weiter ist es wichtig, mit den verschiedensten Persönlichkeiten schnell und zufriedenstellend in Kontakt zu kommen und diesen aufrechterhalten zu können. Dies verlangt eine gute und schnelle Anpassungsfähigkeit in verbaler wie nonverbaler Hinsicht an die kognitiven und emotionalen Voraussetzungen des Interaktionspartners. Die Interaktionssituation muß ebenfalls beherrscht werden. Dies bedeutet nicht, dominant im oben beschriebenen Sinne zu sein. Vielmehr ist damit Initiativefähigkeit sowie Einflußfähigkeit auf die sozial-emotionalen Kontextbedingungen der Situation gemeint.

3a) **Wahrnehmungsbezogene Sensitivität** meint die Genauigkeit der Wahrnehmung bezüglich kleiner verbaler und nonverbaler Schlüsselreize, die zum Beispiel den Tonfall der Stimme, die Körperhaltung, die Mimik und anderes umfassen. Ist jemand in der Lage, Ereignisse oder Menschen differenziert und mit zahlreichen Kategorien zu beschreiben, so nennt dies Argyle (1972) „kognitive Komplexität". Eine minimale kognitive Komplexität ermöglicht strukturiertes und schlußfolgerndes Wahrnehmen anderer Personen und verhindert, zusammen mit „neutralen" Motivationen, subjektive Verzerrungen. Bei beliebten und Führerpersonen konnte eine erhöhte perzeptuelle Sensitivität nachgewiesen werden. Die wahrnehmungsbezogene Sensitivität ist einmal auf die Blickkontaktfähigkeit zurückführbar und einmal auf Erfahrungen mit spezifischen Personengruppen. Für zentrale Schlüsselreize von bestimmten Personengruppen machen frühere Erlebnisse und Beobachtungen sensibel. Das Einfühlen und Eindenken in Mitglieder der eigenen Bezugsgruppe fällt leichter als in Mitglieder fremder Personenkreise.

3b) Von der Ausprägung der **Rollenübernahmefähigkeit** hängt die Effektivität einer Interaktion sowie die Rollenspielfähigkeit, die Eignung, selbst verschiedene Rollen ausfüllen zu können, ab. Die Rollenspielfähigkeit ist jedoch auch mit dem Lebensalter, der sozialen Reife, der Intelligenz und der wahrnehmungsbezogenen Sensitivität im Zusammenhang zu sehen.

Die Erfassung sozial kompetenten Verhaltens in spezifischen Situationen sollte mit speziell dafür entwickelten Situationstests erfolgen, wofür Argyle Beispiele gibt (1972, S. 323 f.; vgl. auch zu situationsspezifischen Tests Petermann & Petermann 1980 und Dodge et al. 1985). Die von Argyle zusammengestellten sieben Dimensionen sozialen (kompetenten) Verhaltens besitzen in diesem Buch vor allem für die Indikationsstellung und Trainingsplanung große Bedeutung. Auf die mit den Dimensionen des Sozialverhaltens in Beziehung stehenden Elemente der sozialen Interaktion (Mimik, Gestik, Blickkontakt etc.) sowie auf die Dimensionen „Interaktionsfertigkeiten" und „soziale Ängstlichkeit" wird bei der Erstellung des Verhaltensbeobachtungsbogens (vgl. Abschnitt 2.2.2) eingegangen. Vor allem die Dimensionen „Interaktionsfertigkeiten" sowie „Wahrnehmungs- und Rollenübernahmefähigkeiten" sind notwendige Elemente des Einzel- und Gruppentrainings (vgl. die Abschnitte 5.1 und 6.2).

1.2.2 Lerntheoretische Sichtweise

Nach Wolpe (1958) bedingen Lerndefizite sozial unsicheres Verhalten. Sie zeigen sich darin, daß jemand außerstande ist, seine Gefühle wahrzunehmen oder seine persönlichen Rechte zu wahren. Entsprechend definiert er sozial kompetentes Verhalten als die Fähigkeit, eigene Rechte und Gefühle gegenüber Mitmenschen angemessen formulieren zu können. Eine klassifikatorische Auflistung von Komponenten sozial kompetenten Verhaltens bieten Wolpe & Lazarus (1966) an. Die weniger nach theoretischen als nach pragmatischen Gesichtspunkten ausgerichteten vier Komponenten beziehen sich auf die Fähigkeiten:

1.	nein zu sagen,
2.	Wünsche und Forderungen zu äußern,
3.	Kontakte anzuknüpfen, Gespräche zu beginnen sowie zu beenden und
4.	positive und negative Gefühle zu äußern.

Eine differenziertere, wenn auch nicht weniger pragmatische Sichtweise sozial kompetenten Verhaltens vertreten Ullrich de Muynck & Ullrich (1976a-c). Diese Autoren verstehen sozial kompetentes Verhal-

ten als die Fähigkeit, mit sozialem Verhalten, sozialen Strukturen und Systemen umzugehen (1976c). Selbstsicheres beziehungsweise sozial kompetentes Verhalten umfaßt nach Ullrich de Muynck & Ullrich (1976 a) sieben Aspekte:

1. **Den Willen aufbringen, für sich selbst entscheiden zu wollen:** Das kennzeichnet die Überwindung von unreflektierter Unterordnung, die Abwägung aller Vor- und Nachteile einer Situation beziehungsweise Handlung sowie die Wahl eines rational begründbaren Verhaltens.

2. **Soziale Reize und Signale richtig deuten und die Prinzipien sozialer Steuermechanismen erkennen können:** Es ist damit die Fähigkeit gemeint, das eigene Verhalten selbstkritisch und reflexiv zu beobachten, angstauslösende Situationen zu erkennen, zu benennen, Angst in der Kommunikation und Interaktion mit anderen zu kontrollieren sowie abzubauen.

3. **Unangenehme blockierende Gefühle unterbrechen lernen und schließlich abbauen:** Ärger und Wut sollen in produktives Problemlöseverhalten umgekehrt und die ein Zusammenleben und Zusammenarbeiten erschwerenden Faktoren herauskristallisiert und beseitigt werden.

4. **Wirkungsvolles und zweckmäßig ausgerichtetes Handeln und Verhalten:** Dies bezieht sich vor allem darauf, einem anderen zuhören sowie eigene Gedanken und Vorstellungen so formulieren zu können, daß der andere sie annehmen oder sich zumindest mit ihnen auseinandersetzen kann.

5. **Selbstbehauptendes Verhalten zeigen:** Dieses Verhalten soll ohne aggressives Sich-Durchsetzen auf Kosten anderer realisiert werden. Eine Auseinandersetzung mit einem anderen muß immer die Möglichkeit bieten, daß dieser noch seine Vorstellungen und Argumente formulieren kann.

6. **Lob akzeptieren können und Selbstabwertungen vermeiden:** Dies zielt jedoch nicht nur auf das Annehmen von Lob ab, sondern auch darauf, kleine Signale von Anerkennung wahrzunehmen und richtig zu interpretieren. Im sozialen Vergleich muß gelernt werden, die eigene Person nicht zu

einseitig zu sehen oder zu gering oder gar abwertend einzuschätzen.

7. Soziale Grenz- beziehungsweise Konfliktsituationen erkennen: Neben dem Erkennen und richtigen Einschätzen einer Konfliktsituation sind Strategien für deren Bewältigung zu entwickeln. Zum Beispiel sind bei einem Interessenkonflikt zwischen dem privaten und beruflichen Bereich verschiedene Möglichkeiten für die Befriedigung unterschiedlicher Ansprüche zu suchen.

Die Realisierung der sieben Aspekte hängt von vier Faktoren ab (Ullrich de Muynck & Ullrich 1976a):

Zuschauer und Zuhörer
Die Angst vor Blamage, Fehlern, Kritik und Mißerfolg steigt a) mit der Anzahl und b) mit der Bedeutung und Wichtigkeit der Zuhörer beziehungsweise Zuschauer an; damit wird sozial kompetentes Verhalten unwahrscheinlicher.

Funktion und Status
Sozial kompetentes Verhalten hinsichtlich des Sich-Durchsetzens und Forderungen-Stellen-Könnens ist erschwert, wenn a) die soziale Funktion und b) der Status des Partners erhöht ist. So ist es zum Beispiel leichter, von einem Mitarbeiter als vom Chef etwas zu erbitten.

Emotionale Beziehung und Vertrautheit
Die soziale Kompetenz, abzulehnen oder nein zu sagen, nimmt ab und zwar mit a) der gefühlsmäßigen Bindung an einen Partner und b) mit der Dauer der Bekanntschaft. In der Regel ist es schwerer, einem Freund, Partner oder den Eltern etwas abzuschlagen als einem Fremden.

Persönliche und situationale Merkmale
Kontaktschwierigkeiten hängen von a) der Attraktivität des Gegenübers, b) dem Geschlecht, c) dem Alter, d) dem Aussehen des anderen und e) dem Ort des Geschehens ab. Es ist zum Beispiel einfacher, sozial kompetentes Verhalten beim Ansprechen einer gleichgeschlechtlichen Person am Arbeitsplatz zu zeigen als beim Anreden einer gegengeschlechtlichen im Cafe.

1.2.3 Ein Modell für sozial kompetentes Verhalten

Für unser praktisches Vorgehen mit sozial unsicheren Kindern soll ein Modell entworfen werden, das wichtige Akzente für das Training setzt. Es enthält die Voraussetzungen sozial kompetenten Verhaltens und benennt dessen konstitutive Elemente. In das Modell fließen einzelne Überlegungen aus dem bisher Dargestellten ein.

Das Modell geht davon aus, daß sozial kompetentes Verhalten dazu führt, positive und negative Konsequenzen langfristig in einem günstigen Gleichgewicht zu halten und so zur Bedürfnisbefriedigung der eigenen sowie einer anderen Person beizutragen (vgl. Hinsch & Pfingsten 1983; Rotter 1954). Um dies zu erreichen, bedarf es einiger Bedingungen. Wir knüpfen dazu an die Motiv- und Handlungsvoraussetzungen für sozial unsicheres Verhalten an (vgl. Abschnitt 1.1.3 und Stefanek & Eisler 1983). In Analogie dazu lauten die **Voraussetzungen für sozial kompetentes Verhalten:**

- **Frei sein von sozialer Angst.** Soziale Angst wurde als Motivvoraussetzung bezeichnet.
- **Verfügen über soziale Fertigkeiten.** Defizitäres Sozialverhalten wurde als Handlungsvoraussetzung bestimmt.

Beide Voraussetzungen bezeichnet Argyle (1972) als bedeutend für sozial kompetentes Verhalten in seiner Dimension „Gelassenheit - soziale Ängstlichkeit". Die Voraussetzungen sind mit je drei konstitutiven Elementen verbunden.

Motivvoraussetzung: Frei sein von sozialer Angst
Um von sozialer Angst frei zu sein, benötigt eine Person ein **positives Selbstkonzept**, **Selbstvertrauen** und **Selbstsicherheit**.

Das **Selbstkonzept**, auch Selbstbild und Selbstschema genannt, stellt die kognitive Repräsentation der eigenen Person dar. Das heißt, das gesamte Wissen über sich selbst und die Summe eigener Erfahrungen konstituieren das Selbstkonzept. Prozesse der Ursachenzuschreibung und der Selbstbewertung prägen neben dem vermuteten sowie tatsächlichen Fremdbild das Selbstkonzept (vgl. Filipp 1979 und Schwarzer 1987).

Eine Verbindung zwischen Selbstkonzept und sozialer Angst stellt Argyle her (1972). Er führt das Verhalten einer sozial ängstlichen Person auf ihre Unsicherheit bezüglich ihres Selbstbildes zurück. Dahlmann & Lazarus- Mainka (1981) stoßen in ihrer empirischen Untersuchung auf den Zusammenhang der Variablen „Ängstlichkeit" und „Selbstwertgefühl". Das Selbstwertgefühl ist als das Ergebnis im Selbstbewertungsprozeß zu betrachten. So können sie unter anderem die Hypothese bestätigen, daß „Personen mit stark ausgeprägter Ängstlichkeit (...) eine negativere Bewertung von sich selbst (zeigen) als Personen mit nicht so stark ausgeprägter Ängstlichkeit" (S. 93).

Ein positives Selbstkonzept zieht **Selbstvertrauen** nach sich. Dies kann aus der Definition von Selbstvertrauen in Anlehnung an den Begriff „self efficacy" von Bandura (1986) geschlossen werden. Selbstvertrauen wird als Gefühl der Sicherheit verstanden, über ein wirksames und angemessenes Verhaltensrepertoire zu verfügen. Selbstvertrauen entwickelt sich, indem eine Person Effizienzerwartungen, also Überzeugungen über eigenes wirksames Handeln, aufbaut; diese sind von Ergebniserwartungen abzugrenzen.

Das bedeutet beispielsweise im einzelnen: Eine sozial sichere Person weiß nicht nur, welches Verhalten zu welchem gewünschten Ergebnis führt. Sie verfügt also über eine bestimmte Ergebniserwartung. Sie traut sich auch die Ausführung des Verhaltens zu und ist von ihren eigenen Fähigkeiten sowie ihrer Anstrengungsbereitschaft überzeugt. Sozial sichere Personen erwarten, daß sie effizient handeln. Positive Ergebnis- und Effizienzerwartung gewährleisten mit großer Wahrscheinlichkeit eine erfolgreiche Aufgabenbewältigung. Hierüber wird Selbstwirksamkeit erlebt, die durch interne Attributionsprozesse verstärkt wird, wodurch Selbstvertrauen entsteht, sich festigt oder ansteigt. Kompetenzerlebnisse mit immer schwereren Aufgaben führen zu einer generalisierten Selbstwirksamkeit und damit zu einem stabilen Selbstvertrauen.

Ist eine Person von ihren eigenen Fähigkeiten überzeugt, besitzt also Selbstvertrauen, dann bedingt dies bei der Handlungsausführung eine entsprechende **Selbstsicherheit**.

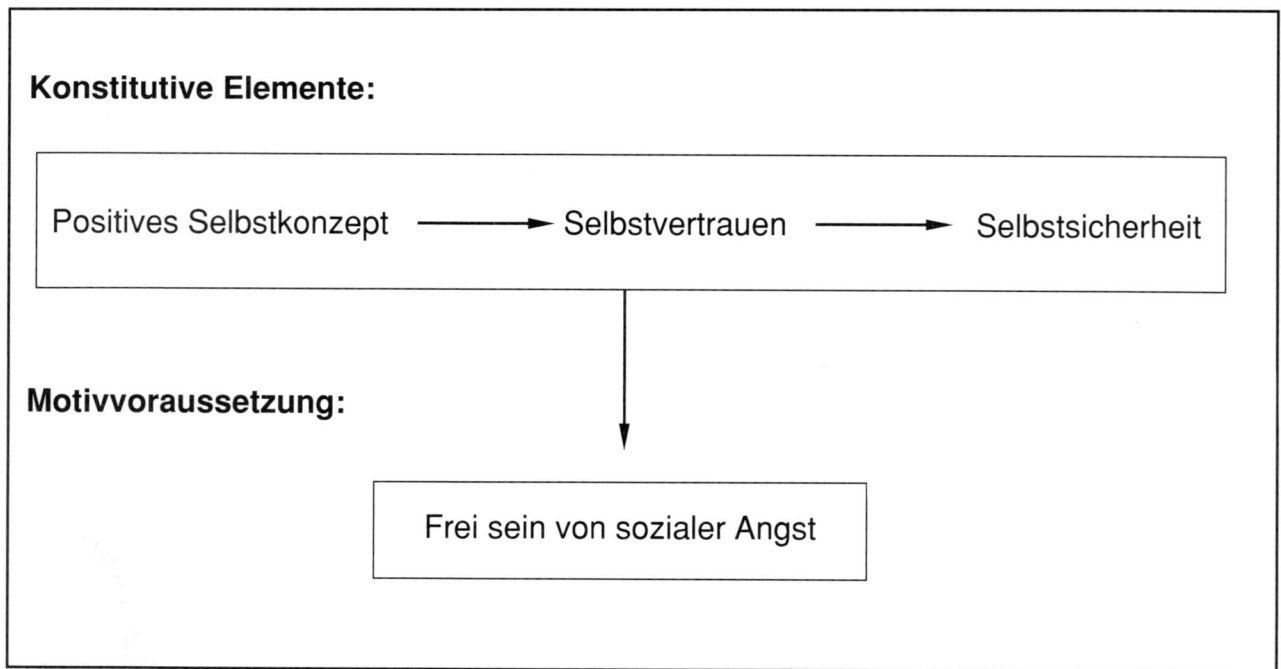

Abbildung 1: Konstitutive Elemente und Motivvoraussetzung sozial kompetenten Verhaltens.

Handlungsvoraussetzung: Verfügen über soziale Fertigkeiten
Soziale Fertigkeiten setzen sich aus den drei konstitutiven Elementen der **Wahrnehmungs- und Rollenübernahmefähigkeit, Interaktionsfähigkeit** und **Selbstbehauptungsfähigkeit** zusammen.

Die **Wahrnehmungs-** und **Rollenübernahmefähigkeit** bezieht sich auf die Dimensionen der perzeptuellen Sensitivität und die Fähigkeit, sich in Rollen zu versetzen (Argyle 1972; vgl. auch Aspekt 2 von Ullrich de Muynck & Ullrich 1976a). Diese beiden Dimensionen werden hier zu einem Element zusammengefaßt, da sie eng miteinander verbunden sind. Rollenübernahmefähigkeit kann nicht ohne wahrnehmungsmäßige Sensitivität erfolgen.

Die **Interaktionsfähigkeit** bezieht Verhaltensweisen mit ein, die für unterschiedliche Kontakt- und Kommunikationssituationen unverzichtbar sind. Kontakte knüpfen, kooperieren, fragen, erklären und eigene Vorstellungen darlegen können gehören genauso dazu wie zuhören und Anerkennung akzeptieren können (vgl. die Dimension 2b von Argyle 1972 und die Aspekte 4 sowie 6 von Ullrich de Muynck & Ullrich 1976a). Die Interaktionsfähigkeit

setzt Wahrnehmungs- und Rollenübernahmefähigkeit voraus.

Die **Selbstbehauptungsfähigkeit** vervollständigt die Interaktionsfähigkeit in einem wesentlichen Bereich und trägt zur Entwicklung einer eigenständigen und unabhängigen Person bei. Sie zielt auf die Fähigkeit ab, nein zu sagen, Wünsche zu äußern sowie Forderungen zu stellen, Kontakte zu beenden und negative Gefühle sowie Kritik anzubringen (vgl. Wolpe & Lazarus 1966 und Aspekt 5 von Ullrich de Muynck & Ullrich 1976a). Zur Selbstbehauptung müssen Konflikte richtig beurteilt werden und angemessene Bewältigungsstrategien zur Verfügung stehen (vgl. Aspekt 7 von Ullrich de Muynck & Ullrich 1976a).

Alle sechs Elemente konstituieren sozial kompetentes Verhalten, und sie verdeutlichen, welche wichtigen Fähigkeiten wenigstens vorhanden sein müssen. Sie führen zu den Voraussetzungen sozial kompetenten Verhaltens auf motivationaler und Handlungsebene, nämlich „Frei sein von sozialer Angst" und „Verfügen über soziale Fertigkeiten".

Die sozialen Fertigkeiten können nur bei einem Minimum an positivem Selbstkonzept, Selbstvertrauen und Selbstsicherheit realisiert werden. Ergebnisse von Dahlmann & Lazarus-Mainka (1981) unterstützen diesen Zusammenhang. Sie konnten feststellen, daß hochängstliche Personen mit negativer

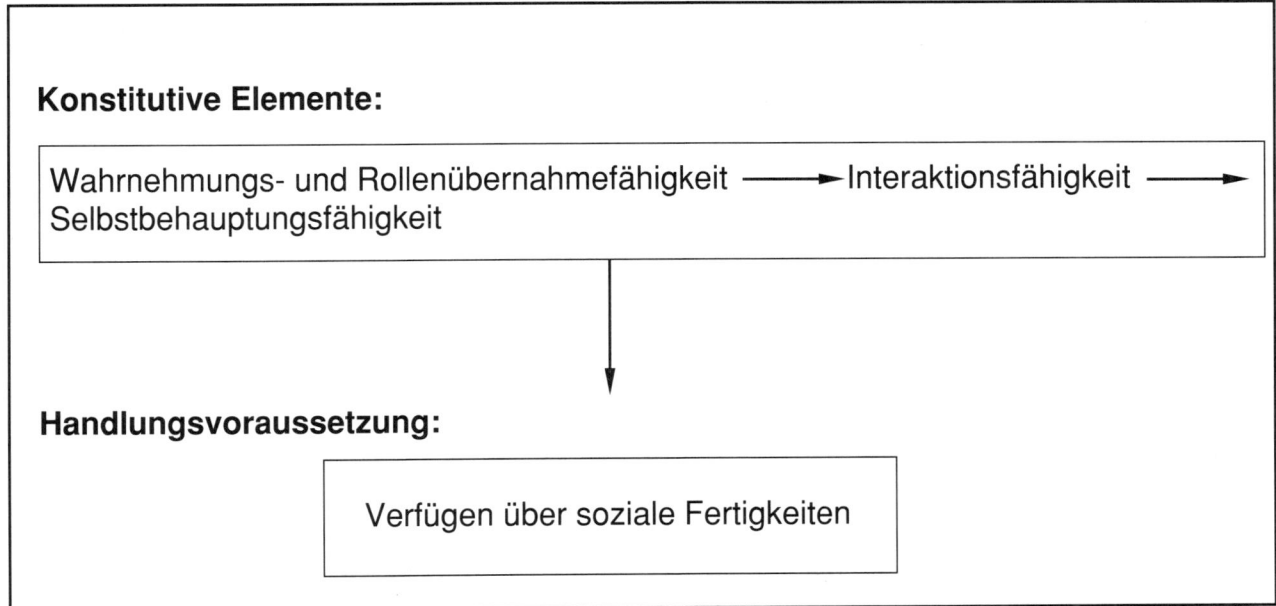

Abbildung 2 : Konstitutive Elemente und Handlungsvoraussetzung sozial kompetenten Verhaltens.

Selbstbewertung eindeutig weniger sozial sichere Antworten in situationsspezifischen Tests wählten als niedrig ängstliche. Umgekehrt können gut geübte soziale Fertigkeiten die Selbstsicherheit und damit das Selbstvertrauen verbessern und zu einem positiven Selbstkonzept beitragen. Dieses Wechselspiel kann leider natürlich auch sozial unsicheres Verhalten verfestigen.

1.3 Wie kann sozial unsicheres Verhalten erklärt werden?

1.3.1 Lernprozesse

Sozial unsicheres Verhalten können wir auf soziale Angst und soziale Fertigkeitsdefizite zurückführen. Alle sozial unsicheren Kinder weisen Mängel im Sozialverhalten auf, ein Teil von ihnen - nach unseren Erfahrungen schätzungsweise 50 bis 60 % - ist auch von sozialer Angst geplagt.

Die Frage, ob soziale Angst oder Fertigkeitsdefizite zuerst entstehen und welcher Einfluß wechselseitig vorliegt, kann nur individuell im Rahmen diagnostischer Maßnahmen entschieden werden. Hierzu muß die Biographie eines sozial unsicheren Kindes genau erhellt werden. Folgende Zusammenhänge sind denkbar:

Fall 1: Christian lebt als Einzelkind - behütet, beschützt und verwöhnt. Er ist der ganze Lebensinhalt der nicht-berufstätigen Mutter. In bester Absicht gewährt sie Christian jeden Wunsch, gibt ihm zu viel Hilfestellung und Unterstützung, gerade auch bei Aufgaben und Tätigkeiten, die er selbst verrichten kann. Probleme, die Christian selbst lösen könnte, nimmt sie ihm ab. Von anderen Kindern wird er weitgehend ferngehalten: Ihm könnte ja Schaden zugefügt werden. Einen Kindergarten besucht Christian erst kurz vor der Einschulung für ein halbes Jahr.

Christian hat Schwierigkeiten mit anderen Kindern; er ist nicht gewohnt, mit Gleichaltrigen zu spielen und dabei auftretende Konflikte zu lösen (zum Beispiel streiten). Er kann überhaupt nicht mit schwierigen Situationen oder gar mit Mißerfolg umgehen, da die Mutter ihm bisher alle Probleme abgenommen hat.

In diesem Fall sind die **sozialen Fertigkeitsdefizite** grundlegend. Gehen Christians Bezugspersonen mit diesen Defiziten ungeschickt um, indem sie ihn zum Beispiel überfordern oder vor einer Gruppe kritisieren, wird er soziale Angst entwickeln, die Vermeidungsverhalten begünstigt. Das Vermeiden vergrößert wiederum die Verhaltensdefizite und neues Verhalten kann nicht erprobt werden. Dieses Verharren verstärkt zudem die soziale Angst. Somit ist ein ungünstiger Kreislauf von sozialen Fertigkeitsdefiziten und Angst in Gang gesetzt, der aus einem Verhaltensmangel resultiert.

Fall 2: Florian wächst mit einem drei Jahre älteren Bruder in einer Familie auf. In der Familie ist es unüblich, daß Verwandte oder Bekannte eingeladen werden oder die Familie selbst Besuche macht. Wenn Florian mit seiner Mutter Bekannte auf der Straße trifft, grüßt sie oft nur kurz und geht schnell weiter. Florians Mutter unterhält sich selten mit jemandem, und dann ist sie eher schweigsam, hört zu und blickt zur Seite. Die Kindergärtnerin berichtete einmal der Mutter, daß Florian sie nicht anschaut, wenn sie mit ihm spricht, er selbst wenig mit den anderen Kindern redet, mit der neuen Kindergärtnerin gar nicht; er spielt meistens alleine, zu Kreisspielen in der Gruppe kann Florian kaum bewegt werden. Die Mutter war überrascht und berichtete, daß ihr derartiges noch nicht aufgefallen wäre. Allerdings deutete sie kurz an, daß dies in der Familie liege. Sie wäre auch ein schüchternes Kind gewesen, aber dies hätte sich mit der Zeit gegeben.

Kurz nach der Einschulung verweigerte Florian den Schulbesuch. Die Mutter kann sich dies weder erklären, noch weiß sie Rat. Der ältere Bruder geht zwar auch nicht gerne zur Schule, obwohl er ein guter Schüler ist und keine Probleme hat; aber den Schulbesuch hat er noch nie verweigert.

Bei Florian sind vermutlich soziale Angst sowie Fertigkeitsdefizite gleichermaßen am sozial unsicheren Verhalten beteiligt und sicherlich **zeitgleich** entstanden. Der Kreislauf von Angst, Vermeidungsverhalten, Verstärkung und größer werdenden Fertigkeitsdefiziten ist bei Florian, wie auch bei Christian, wirksam.

Fall 3: Sabine war bis zu ungefähr drei Jahren ein fröhliches Kind, das auf andere Kinder zuging und vor fremden Erwachsenen keine Scheu zeigte. Doch dies änderte sich innerhalb eines Jahres. Die Mutter erinnert sich an folgende Ereignisse: Sie nahm einen Arzttermin wahr, und eine für Sabine fremde Bekannte sollte zwei Stunden auf sie aufpassen. Als die Mutter gehen wollte, fing Sabine zu schreien und zu weinen an, was sie bis dahin noch nie tat; sie wollte mit der Mutter gehen. Alle Erklärungen und Versicherungen, daß die Mutter bald wieder zu Hause ist, halfen nichts, und Sabine beruhigte sich nicht. Schließlich schlich sich die Mutter in einem Moment davon, in dem sie sich von Sabine unbemerkt glaubte. Die Bekannte berichtete später, daß Sabine, als sie die Abwesenheit entdeckte, zuerst wieder weinte und danach mit einem Kissen in einer Ecke saß und sich zu keinem Spiel anregen und nicht zum Essen bewegen ließ. Nach einigem Nachfragen erinnert sich die Mutter, daß sie und ihr Mann einige Tage vorher abends ausgegangen waren. Sabine war nicht informiert. Es genügte nach Meinung der Eltern auch, daß eine Nachbarin zweimal kurz nach Sabine schaute, da sie problemlos ein- und durchschlief. Als die Nachbarin das zweite Mal nach Sabine sah, saß diese weinend am Boden. Das Bett war zerwühlt, alle Zimmertüren standen offen. Nur mit großer Mühe und erst nach einer Stunde gelang es der Frau, Sabine zum Einschlafen zu bringen. Die Mutter beobachtete seit dieser Zeit, daß Sabine die Zubettgehzeit zu verzögern versuchte. Diese Probleme hatten sich aber alle innerhalb eines halben Jahres wieder gelegt, traten aber dann wieder auf, als ein Bruder geboren wurde. Die Mutter hatte nun weniger Zeit für Sabine. Sabine war inzwischen vier Jahre alt, kam in den Kindergarten. Dort weinte sie, wenn die Mutter sie brachte und wieder ging. Mit anderen Kindern wollte sie nicht spielen. Zu einer Kindergärtnerin fand sie etwas Kontakt, und sie wich dieser nicht von der Seite. Zu Hause stellte die Mutter erschrocken fest, daß Sabine in unbeobachteten Momenten dem kleinen Bruder den Kopf oder die Arme verdrehte, bis dieser schrie. Bald näßte sie auch nachts ein. Sie war bereits eineinhalb Jahre trocken.

Sabine erlebte ihre engsten Bezugspersonen als unzuverlässig und unkalkulierbar. Wenn fremde Personen oder eine fremde Umgebung auftauchten, dann waren die vertrauten Personen nicht anwesend. Klare Signale die solche Situationen angekündigt hätten, gab es aber nicht. Dies alles erlebt ein Kind zumindest als unangenehm oder sogar bedrohlich und damit **angstauslösend**. Somit werden bestimmte Person-Situation-Konstellationen zum Angstreiz.

Die Fallbeispiele zeigen auf, ob soziale Angst oder Fertigkeitsdefizite sozial unsicheres Verhalten bedingen und welche wechselseitigen Einflüsse vorliegen:

1. Fertigkeitsdefizite bilden alleine sozial unsicheres Verhalten. Dies war bei Christian anfangs der Fall.
2. Soziale Angst kommt später zu den Verhaltensmängeln hinzu (vgl. Christian).
3. Soziale Angst und Fertigkeitsdefizite entwickeln sich gleichzeitig, wie bei Florian zu sehen war.
4. Sozial unsicheres Verhalten wird durch Angst verursacht. So war es bei Sabine.
5. Sozialer Angst können Fertigkeitsdefizite aufgrund des Vermeidungsverhaltens folgen (vgl. Sabine).

Welche Ursachen liegen nun aber der sozialen Angst und den Fertigkeitsdefiziten zugrunde? Auch hierauf geben die Fallbeispiele Antwort. Es wird deutlich, daß unterschiedliche Lernprozesse sozial unsicheres Verhalten erklären können.

Modellernen

Sowohl soziale Angst als auch Verhaltensmängel lernen Kinder durch die Beobachtung von Bezugspersonen (vgl. Davison & Neale 1988). Bei Florian wird deutlich, daß Mutter und Bruder für ihn Vorbild sind. Die Mutter weist einige Mängel im Sozialverhalten auf und scheint ängstlich im Umgang mit anderen Menschen. Die Kindergärtnerin beschreibt von Florian die gleichen Verhaltensweisen wie sie die Mutter zeigt. Was die Verweigerung des Schulbesuches anbelangt, so liegt nahe, daß Florian sich an seinem älteren Bruder orientiert, der nicht gerne zur Schule geht.

Verstärkungslernen

In allen Fällen spielt mehr oder weniger Verstärkungslernen eine Rolle (vgl. Davison & Neale 1988; Krohne 1985; Krohne et al. 1987). Verstärkungslernen kann sich unterschiedlich äußern:

- Erfährt ein Kind **keine Gelegenheit zum sozialen Lernen** oder nimmt man ihm alle Probleme ab, so kann es keine Fertigkeiten für Problemlösen entwickeln, die es in sozialen Interaktionen benötigen würde (vgl. Christian). Solche Kinder werden zuviel unterstützt und falsch verstärkt.
- Erlebt ein Kind kaum Erfolge und hat keine

28

positive Erfahrung im Umgang mit sozialen Konflikten oder Mißerfolgen, dann wird es sich nicht **selbstbekräftigen** können.

- Im Alltag treten viele Bedingungen auf, in denen sozial kompetentes Verhalten als selbstverständlich erwartet wird. In diesen Fällen wird angemessenes Sozialverhalten **nicht anerkannt**, geschweige denn Bemühungen **verstärkt**. Aber nur durch die schrittweise Annäherung an kompetentes Verhalten und entsprechende Bekräftigung kann ein differenziertes Verhaltensrepertoire aufgebaut werden.

- Andere Situationen haben für Kinder bestrafenden Charakter, so daß sie zukünftig sozial kompetentes Verhalten oder entsprechende Bemühungen unterlassen sowie bestimmte soziale Gegebenheiten vermeiden. Erlebt beispielsweise ein Kind, daß es nichts selbst machen darf oder daß die Mutter eifersüchtig reagiert, wenn es mit anderen Kindern spielt, so werden ihm Handlungsfreiräume, befriedigende Sozialkontakte und Erfolgserlebnisse versagt. Es liegt damit ein Verstärkungsentzug vor, der als Strafe wirkt. Ein anderer Fall von Strafe ist dann gegeben, wenn eine Mutter ihr Kind ausschimpft, weil es anfangs zurückhaltend im Kontakt mit fremden Personen ist - oder es als „Dummerchen" und „Angsthase" hinstellt.

Klassisches Konditionieren

Der Prozeß des klassischen Konditionierens spielt beim Erwerb der sozialen Angst eine erhebliche Rolle. Unangenehme oder bedrohliche Erfahrungen sowie negative Konsequenzen, die zugleich mit bestimmten sozialen Situationen bzw. mit der Anwesenheit anderer Personen verbunden sind, lösen Emotionen wie Wut, Scham, Schuld oder Angst aus. Sabine erlebte mehrmals, daß die Anwesenheit fremder Personen mit der Abwesenheit vertrauter Bezugspersonen gekoppelt war. Das erste Mal war dieses Erlebnis sicherlich angstauslösend, da sie - ahnungslos - aus dem Schlaf erwachte, es dunkel war, niemand ihr Rufen und Weinen hörte und die Wohnung verlassen war. Als die Nachbarin erschien, war dies vermutlich eine weitere Enttäuschung - denn es

handelte sich ja nicht um die vertrauten Eltern. Die zweite Trennungssituation schien Sabine ebenfalls unvorbereitet zu treffen, wodurch solche Ereignisse **unkalkulierbar** werden. Außerdem erfuhr sie auch die **Unkontrollierbarkeit** der Situation sehr deutlich: Die Mutter ließ sich von ihrem Arzttermin nicht abbringen, sie schlich sich sogar unbemerkt davon und nahm Sabine nicht mit. Sie war alleine zurückgelassen mit der fremden Bekannten. Sabine hatte nun sicherlich gelernt, daß mehr oder weniger fremde Erwachsene in der Wohnung die Abwesenheit oder das Weggehen der Mutter bedeuteten. Dies war für Sabine, vermutlich besonders aufgrund des ersten Trennungserlebnisses, beängstigend. Damit wurden alle Situationen mit fremden Erwachsenen angstauslösend. Eine Generalisierung auf den neugeborenen und von daher fremden Bruder ist nicht auszuschließen, denn er entzog ihr nicht nur die Aufmerksamkeit der Mutter, sondern brachte ihr gleichzeitig den Kindergartenbesuch ein, da diese Ereignisse zugleich auftraten. Dort waren zudem wieder fremde erwachsene Frauen, bei denen die Mutter sie zurückließ.

Aus Modell- und Verstärkungslernen sowie klassischem Konditionieren resultieren **Erwartungen**, die ein Kind an sich und andere stellt. Die Erwartungen betreffen die Effizienz eigenen Handelns bzw. die Überzeugung, ob eine Situation beeinflußbar und damit kontrollierbar ist oder nicht. Sie beeinflussen das Selbstkonzept und das Selbstvertrauen. Die Erwartungen können allmählich durch irrationale Überzeugungen überformt werden, die soziale Angst verstärken, Vermeidungsverhalten vermehren und die Fertigkeitsdefizite vergrößern.

Negative Erwartungen an andere und irrationale Überzeugungen kann das Kind auch durch Modelllernprozesse von den Bezugspersonen übernehmen.

Soziale Angst und Fertigkeitsdefizite werden personen- und situationsspezifisch erworben. Oft liegt der Ursprung sozial unsicheren Verhaltens in der Familie - genauer: im Erziehungsstil und Erziehungsverhalten. Dies zeigen alle drei Fallbeispiele deutlich. Kindergarten und Schule können bedeutend zur Verschärfung des Problems beitragen.

Die dargestellten Lernprozesse sollen um einen theoretischen Ansatz erweitert werden, der besonders auf Effizienz- bzw. Kontrollerwartungen eingeht und gegensätzliche Formen sozial unsicheren Verhaltens zu erklären vermag. Bei dem Ansatz handelt es sich um die Theorie der **erlernten Hilflosigkeit** von Seligman (1986).

Die Hilflosigkeitstheorie dient Seligman als Modell zur Erklärung von Angst und Depression sowie zum Aufzeigen von Therapie- und Präventionsansätzen. Sie wird im folgenden kurz charakterisiert.

1.3.2 Die Theorie der erlernten Hilflosigkeit - ein wesentlicher Erklärungsansatz für sozial unsicheres Verhalten

• **Zwei wichtige Begriffe: Hilflosigkeit und Unkontrollierbarkeit**

Seligman (1986, S. 8) faßt Hilflosigkeit als einen psychologischen Zustand auf, „der häufig hervorgerufen wird, wenn Ereignisse unkontrollierbar sind. (...) ein Ereignis ist unkontrollierbar, wenn wir nichts daran ändern können, wenn nichts von dem, was wir tun, etwas bewirkt". Zentral ist der Begriff der **Unkontrollierbarkeit**. Seligman definiert ihn als Unabhängigkeit von Reaktion und Konsequenz. Das heißt, daß der Ausgang eines Ereignisses unabhängig von jeder **willentlichen Handlung** ist (**Reaktionsunabhängigkeit**). Als willentliche Reaktionen bezeichnet Seligman nur solche, die durch Belohnung oder Bestrafung beeinflußt werden können. Die Reaktionsunabhängigkeit eines Handlungsergebnisses bezieht sich auf die gleich hohe Wahrscheinlichkeit, mit der eine Konsequenz eintritt oder nicht, und zwar unabhängig davon, ob eine Reaktion ausgeführt wird oder nicht.

Die Verankerung in der Lerntheorie wird hier sehr deutlich, wobei die **Reaktionsunabhängigkeit** mit dem klassischen Konditionieren und die **Reaktionsabhängigkeit** mit dem operanten Konditionieren im Zusammenhang zu sehen ist. Der Unterschied zwischen klassischer und operanter Konditionierung liegt in der **Hilflosigkeit,** mit der eine klassische Konditionierungssituation verbunden ist. Eine schlimme Folge dieses Lernprozesses ist der Motivationsverlust bezüglich des Handelns; das bedeutet **Passivität**; eine weitere negative Folge betrifft die Schwierigkeit zu lernen, daß eine reaktionsabhängige Konsequenz auf die Wirkung des eigenen Verhaltens zurückzuführen ist.

• **Untersuchungen zur erlernten Hilflosigkeit**

Seligman analysiert eine große Anzahl von Experimenten mit unterschiedlichen Tierarten (Hunden, Katzen, Ratten, Fischen, Primaten), um Effekte erlernter Hilflosigkeit nachzuweisen. Auch mit Menschen gab es Untersuchungen. Am ausführlichsten untersuchte Seligman die Hilflosigkeit bei Hunden im Pavlovschen Geschirr und in der „shuttle box". Im **Pavlovschen Geschirr** wurden die Hunde fixiert. In einem Vortraining erhielt eine Gruppe kontrollierbare, also beendbare elektrische Schläge. Einer zweiten Hundegruppe wurden unter identischen Bedingungen unkontrollierbare, also nicht beeinflußbare elektrische Schläge verabreicht. Eine dritte Gruppe wurde keinem Vortraining ausgesetzt. Diese Drei-Gruppenanordnung zeigt den für Hilflosigkeitsexperimente typischen **triadischen Versuchsplan.**

Der eigentliche Untersuchungsdurchgang fand in der „shuttle box" statt. Die **shuttle box** ist ein Versuchskäfig mit zwei Abteilungen. Die Trennwand besteht in einer für Hunde überspringbaren Barriere, so daß die Hunde die Abteilungen problemlos wechseln können. Die Böden der beiden Käfighälften können getrennt elektrisch aufgeladen werden. Die Hunde aller drei Gruppen erfuhren nun in der „shuttle box" in einer Abteilung elektrische Schläge. Diesen konnten sie durch Überspringen der Barriere entfliehen. Hunde, die unkontrollierbare Elektroschocks im Pavlovschen Geschirr verabreicht bekamen, waren in der „shuttle box" unfähig, dem elektrischen Schlag zu entfliehen. Nach kurzen erfolglosen Fluchtversuchen erdulden die Hunde die Schocks passiv. Sie stellen jede Initiative ein.

Generell kann vermutet werden, daß bei allen untersuchten Tierarten, wie beim Menschen, die Erfahrung von Unkontrollierbarkeit die Bereitschaft **senkt**, sich in schwierigen Situationen angemessen und bewältigungsbereit zu verhalten. Zu beachten ist, daß nicht **ein schockähnliches Erlebnis selbst** die Hilflosigkeit verursacht, sondern die Erfahrung, daß der Schock beziehungsweise ein unangenehmes Erlebnis unkontrollierbar ist! Dies legt der triadische Versuchsplan nahe.

Auch **unkontrollierbare positive Verstärkung** reduziert die Reaktionsbereitschaft beziehungsweise hemmt Lernprozesse. Gibt man beispielsweise Ratten unabhängig von ihren Reaktionen Futterkügelchen, dann lernen sie anschließend schlechter, wie sie durch Hebeldruck zu Futter kommen. Einige hungerten tagelang, wenn sie vorher Futter in „verwöhnter Fratz-Manier", also ohne etwas dafür tun zu müssen, erhielten. Auch das Wettbewerbsverhalten kann durch unkontrollierte Belohnung vermindert werden.

Andere experimentelle Ergebnisse legen die Vermutung nahe, daß ein Erfolg im Sinne einer erfahrenen Kontrollierbarkeit und Reaktionsabhängigkeit nicht ausreicht, um einem hilflosen Individuum die Erkenntnis des Zusammenhanges von Reaktion und Erfolg zu vermitteln. Das bedeutet also: Hilflosigkeit **beeinträchtigt** die **Lernfähigkeit**. Diener & Dweck (1980) konnten zum Beispiel bei hilflosen und zielorientierten Kindern Unterschiede im Leistungsverhalten sowie in der Art der Verbalisierung feststellen. Zielorientierte Kinder benutzten, wenn sie einen Mißerfolg erlebt hatten, bei einer neuen Aufgabenstellung Selbstinstruktions- und Selbstüberwachungstechniken, um eine richtige Lösung zu finden. Hilflose Kinder dagegen grübelten darüber nach, warum sie einen Mißerfolg erlebt hatten, anstatt nachzudenken, wie sie den Mißerfolg beseitigen könnten.

Weiterhin führt erlebte Hilflosigkeit zu **emotionalen Störungen**, wobei zwischen einmaligem und wiederholtem Erleben von unkontrollierbaren Ereignissen unterschieden werden muß. Bei einer **einmaligen** Erfahrung von Unkontrollierbarkeit gehen die Auswirkungen der Hilflosigkeit in der Regel mit der Zeit zurück. Erst wenn Unkontrollierbarkeit **wiederholt** erlebt wird, führt dies zu einer **anhaltenden** Beeinträchtigung der Reaktionsbereitschaft (Seligman 1986).

* **Die wichtigsten Komponenten der Theorie der erlernten Hilflosigkeit**

Nachdem die Theorie der Hilflosigkeit 1975 von Seligman formuliert worden war, erfuhr sie einige Kritik, worauf Seligman (1978) und Abramson, Seligman & Teasdale (1978) antworteten. Als wesentlich werten wir die Erweiterungen der Hilflosigkeitstheorie von Abramson et al. (1978), die in die folgende Darstellung der ursprünglichen Fassung integriert wurden. Der Hilflosigkeitstheorie liegen drei (beziehungsweise in der modifizierten Form vier) Komponenten zugrunde:

1. Wahrnehmung der Information über die Kontingenz. Das bedeutet, ein Individuum erlebt die objektive Unkontrollierbarkeit eines Ereignisses oder einer Situation und nimmt dies bewußt wahr. Diese Information über die unkontrollierbare Kontingenz resultiert aus der Umgebung des Individuums und nicht aus dem Wahrnehmenden selbst.

2. Attributionsprozesse. In der ursprünglichen Theorie folgte die Erwartungsbildung hinsichtlich der Unkontrollierbarkeit. Die Modifikation setzt als zweiten Schritt vor die Erwartungsbildung Attributionsprozesse. Abramson et al. (1978) unterscheiden drei Dimensionen der Ursachenzuschreibung:

2.1. Die **internale** Attribution der Hilflosigkeit bedeutet, daß ein Individuum davon ausgeht, es selbst verfüge in einer spezifischen Situation im Gegensatz zu anderen Personen über keine Kontrolle. Es fühlt sich selbst für die Hilflosigkeit verantwortlich, weshalb diese auch **persönliche Hilflosigkeit** genannt wird. Glaubt ein Individuum, daß **es selbst sowie auch andere** wichtige Personen eine Situation beziehungsweise daraus folgende Konsequenzen nicht kontrollieren können, dann handelt es sich um **externale** Attribution und bei der damit einhergehenden Hilflosigkeit um **universelle Hilflosigkeit**. Bedeutend ist der Verlust des Selbstwertgefühls bei der persönlichen Hilflosigkeit. Beide, die internale und externale Attribution, basieren also auf sozialen Vergleichsprozessen.

2.2. Die **spezifische** und **globale** Attribution beziehen sich auf Ereignisse, wobei die spezifische Attribution der Hilflosigkeit deren Generalisierung auf andere Bereiche und Situationen verhindern kann.

2.3. Eine **stabile** gegenüber einer **variablen** Attribution zielt auf die zeitliche Erstreckung von Unkontrollierbarkeit ab. Wird ein Phänomen nicht als zeitlich beschränkt, sondern als stabil eingeschätzt, dann prägen sich entsprechend langfristig die Unkontrollierbarkeitserwartungen aus und eine eher chronische Hilflosigkeit ist die Folge.

Es ist ersichtlich, daß die Kombination einer internalen, globalen und stabilen Attribution von Unkontrollierbarkeit die Hilflosigkeitsentwicklung und damit Angst beziehungsweise Depression sehr begünstigt. Dieser neuformulierte Teil der Theorie der erlernten Hilflosigkeit erfährt durch verschiedene empirische Untersuchungsergebnisse eine gewisse Unterstützung (vgl. z.B. Alloy et al. 1984; Nolen-Hoeksema et al. 1986; F. Petermann 1986).

3. Kognitive Repräsentation der Kontingenz. Hierbei handelt es sich um **Erwartungen** über zukünftige Unkontrollierbarkeit, die sich erst nach der Ursachenzuschreibung ausprägen. Das bedeutet, daß die Informationen über die unkontrollierbare „Kontingenz" aus der Umwelt verarbeitet werden müssen. Diese werden über Behaltensprozesse im Gedächtnis verankert; ausführlich wird dies bei Bandura (1986) beschrieben. Das Ergebnis dieses Lernprozesses ist dann die Überzeugung, daß Verhalten und Konsequenz voneinander unabhängig sind: Diese Erwartung stellt die ursächliche Bedingung für die motivationalen, kognitiven und emotionalen Störungen dar.

4. Hilflosigkeitsverhalten.

Das Hilflosigkeitsverhalten kann sich, wie eben ausgeführt, auf motivationale, kognitive und emotionale Störungen beziehen.

Die **motivationale Störung** verringert oder verhindert sogar die Reaktionsbereitschaft für willentliche Handlungen, da die Erwartung, daß eigenes Verhalten von Konsequenzen **unabhängig** ist, in einem Lernprozeß erworben wurde.

Bei den **kognitiven Störungen** durch erlernte Hilflosigkeit handelt es sich nach Seligman um **proaktive Hemmungen**. Darunter ist zu verstehen, daß das Lernen der Unabhängigkeit von Reaktion und Konsequenz ein aktives Lernen darstellt, das ein späteres Lernen, besonders entgegengesetzter Kontingenzen, behindert oder sogar verhindert. Hat also jemand gelernt, daß sein Verhalten nicht den erwarteten Effekt hat, so erkennt er zu einem späteren Zeitpunkt nur schwer, wenn zwischen seinem Verhalten und dem Ergebnis ein Zusammenhang besteht.

Die **emotionalen Störungen** sind mit erhöhter emotionaler Erregung verbunden - mit „Furcht", wie Seligman es nennt -, was auf die aversive Situation der Unkontrollierbarkeit zurückzuführen ist. Die Furcht ruft die ersten Reaktionen zur Kontrolle der hilflosen Situation hervor. Ist das Verhalten erfolgreich, dann haben die Furchtreaktionen ihre Funktion erfüllt und die Furcht beziehungsweise die Erregung verschwinden. Bei Zweifel hingegen, ob die Situation kontrollierbar ist, bleibt die Furcht und damit die Suche nach einer effektiven Reaktion erhalten. Wird jedoch gelernt, daß die Situation unkontrollierbar ist, dann verschwindet die Furcht ebenfalls, da sie nicht nur nutzlos, sondern auch energieverschleißend angesichts der Aussichtslosigkeit ist. Die Furcht wird durch **Depression** ersetzt.

Erinnern wir uns noch einmal an Sabine. Ihr Schreien und Weinen, als ihre Mutter zum Arzt gehen und sie bei der Bekannten zurücklassen wollte, verkörpern Furchtreaktionen, um die Situation unter Kontrolle zu bekommen. Hätte die Mutter sie mitgenommen oder wäre sie zu Hause geblieben, wäre Sabines Verhalten effizient gewesen. Sie hätte eine wichtige Kontrollerfahrung in einer hilflosen Situation gemacht, und ihre Furcht sowie Erregung wären schnell abgeklungen. Statt dessen erlebte Sabine Reaktionsunabhängigkeit. Die Mutter schlich sich trotz ihres Weinens davon. Erneute Furcht- beziehungsweise Weinreaktionen setzten ein. Sabine lernte jedoch, daß dies nichts nutzte; die Situation war für sie nicht kontrollierbar. Sie stellte ihre Kontrollversuche ein, die Furcht wich, und Hilflosigkeitsverhalten trat auf: sich mit einem Kissen in eine Ecke zurückziehen, nicht spielen und nicht essen, also passiv und initiativelos sein.

- **Unvorhersagbarkeit und Sicherheitssignal-Hypothese**

Für die Erklärung von Hilflosigkeit ist auch die **Unvorhersagbarkeit** von traumatischen Ereignissen bedeutsam, die an der Entstehung von **Angst** beteiligt sind. Unvorhersagbarkeit wird von Seligman in lerntheoretischer Tradition wie folgt definiert (1986, S. 126): „Ein US ist unvorhersagbar, wenn seine Wahrscheinlichkeit gleich bleibt, ob ein CS vorausgeht oder nicht. Wenn aversive Ereignisse unvorhersagbar sind, heißt das, daß keine Sicherheitssignale verfügbar sind und Angst erlebt wird."

Sicherheitssignale sind Reize, die zuverlässig angeben, daß ein aversives und schockähnliches Ereignis ausbleibt. Ohne deren Anwesenheit würden Menschen und Tiere zu jeder Zeit in Angst aufgrund früherer aversiver Erfahrungen leben. Aus diesem Grund sind Individuen immer auf der Suche nach Sicherheitssignalen, um Unvorhersagbarkeit kontrollieren zu können. Diese Annahme nennt Seligman die **Sicherheitssignal-Hypothese.**

Können Ereignisse kontrolliert werden, liegt eine Rückmeldung darüber vor, daß sie vorhersagbar sind. So kann sowohl Kontrollierbarkeit als auch Vorhersagbarkeit angstreduzierende Wirkung besitzen, wobei sich tatsächliche wie vermutete Kontrolle über aversive Reize gleichermaßen günstig auswirken.

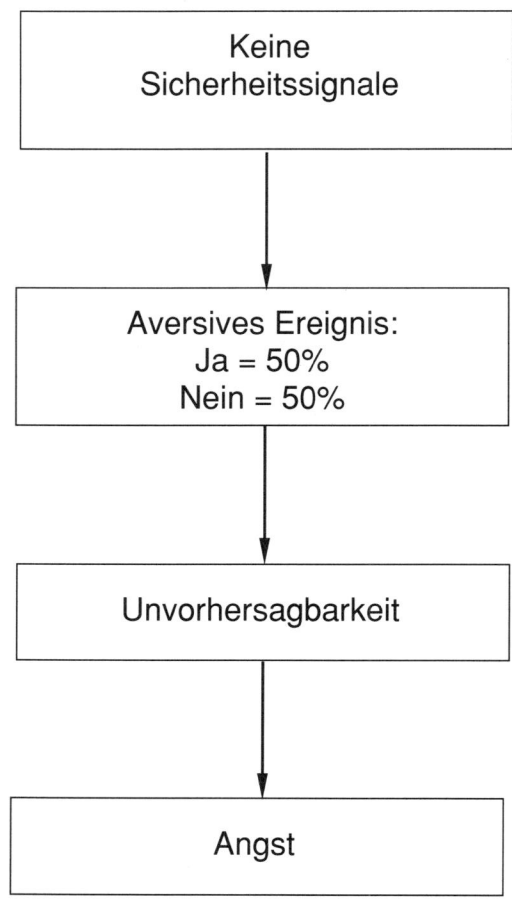

Abbildung 3: Zusammenhang zwischen Sicherheitssignalen und Angst.

● **Erziehung und Hilflosigkeit**

Im Rahmen seiner Hilflosigkeitstheorie weist Seligman auch ausführlich auf die emotionale Entwicklung und Erziehung von Kindern hin (vgl. auch Yarrow 1979 und Lazarus et al. 1977). Schon Neugeborene und Kleinkinder können Kontrolle über Konsequenzen aus der Umwelt ausüben, wobei die Kinder allerdings in den frühen Entwicklungsstadien nicht zwingend wahrnehmen, daß sie über diese Kontrolle verfügen. Diese Wahrnehmungen prägen sich erst im Laufe der Entwicklung aus (vgl. auch die Untersuchung von Rholes et al. 1980). Für Kinder ist es wichtig zu erfahren, daß Reaktion und Konsequenz aufeinander bezogen sind. Klaffen Reaktionen und Konsequenzen auseinander, so werden Kinder hilflos und führen keine Reaktionen mehr aus; darüber hinaus lernen sie, daß aktives Verhalten keine Wirkung hat, also sinnlos ist. Dieser Lernprozeß bewirkt das gleiche wie die Hilflosigkeitserfah-

rung beim Erwachsenen: Keine Motivation zu willentlichen Reaktionen, negative kognitive Einstellungen und Erwartungen sowie Angst und Depression. Die Folgen beim Kind sind jedoch **schwerwiegender**, da sie die Basis für die Entwicklung emotionaler und motivationaler Strukturen bilden.

Neben dem Auseinanderklaffen von Reaktion und Konsequenz (= Asynchronität) kann auch der **Kontrollverlust** über Umweltobjekte für die Entwicklung von Hilflosigkeit verantwortlich sein; Beispiele sind die Trennung von der Mutter oder wenn die Mutter sich gleichgültig und passiv gegenüber dem Kind verhält. Perrez (1981) führte zum Problem des Kontrollverlustes über Umweltobjekte eine Beobachtungsstudie in einer Familie durch. Das Problemkind, das soziale Angst aufwies sowie sein jüngerer Bruder wurden beobachtet und die Ergebnisse miteinander verglichen. Es stellte sich heraus, daß der „Problemjunge" einen doppelten Aufwand benötigte, um zum gleichen Ergebnis zu kommen wie sein jüngerer Bruder.

Wenn die Mutter beziehungsweise die Eltern Probleme für das Kind lösen, dann wirkt sich dies ebenfalls ungünstig aus. Macht die Umwelt es den Heranwachsenden zu leicht, tritt ein „Sonntagskind-Effekt" auf. Dieser Effekt äußert sich so, daß ein Kind bei zu viel Erfolg und zu viel Verwöhnung hilflos auf Mißerfolgserlebnisse reagiert. Dem Kind fehlt der Sinn für ein Ziel und es entwickelt nur ein geringes oder kein Durchhaltevermögen.

Schließlich können Mütter, die vor oder während der **Schwangerschaft** unvermeidbaren Schockerlebnissen ausgesetzt waren und dabei große Angst erlebten, diese Angst sowie Hilflosigkeitsreaktionen an ihre Kinder weitergeben (Seligman 1986, S. 141 f.). Unvermeidbare Schockerlebnisse vor und während der Schwangerschaft können durch einen Todesfall in der Familie (zum Beispiel des Ehemannes oder eines Elternteiles), Scheidung oder einen Unfall ausgelöst werden. Sie können beispielsweise auch darin bestehen, daß ein Ehepaar jahrelang kinderlos bleibt. Die monatliche Menstruation ist ein aversives unkontrollierbares Ereignis. Wird die Frau doch endlich schwanger, und erleidet sie im fünften Monat eine Fehlgeburt, so handelt es sich um ein weiteres, besonders intensives unvermeidbares Schockerlebnis. Während einer dann folgenden erfolgreichen Schwangerschaft befindet sich die Frau in ständiger Angst vor einer Fehlgeburt. Sie ist nie sicher, ob dieses Ereignis wieder eintritt oder ausbleibt. Es ist unvorhersagbar und damit unkontrollierbar.

Welche Prozesse dafür verantwortlich sind, daß die Mütter Angst und hilfloses Verhalten auf ihre Kinder übertragen, ist letztlich noch ungeklärt. Folgende Faktoren sind denkbar:

- **Intrauterine Faktoren.** Das Schockerlebnis beeinflußt die Hormone der Mutter und diese wiederum den Fötus.
- **Erziehungsfaktoren.** Die Mutter verhält sich sehr ängstlich und schränkt deshalb möglicherweise das Kind in seinem Tatendrang stark ein. Sie belohnt es für extrem vorsichtiges und zurückhaltendes Verhalten. Somit wird ungünstiges Verstärkungs- und Modellverhalten, auch den Attributionsstil der Mutter betreffend, wirksam (vgl. F. Petermann 1986).

1.3.3 Zum Zusammenhang zwischen erlernter Hilflosigkeit und sozial unsicheren Verhalten

Zwischen der Theorie der erlernten Hilflosigkeit und dem sozial unsicheren Verhalten ergeben sich drei Beziehungen:

1. Sozial unsicheres Verhalten kann als eine mögliche Ausdrucksform von Hilflosigkeit betrachtet werden.
2. Die Entwicklung des sozial unsicheren Verhaltens kann im Rahmen der Hilflosigkeitstheorie erklärt werden.
3. Die Hilflosigkeitstheorie bietet Handlungsrichtlinien für eine Intervention bei sozial unsicherem Verhalten und Begründungen für die Wirksamkeit der Intervention an.

ad 1: Hilfloses Verhalten äußert sich nach Seligman in passivem und initiativelosem Verhalten, das sich auf unterschiedliche Lebensbereiche, wie Leistungs-, Arbeits- und Sozialkontaktverhalten, erstrekken kann. Beobachtet man sozial unsichere Kinder, wenn sie mit sozialen Aufgaben und Interaktionssituationen konfrontiert werden, dann sieht man Passivität, Initiativelosigkeit, Resignation und Verweigerung von Sozialverhalten. Es handelt sich also um die gleichen Verhaltensweisen wie bei Hilflosigkeit; sie beziehen sich bei sozial unsicheren Kindern vorwiegend auf Sozialkontakte mit Gleichaltrigen.

Einen direkten Zusammenhang zwischen Hilflosigkeit und sozial unsicherem Verhalten stellt Seligman selbst her, indem er in seinen Ausführungen den Begriff „Kompetenz" aufgreift. Dieser Begriff zielt auf das elementare Bedürfnis ab, Ereignisse in der Umgebung zu kontrollieren. Seligman leitet daraus ab, daß Kompetenz das Bedürfnis und zugleich die Fähigkeit sei, einen unangenehmen, emotionalen Zustand, nämlich Depression einerseits und Angst andererseits, zu vermeiden oder zu beseitigen. Diese Sicht der Kompetenz entspricht der der sozialen Kompetenz in Abschnitt 1.2.3. Dort wird soziale Kompetenz als Bedürfnis und die Fähigkeit ausgewiesen, Umweltkontingenzen zu kontrollieren und günstige Verstärkungsbedingungen für sich zu erhalten.

ad 2: Die Entwicklung sozial unsicheren Verhaltens kann man aus den Sozialisationsbedingungen in der Familie erklären (vgl. Bruch 1989). Elterliches Erziehungsverhalten kann unkontrollierbar und unvorhersagbar sein: Entweder klaffen im Erziehungsverhalten Reaktionen und Konsequenzen auseinander oder die Entwicklung des Kindes ist durch unvorhersagbare, schockähnliche Ereignisse, wie häufige Wohnungs- und Umgebungswechsel, Trennung oder Tod der Eltern geprägt, wodurch Kontrollerfahrungen und der Aufbau von Sicherheitssignalen verhindert werden.

Ungünstige Sozialisationsbedingungen können das Motiv der **sozialen Angst** fördern. Die soziale Angst bezieht sich auf die Erwartungen über Unkontrollierbarkeit und Unvorhersagbarkeit. Diese Erwartungen prägen das Selbstkonzept einer Person in negativer Weise. Das bedeutet, sie können einem Individuum nicht das Selbstvertrauen und die „Selbst"sicherheit geben, eine Handlung erfolgreich auszuführen, da das Ereignis und die Konsequenzen dieser Handlung nicht „kalkulierbar" sind. Folglich ist es auch unbedeutend, ob überhaupt gehandelt oder dies unterlassen wird. Ein positives Selbstkonzept im Sinne von „selbst"-verursachten Verhaltenskonsequenzen kann folglich nur unter Vorhersagbarkeits- beziehungsweise Kontrollierbarkeitsbedingungen entwickelt werden.

Das Motiv der sozialen Angst bewirkt zusammen mit Verhaltensdefiziten sozial unsicheres Verhalten. Das Motiv muß jedoch nicht jedem sozial unsicheren Verhalten zugrunde liegen. Allein die Erfahrung von

Unkontrollierbarkeit, speziell mit überwiegend positiven Konsequenzen, führt nicht zwangsläufig zu Angstempfindungen; sie kann aber vor allem in „Bewährungssituationen", zum Beispiel bei Mißerfolg oder Streit, besonders, wenn die Hilfe der Eltern für das Kind nicht erreichbar ist, sozial unsicheres Verhalten erzeugen.

ad 3: Der Hilflosigkeitstheorie nach ist es mit großen Schwierigkeiten verbunden, das passive oder sogar das Verweigerungsverhalten der sozial unsicheren Kinder abzubauen und diesen sozial kompetentes Verhalten zu vermitteln. Dies hängt vor allem mit der motivationalen Störung der Kinder zusammen („Es hat eh' keinen Zweck, daß ich was tue, denn ich erreiche sowieso nicht mein Ziel.") und mit der kognitiven; das heißt, die häufige Erfahrung von Unkontrollierbarkeit verhindert, daß manchmal doch auftretende Verhaltens-Konsequenz-Zusammenhänge nicht erkannt werden. In unserem Training erfolgt deshalb die Aktivierung der Kinder in zwei Stufen:

a) Die Verhaltenseinengung eines unsicheren Kindes kann man schrittweise aufheben. Wir gehen - gemäß des Konzeptes von Seligman und den Überlegungen zur Selbstwirksamkeit von Bandura (1986) - davon aus, daß man eine solche Einengung lediglich über **neue Erfahrungen** beseitigen kann. Diese Anbahnung eigener und neuer Erfahrungen erfolgt bei sozial unsicheren Kindern nicht spontan, sondern durch **angeleitete Übungen.** Solche Übungen vermitteln Sicherheit in einem Bereich, in dem bislang noch keine Erfahrungen vorlagen. In einem Verhaltenstraining werden die Kinder an regelmäßige und regelgeleitete Verpflichtungen sowie Aufgaben gewöhnt. In vielen Fällen erfahren sie erst dadurch, daß sie eine Situation kontrollieren können. Solche Aktivitäten müssen jedoch durch Eltern- oder Familienberatungen unterstützt werden.

b) Defizite im Sozialverhalten können nun angegangen werden. Durch Informationen, Instruktionen und Verhaltensübungen werden dem Kind wichtige Fähigkeiten vermittelt. Wiederholte Verhaltensübungen und differentielle Verstärkung sind nötig, damit die Kinder die Kontrolle über Situationen und Ereignisse auf einer emotionalen Ebene erleben und dadurch ein stabiler Lernprozeß einsetzt.

Zusammenfassung

- Die Entwicklung von hilflosem Verhalten wird durch asynchrone Reaktionen und Konsequenzen bedeutsam gefördert (= Bedingung der Unkontrollierbarkeit). Die Konsequenzen können positiv und negativ sein; das heißt: Die Kinder können entweder zu verwöhnt oder zu vernachlässigt und zu häufig bestraft worden sein.

- Weiter entsteht hilfloses Verhalten, wenn ein Kontrollverlust über Umweltobjekte auftritt (= Bedingung der Unvorhersagbarkeit). Hier ist besonders an die Trennung zwischen einem Kind und einer für es wichtigen Bezugsperson zu denken.

- Eine Beziehung zwischen hilflosem und sozial unsicherem Verhalten stellt sich für uns wie folgt dar:

  a) Die von Seligman beschriebenen Verhaltensweisen von Hilflosigkeit entsprechen denen, die als sozial unsicheres Verhalten beobachtet werden konnten und allgemein so oder ähnlich bezeichnet werden.

  b) Stehen Reaktionen und Konsequenzen in keinem für ein Kind erkennbaren Zusammenhang, dann kann es nicht lernen, situationsangemessen zu handeln; dies führt zur Orientierungslosigkeit und damit zur Unsicherheit des Kindes. Ebenso fördern unvorhersagbare Ereignisse die Orientierungslosigkeit, da die für einen Menschen notwendigen Sicherheitssignale nicht gefunden werden können. Die Bedingungen können zur Ausbildung des Motivs der sozialen Angst führen.

  c) Die Überwindung von Passivität oder Verweigerungsverhalten bei sozial unsicheren Kindern erfordert als ersten Schritt eine angeleitete Erfahrungsvermittlung; als zweites müssen die Verhaltensdefizite ausgeglichen und sozial kompetentes Verhalten eingeübt werden.

2 Indikationsstellung

Vor jeder Intervention erfolgt sinnvollerweise eine Indikation. Unter einer Indikationsstellung versteht man das Bestreben, für ein gegebenes Problem ein praktisches Vorgehen zu spezifizieren. Bei der Suche nach vorhandenen Diagnosemöglichkeiten für sozial unsicheres Verhalten bei Kindern sind wir sehr bald auf Grenzen gestoßen. Verschiedene Erhebungsinstrumente, wie soziometrische Verfahren, haben sich nicht als hilfreich erwiesen, da sie zum Beispiel den situationalen Kontext nicht berücksichtigen (Dodge et al. 1985). Dies machte die Entwicklung von Verfahren erforderlich. Auf die Auseinandersetzung mit vorhandenen Verfahren gehen wir im folgenden kurz ein; ausführlicher stellen wir die Entwicklung des Beobachtungs- und Explorationsbogens dar.

2.1 Übersicht über die Ebenen der Indikationsstellung

Die Ebenen der Indikationsstellung beziehen sich auf: Einstellungen, Verhaltensweisen, psychophysiologische Prozesse und die Umwelt. Die Indikationsstellung erfolgt durch Tests, Verhaltensbeobachtungen, psychophysiologische Indikatoren beim Kind selbst und Explorationen von Bezugspersonen. Psychophysiologische Maße werden ausgeklammert, da sie im Hinblick auf die Bezugsgruppe „Kinder" als unangemessen betrachtet werden können: Der Registrieraufwand ist zu groß, das damit verbundene Eingreifen in das soziale Geschehen problematisch; hinzu kommt, daß auf sozial unsichere Kinder der apparative Aufwand angstauslösend wirken kann.

2.1.1 Einstellungsebene

Die meisten Verfahren in diesem Bereich beschäftigen sich mit der Erfassung von **Angst**, also im strengen Sinne nicht unmittelbar mit Indikatoren für sozial unsicheres Verhalten. Die große Anzahl existierender Definitionen und Konzepte spiegelt sich in der Vielzahl und Vielfalt der **Angstfragebogen** wider (vgl. Levitt 1987). Diese Fragebogen orientieren sich allerdings nicht an eindeutigen Angstindikatoren, und Angstskalen für Kinder sind mit Vorbehalten zu betrachten (vgl. Fröhlich 1983; Schröder 1977); denn statt Angsterfahrungen können sich Vermeidungsreaktionen und Abwehrtendenzen in den Antworten wiederfinden (vgl. Bergold 1974b; Cone 1987).

2.1.2 Verhaltensebene

Die meisten Bemühungen innerhalb der verhaltenstherapeutisch orientierten Literatur zur Bestimmung sozial unsicheren Verhaltens knüpfen an der unmittelbaren Beobachtungsebene an (vgl. van Hasselt 1987). An wichtigen Ansätzen möchten wir die folgenden herausgreifen:

- Friedman (1971) untersuchte die Reaktionen von Versuchspersonen in einer achtminütigen **Testsituation**, bei der sie die Aufgabe hatten, ein zwölfteiliges Puzzle zusammenzusetzen. Durch einen mit dem Versuchsleiter zusammenarbeitenden Helfer wurde die Versuchsperson bei dieser Aufgabe gestört. Die verbalen Verhaltensweisen der Versuchsperson gegenüber dem „Störer" wurden auf Tonband aufgenommen und unabhängigen Beurteilern vorgelegt. Wenn die Reaktion der Versuchsperson in eine der nachstehend genannten Kategorien fiel, wurde sie positiv bewertet: Drohung, Forderung, Beleidigung, deutliche Meinungsverschiedenheit und Aufforderung, mit der Störung aufzuhören. Die Übereinstimmung zwischen den Beurteilern betrug 30 - 80 %.

- Eisler et al. (1973) zeichneten per Video die Reaktionen von psychiatrischen Patienten im **Rollenspiel** auf. Geschulte Beurteiler (Übereinstimmung: 96 - 100 %) bewerteten die verbalen und nonverbalen Reaktionen, wie zum Beispiel die Länge der Antworten, die Häufigkeit des Lächelns, die Dauer des Blickkontaktes u.a. Es stellte sich heraus, daß sozial Kompetente besser Gefühle ausdrücken konnten, nachgiebiger waren, aber zugleich auch eher Verhaltensänderungen beim Interaktionspartner forderten; sozial Kompetente waren zudem redselig und reagierten unmittelbar.
- **Situationstests** für sozial unsicheres Verhalten als verhaltensdiagnostische Strategie entwickelten Jeger & Goldfried (1976) sowie Galassi & Galassi (1976). Hierbei mußten Versuchspersonen auf soziale Anforderungssituationen reagieren; Unsichere hatten in einem Rollenspiel (beim Vorliegen von Sprechängsten) einen Vortrag vor einer kleinen Gruppe zu halten.
- Eine **Einschätzskala** zum Verhaltensbereich „soziale Hemmung" (HIB-Skala) erarbeitete Caesar (1976), um gehemmte Kinder im Kindergarten zu beobachten (vgl. Petermann & Sauerborn 1989).

Leider sind die angegebenen Ansätze bis auf die HIB-Skala von Caesar im wesentlichen auf die Erwachsenenpsychologie zugeschnitten und können nicht oder nur begrenzt auf die Kinderpsychotherapie übertragen werden.

2.1.3 Umweltebene

Verfahren zur Indikationsstellung, die komplexe Einflußfaktoren der Umwelt auf die Entwicklung des Kindes und den Lebensstil der Familie aufdecken, basieren auf der Befragung von Bezugspersonen des Kindes. Solche Elternexplorationen sollen über spezifische Äußerungsformen einer Verhaltensstörung Aufschluß geben. Einige Ansätze in diesem Kontext sind:

- der „Interview Guide for Behavioral Counseling with Parents" von Holland (1970); ein halbstruk-

turierter, verhaltensanalytisch orientierter Leitfaden mit offenen Antwortmöglichkeiten zur Elternexploration;
- der „Diagnostische Elternfragebogen" für Elternanamnesen in der Erziehungsberatung von Dehmelt et al. (1974);
- ein Explorationsschema für die Darstellung kindlicher Verhaltensstörungen von Redlin (1975); als Fremd-Verhaltensanalyse konzipiert mit Fragen zu den Reiz- und Konsequenzbedingungen;
- der standardisierte Elterninterviewbogen für aggressives Kindverhalten von Petermann & Petermann (1991a) – ein auf spezifische Verhaltensweisen abzielendes Anamneseverfahren

Bei der Anwendung bzw. Entwicklung von verhaltensorientierten Explorationsverfahren müssen die diagnostische und therapeutische Arbeitsweise miteinander verzahnt werden. Das heißt: Die durch die Analyse der Einflußbereiche herausgefilterten Faktoren zur Art und Aufrechterhaltung des Problemverhaltens sollen **so konkret** bestimmt werden, daß sie **unmittelbar** therapeutisch umsetzbar sind.

2.2 Zum konkreten Vorgehen

Die Indikationsstellung für sozial unsicheres Verhalten bei Kindern erfolgt auf den oben beschriebenen drei Ebenen. Am wichtigsten ist die **Verhaltensanalyse**, die einerseits bemüht ist, das konkrete sozial unsichere Verhalten, die relevanten Situationen, in denen das Kind dieses Verhalten zeigt sowie die Häufigkeit und Intensität der unsicheren Reaktionen zu erfassen (Dodge et al. 1985). Andererseits soll die Verhaltensanalyse die funktionale Beziehung zwischen dem symptomatischen Verhalten und vorausgehenden sowie nachfolgenden Umweltbedingungen abbilden (vgl. Reinecker 1987). Dieses Ziel wird - wie beschrieben - durch Verhaltensbeobachtungen und vor allem Elternexplorationen erreicht.

2.2.1 Indikationsebene: Testverfahren

Speziell zur Erfassung von sozial unsicherem Verhalten bei Kindern existiert bisher kein valides Testverfahren. Eine Ausnahme bildet ein spezifischer

Angstfragebogen für Schüler (AFS: Fragebogen zur Erfassung von Schulangst von Wieczerkowski et al. 1974). Wie wir in Abschnitt 1.1.2 gezeigt haben, geht Schulangst in soziale Angst über; die soziale Angst wiederum kann das Leistungsverhalten ungünstig beeinflussen, was traditionellerweise mit Schulangst bzw. Prüfungs- und Leistungsangst bezeichnet wird. Der AFS wird angewandt, um herauszufinden, inwieweit bei auffälligen Kindern soziale Angst beziehungsweise sozial unsicheres Verhalten mit sogenannter „Schulangst" verbunden auftritt. Anders ausgedrückt: Sozial unsicheres Verhalten wird auf alle möglichen Umweltbereiche eines Kindes hin untersucht, nicht nur das Zuhause und der Freizeitbereich außerhalb des Elternhauses, sondern auch und besonders der schulische Bereich.

Man kann sich für den Einsatz des AFS entscheiden, weil er sich durch Durchführungs- und Auswertungsobjektivität, eindeutige Interpretierbarkeit, gute Augenscheinvalidität und ökonomische Handhabung auszeichnet. Er beinhaltet die Skalen Prüfungsangst (PA), manifeste Angst (MA), Schulunlust (SU) und soziale Erwünschtheit (SE). Andere Testverfahren, auch wenn sie Skalen zur Angst, Scheu und Durchsetzung beinhalten, kommen für uns nicht in Betracht, da ihre Fragen nicht ausreichend an konkretem Verhalten, nicht an sozialen Situationen und an statischen Persönlichkeitskonzepten orientiert sind (vgl. Dodge et al. 1985; Petermann & Petermann 1980).

2.2.2 Indikationsebene: Verhaltensbeobachtung

Wenn man ein Kindertraining plant, besitzen systematische Beobachtungen erhebliche Vorteile, da diese das Verhalten präzise erfassen können (vgl. Manns et al. 1987). Durch die ausdifferenzierten Kategorien im Beobachtungsverfahren werden kindspezifische Indikationsstellungen vergleichbar. Die Ausführungen von Manns et al. (1987) bestätigen uns darin, Verhaltensbeobachtungen zur Indikationsstellung zusätzlich zum Testverfahren und der Elternexploration heranzuziehen. Durch diesen Schritt wird eine einerseits möglichst umfassende und andererseits interindividuell sowie mit der trainingsbegleitenden Effektkontrolle vergleichbare Diagnostik angestrebt. Im Rahmen einer verhaltensbezogenen Diagnostik des sozial unsicheren Verhaltens sind einige **Vorannahmen** zu beachten:

1. Sozial unsicheres Verhalten als Sozialverhalten ist an konkrete Alltagssituationen gebunden; nur auf diese konkreten Situationen bezogen läßt sich das Verhalten darstellen (vgl. Dodge et al. 1985).
2. Da sich die Verhaltensdiagnostik an Alltagssituationen orientiert, muß man den Lebenskontext und das soziale Bezugssystem berücksichtigen; bei der Interpretation der Ergebnisse ist auf diese Kontextbedingungen einzugehen.
3. Wesentliche diagnostische Informationen sind aus der Verhaltensbeobachtung in konkreten Situationen zu ziehen; diese Informationen sollten durch *indirekte Einschätzungen* ergänzt werden, die bei Kindertrainings von seiten der Eltern kommen.
4. Die zentrale Aufgabe der Verhaltensdiagnostik ist es, Verhaltenselemente (Intensität, Dauer usw.) zu quantifizieren.
5. Große Bedeutung erhält bei der Verhaltensdiagnostik die Auslösung des Verhaltens; zum einen erfolgt dies *direkt*, das heißt, Verhalten kann durch Rollenspiele bewußt gesteuert (eingeleitet) werden (vgl. Dodge et al. 1985); zum anderen wird es *indirekt* ausgelöst; dieses Verhalten ist also im Alltag anzutreffen, ohne daß es vom Diagnostiker provoziert wird.
6. Alle „feldnah" gewonnenen Indikatoren des sozial unsicheren Verhaltens sollten durch Videoaufnahmen dokumentiert werden.

Das der Indikationsstellung zugrunde gelegte Verhalten des Kindes bezieht sich, wie wir ausgeführt haben, auf Alltagssituationen. Die **Beobachtungen des Alltagsverhaltens** betreffen sowohl standardisierte als auch teilweise standardisierte Situationen:
a) Eine weitgehend **standardisierte** Situation ergibt sich aus dem Erstkontakt mit dem Kind in der Beratungsstelle. Bei diesem Erstkontakt vermittelt der Therapeut dem Kind Informationen über das Training, es wird der Kind-Therapeut-Vertrag abgeschlossen, das Kind füllt eine Verstärkerliste (LEV-K; vgl. Petermann & Petermann 1991a) aus und bearbeitet den AFS von Wieczerkowski et al. (1974, s.o.). Der Erstkontakt wird mit Video aufgezeichnet. Die Verhaltensbeobachtung erfolgt durch den BSU.

BEOBACHTUNGSBOGEN
für sozial unsicheres Verhalten
(BSU)

Name: ....   Datum: ....

Beurteiler: ....   Bogen-Nr.: ....

Kategorie		Urteil
1	**STILL SEIN** Nichts erzählen, nichts fragen, nichts erbitten; keine Freude zeigen	_____
2	**SPRECHEN** Gehetztes, undeutliches, zu schnelles, abgehacktes Sprechen, häufig das gleiche Wort verwenden; zu leise oder zu laut sprechen; zu kurze Antworten (nur Ja/Nein); Kind wartet lange, bis es antwortet oder etwas erzählt	_____
3	**STOTTERN** Kein Wort oder keinen Satz zusammenhängend aussprechen können; beim Sprechen außer Atem sein	_____
4	**GEFÜHLE** Lautes oder leises Weinen; Tränen in den Augen; Zittern in der Stimme	_____
5	**GESICHTSAUSDRUCK** Unsicheres Umherschauen; verlegenes Lächeln; kurze Dauer des Blickkontaktes; Gesichtszucken	_____
6	**KÖRPERAUSDRUCK** Zittern der Hände; zappeln; Bleistift- und/oder Nägelkauen, nervöses Spiel mit den Händen	_____
7	**BEWEGUNGEN** Sich nicht von der Stelle bewegen; eintönige, sich wiederholende Körperbewegungen	_____
8	**TÄTIGKEITEN** a) Sich allein keinem Spiel beziehungsweise keiner Beschäftigung zuwenden; sich weigern, sozialen Verpflichtungen und Anforderungen in Schule und Familie nachzukommen (zum Beispiel in der Gemeinschaft helfen);	_____

Kategorie		Urteil

Kind wartet lange, bis es eine Tätigkeit aufnimmt

b) Aktivitäten wütend beenden, wenn ein Spiel mißlingt oder eine soziale Aufgabe nicht bewältigt wird — _____

c) Resignieren, wenn ein Spiel mißlingt oder eine soziale Aufgabe nicht bewältigt wird — _____

9   **SOZIALKONTAKT**

a) Sich keiner spielenden Kindergruppe anschließen; sich weigern, einer sozialen Aufforderung nachzukommen — _____

b) In fremder Umgebung oder bei Besuch zu Hause sich in einer Zimmerecke, unter dem Tisch, im eigenen Zimmer oder in der eigenen Kleidung (Mantel/Jacke nicht ausziehen wollen) verstecken — _____

c) Sich von einem oder mehreren bestimmten Erwachsenen (zum Beispiel Eltern) nicht trennen wollen; nur mit dieser bestimmten Person spielen, reden wollen — _____

d) Das Haus nicht verlassen wollen; sich nicht mit Freunden treffen wollen — _____

10   **SICH SELBSTBEHAUPTEN**

a) Angemessen Forderungen stellen können; ablehnen können (nein sagen); Meinung und Kritik äußern können — _____

b) Angemessen und kompromißbereit auf soziale Verpflichtungen eingehen können (ja sagen) — _____

11   **EIGENSTÄNDIGE AKTIVITÄTEN**

Kontakt zu anderen aufnehmen können; sich spielenden Kindern anschließen können; bei schwierigen sozialen Aufgaben nicht resignieren — _____

12   **SONSTIGE MERKMALE**

Erbrechen (zum Beispiel morgens vor der Schule oder in der Schule); Mundtrockenheit (Durst); Einnässen (nachts, tagsüber); Einkoten (nachts, tagsüber); Sprachfehler (zum Beispiel Lispeln, bestimmte Buchstaben nicht sprechen können); Erröten, Erblassen — _____

b) Eine **teilweise standardisierte** Situation zur Verhaltensbeobachtung stellt das erste Treffen bei der **Elternberatung** dar. In diesem Rahmen können Beobachtungen des Kindverhaltens im häuslichen Bereich bei Anwesenheit von Fremden (also Therapeut und Co-Therapeut) angestellt werden.

EXKURS: Zu den Kategorien des Beobachtungsbogens

Die standardisierten Beobachtungen zur Indikationsstellung, aber auch zur Prüfung der Trainingseffekte werden mit einem **Beobachtungsbogen** durchgeführt. Seine theoretisch begründeten Bestandteile beschreiben wir detailliert. Die meisten Kategorien entsprechen den Kriterien des DSM-III-R (APA 1987) und beziehen sich auf Störungen mit überkontrolliertem Verhalten. Es handelt sich dabei um vier Untergruppen von Verhaltensstörungen (vgl. Odom & Deklyen 1989):

- Störungen mit Trennungsangst (DSM-III-R 309.21),
- Störungen mit Überängstlichkeit (DSM-III-R 313.00),
- Störungen mit Kontaktvermeidung (DSM-III-R 313.21) und
- elektiver Mutismus (DSM-III-R 313.23).

Da uns die bislang vorliegenden Kriterien zur Abgrenzung der einzelnen Erscheinungsformen unzureichend erscheinen, beschränken wir uns auf die Ausführungen zum BSU und verzichten auf eine Zuordnung zu den Diagnoseklassen des DSM-III-R; zudem wurden die Kriterien des DSM-III-R nicht theoretisch abgeleitet.

Kategorie 1: Still sein. Die theoretischen Ausführungen zur sozialen Angst und Interaktion sowie die empirischen Studien zu sozial unsicheren Kindern legen typische verbale und nonverbale Verhaltensweisen nahe. Häufig ist bei sozial unsicheren Kindern: Sie erzählen nichts, fragen oder erbitten nichts und leben ganz auf sich zurückgezogen.

Kategorie 2: Sprechen. Das Sprachverhalten beinhaltet mehrere Indikatoren für sozial unsicheres Verhalten, wie zum Beispiel: die Sprachlautstärke hinsichtlich zu leiser und undeutlicher Artikulation (Bornstein et al. 1977) sowie Sprachfehler im Sinne von Satz- oder Wortwiederholungen, häufiges Versprechen, Auslassen von Worten und abgehacktes Sprechen (vgl. Argyle 1972; U. Petermann 1987). Auch der emotionale Tonfall von Äußerungen, wie hauchendes, zu schnelles und unzusammenhängendes Sprechen sowie häufiges Unterbrechen von Äußerungen, können nach Argyle (1972) Angst- beziehungsweise Unsicherheitsanzeichen sein.

Kategorie 3: Stottern. Zu den Sprachauffälligkeiten gehört auch das Stottern, das als gesonderte Kategorie berücksichtigt wird.

Kategorie 4: Gefühle. Der Gesichtsausdruck Weinen oder Tränen in den Augen bezeichnet je nach Situation und Person Angst und Unsicherheit.

Kategorie 5: Gesichtsausdruck. Der Gesichtsausdruck kann generell Gefühlszustände, so auch Angst und Unsicherheit, widerspiegeln (vgl. Argyle 1972; Hope et al. 1989). Besondere Bedeutung kommt dabei dem Blickkontakt zu. Die **Blickkontaktunfähigkeit** wird in verschiedenen Studien als entscheidendes Teilelement sozial unsicheren Verhaltens aufgefaßt, sei es als abhängige, zu messende Variable und/oder als zu modifizierendes Verhalten (vgl. Rutter & O'Brien 1980; Bornstein et al. 1977). Da nach Argyle (1972) zuviel Augenkontakt Angst bei einem Individuum hervorruft, ist es nur die logische Konsequenz, daß dies als Bedrohung empfunden wird. Bei Bedrohung wiederum ist die natürliche, normale Reaktion, daß man den Blick vom Gegenüber abwendet. Sozial Unsichere verfügen vermutlich über eine geringe Toleranz bezüglich des Augenkontaktes, das heißt, sie fühlen sich schnell bedroht und wenden entsprechend schnell den Blick ab.

Kategorie 6: Körperausdruck. Auch die **Gestik,** zum Beispiel nervöses Spiel mit den Händen oder kleinen Gegenständen, signalisiert sozial unsicheres Verhalten.

Kategorie 7: Bewegungen. Eine verkrampfte **Körperhaltung** sowie grob- und feinmotorische

Unruhe können ebenfalls Ausdruck sozial unsicheren Verhaltens sein (Becker 1979)

Kategorien 8 und 9: Tätigkeiten und Sozialkontakt. Seligman (1986) beschreibt hierzu typische soziale Hilfosigkeitsreaktionen; sie beziehen sich einmal auf **spielerische Tätigkeiten** und **soziale Anforderungen**, bei denen ein Kind passives oder Verweigerungsverhalten zeigen kann; und zum anderen betreffen sie den **Sozialkontakt**, der ebenfalls durch Verweigerungs- oder hilflose (passive) Reaktionen geprägt ist.

Kategorien 10 und 11: Sich selbstbehaupten und eigenständige Aktivitäten. Selbstbehauptende und eigenständige Aktivitäten beziehen sich auf die Zielverhaltensweisen des Trainings, wie wir sie ausführlich in der Beschreibung des sozial kompetenten Verhaltens dargestellt haben (vgl. Abschnitt 1.2).

Kategorie 12: Sonstige Merkmale. Diese Kategorie stellt unterschiedliche, zum Teil psychosomatische Reaktionen zusammen, die zwar für sozial unsicheres Verhalten relevant sind, im Training jedoch nicht spezifisch angegangen werden. Denn wir werten sie (bis auf den 'Sprachfehler') als **Folgen** des sozial unsicheren Verhaltens und nicht als konstitutive Verhaltensmerkmale.

Die Entwicklung des Beobachtungsbogens für sozial unsicheres Verhalten bei Kindern orientierte sich an den üblichen Kriterien zur Erstellung systematischer Beobachtungsverfahren (vgl. Manns et al. 1987; U. Petermann 1987). Die theoretische Ableitung der Kategorien, unsystematische Verhaltensbeobachtungen an Kindern und Expertengespräche legen sowohl die Vollständigkeit als auch die Unabhängigkeit der Kategorien nahe. Die Kategorien sind konkret formuliert und auf ein notwendiges Minimum beschränkt. Sie werden im reduktiven Einschätzverfahren beurteilt; das heißt, die Verhaltensregistrierung erfolgt über eine Einschätzungsskala mit fünf Abstufungen von: **tritt nie** (= 1), **selten** (= 2), **manchmal** (= 3), **häufig** (= 4), **ständig auf** (= 5). Aufgrund der aufgeführten erfüllten Kriterien kann der Beobachtungsbogen für sozial unsicheres Verhalten bei Kindern als inhaltsvalide bezeichnet werden.

2.2.3 Indikationsebene: Elternexploration

Die Elternexploration stellt die Hauptquelle der Informationen zur Verhaltensanalyse dar. Der erste Termin mit den Eltern dient vor allem der Elternexploration und daneben der Beobachtung der Kind-Eltern-Interaktion beziehungsweise Kind-Therapeut-Interaktion. Die Elternaussagen zum Kindverhalten können durch Verhaltensbeobachtungen beim Hausbesuch abgesichert werden. Die Analyse des Kindverhaltens erfolgt also relativ umfassend durch die Berücksichtigung verschiedener Indikationsebenen.

Die Elternexploration wird mit einem **standardisierten Elterninterviewbogen** durchgeführt, den wir in Anlehnung an verhaltenstheoretische Vorstellungen zur Diagnostik entwickelt haben. Diesen Vorstellungen entsprechend spielen Fragen zur Entwicklung und Problematik des Kindes sowie zu bedingenden und aufrechterhaltenden Faktoren eine große Rolle. Im Rahmen der Analyse der Problemsituation sind zu untersuchen:

(a) **Verhaltensexzesse**, das heißt in Häufigkeit, Dauer und Intensität als problematisch beschriebene Verhaltensweisen; sie beziehen sich zum Beispiel auf Streitsucht, Aggression, zwanghaftes Verhalten oder Überempfindlichkeit;

(b) **Verhaltensmängel**, das heißt in Häufigkeit, Dauer und Intensität als nicht ausreichend beschriebene Verhaltensweisen (u.a. verminderte Kontaktbereitschaft, Ermüdung oder Vergeßlichkeit) und

(c) **unproblematische Verhaltensweisen**, das heißt Verhaltensstärken beziehungsweise -fähigkeiten; sie ergeben sich aus den Arbeits-und Spielaktivitäten, dem handwerklichen Geschick, den musischen oder sozialen Fähigkeiten des Kindes (vgl. dazu die Abschnitte III bis VI des Elternexplorationsbogens).

Der Therapeut muß in der Verhaltensanalyse spezifizieren, **welche** problematischen Verhaltensexzesse beziehungsweise -mängel hinsichtlich ihrer **Auftretenshäufigkeit, -intensität, -dauer** und **-bedingungen** eine Modifikation verlangen. Da von einer funktionalen Beziehung zwischen symptomatischem Verhalten und vorausgehenden beziehungsweise nachfolgenden Umweltbedingungen ausgegangen wird, ist eine „motivationale Analyse" hinsichtlich der Häufigkeit und Regelmäßigkeit effektvoller Verstärker

42

und solche Verstärker verteilenden Personen zu verfolgen. Diese Faktoren, die das Problemverhalten aufrechterhalten, werden im Elternexplorationsbogen unter IV. (Verhaltensanalyse: Allgemeiner Teil) und VII. (Verhaltensanalyse: Eltern-Kind-Beziehung) erfragt.

An der **Entstehung** des Problemverhaltens können **biologische** Bedingungen beteiligt sein; es kann sich zum Beispiel um Seh- und Hörschäden, um Folgeschäden von Krankheiten wie Kinderlähmung oder endokrine Störungen und um Unfallschäden handeln. Bedeutend ist weiterhin, wann und wie diese biologischen Abweichungen entstanden sind und ob sie eine Therapie beziehungsweise ein Training einschränken (vgl. Silke; Abschnitt 3.3). Diese biologischen Veränderungen beeinflussen die spezifischen Rollenerwartungen und Normen. Der Therapeut sollte untersuchen, ob das Problemverhalten in allen **Umweltbereichen** oder in einem beziehungsweise einigen davon auftritt (vgl. im Elternexplorationsbogen II. Soziale Beziehungen; V., VI., VII. Verhaltensanalyse: Schulisches Verhalten, Beziehungen zu Geschwistern/Gleichaltrigen, Eltern- Kind-Beziehung). In diesem Zusammenhang müssen auch die **sozialen Beziehungen** analysiert werden; das heißt, es muß unter anderem beantwortet werden, wer zu den wichtigsten Bezugspersonen aus der Umgebung des Kindes gehört, welche **Verstärkerbedingungen** oder **Modellwirkungen** von diesen Personen ausgehen und ob diese Bezugspersonen in ein Training integriert werden

können (vgl. II. Soziale Beziehungen und VII. Verhaltensanalyse: Eltern-Kind-Beziehung im Elternexplorationsbogen).

Bedeutsam sind die Bedingungen und sozialen Situationen, unter denen die Verhaltensänderung zum **ersten Mal** bemerkt wird sowie die Modellpersonen, von denen das Kind das unerwünschte Verhalten übernommen hat (vgl. IV. Verhaltensanalyse: Allgemeiner Teil).

Schließlich gilt es, die **Selbstkontrollfähigkeit** des Kindes festzustellen. Interessant ist herauszufinden, ob zu irgendeiner Zeit aversive Konsequenzen das Problemverhalten kontrolliert oder die Selbstkontrolle verändert haben und welche Situationsbedingungen, Personen und Verstärker das Selbstkontrollverhalten modifizieren können (vgl. VIII. Trainingsspezifische Daten).

Wie zu erkennen ist, ist der Explorationsbogen an den Richtlinien der **Verhaltensdiagnostik** ausgerichtet. Es handelt sich um eine einerseits funktionalistische und andererseits handlungsorientierte Diagnostik, die die Therapiezielbestimmung als Bestandteil des diagnostischen Prozesses sieht (vgl. Reinecker 1987). Das bedeutet, daß das sozial unsichere Verhalten bei Kindern so analysiert werden muß, daß einzelne Behandlungsschritte und spezifisch beschreibbare Verhaltensweisen als Therapieziele ableitbar sind. Die Kenntnisse über biologische, soziale und auch kulturelle Bedingungen helfen bei der Begründung des Vorgehens und zeigen zugleich die Behandlungsgrenzen auf.

ELTERNEXPLORATIONSBOGEN

I. Daten zur Person

1. Name des Kindes: _____
    Geburtsdatum: _____

2. Namen der Geschwister: a)_____ b)_____
    Geburtsdatum: _____

3. Berufstätigkeit der Eltern: Ja _____ Nein _____
    Wenn JA: halbtags O
              ganztags O

4. Wie ist der Gesundheitszustand Ihres Kindes?
    O kränklich
    O robust
    O gesund
    Wie oft ist Ihr Kind im Jahr krank (Infektionskrankheiten)? .... mal

5. Welche Kinderkrankheiten hat Ihr Kind gehabt? _____
    _____

6. Gab es Besonderheiten in der Entwicklung Ihres Kindes?
    Zum Beispiel besondere Krankheiten (u.a. verbunden mit einem längeren
    Krankenhausaufenthalt)?
    Zum Beispiel schwierige Geburt?
    Zum Beispiel Entwicklungsverzögerungen (laufen, sprechen lernen u.ä.)
    Andere:
    _____
    _____
    _____

7. Hatte Ihr Kind irgendwann einen schweren Unfall erlitten?
    O Ja   O Nein
    Wenn JA, welchen und wie alt war Ihr Kind damals? Waren damit eine Operation,
    ein Krankenhausaufenthalt, Einschränkungen im Bewegungs-, Spiel- und
    Kontaktverhalten verbunden?
    _____
    _____
    _____

II. Soziale Beziehungen

1. Wer verbringt die meiste Zeit mit Ihrem Kind?
   O Mutter   O Geschwister
   O Vater   O Freunde
   O Oma   O Verwandte
   O Opa   O sonstige Bezugspersonen (zum Beispiel Nachbar)

2. Mit wem ist Ihr Kind besonders gern zusammen?_____
   Warum? _____

3. Mit wem ist Ihr Kind weniger gern zusammen?_____
   Warum (zum Beispiel aus Angst, Eifersucht oder ähnlichem)?_____

4. Welche Personen waren früher (sind jetzt) an der Erziehung Ihres Kindes beteiligt?
   _____

5. Auf welche Verhaltensweisen von Erwachsenen reagiert Ihr Kind mit Angst,
   Rückzug oder eher ablehnendem Verhalten?_____
   _____

6. Wer hat den größten Einfluß auf Ihr Kind? _____

7. Besteht zwischen Ihnen und Ihrem Ehepartner Einigkeit in Erziehungsfragen?
   O Ja   O Nein
   Wo treten Gegensätze auf?_____

8. Hat Ihr Kind einen Kindergarten (Kinderkrippe, Vorschule und Kinderhort) besucht?
   O Ja, und zwar:_____
   O Nein

9. Ging Ihr Kind gern in den Kindergarten (Kinderkrippe, Vorschule, Kinderhort)?
   O Ja   O Nein
   Wenn JA: Was mochte es im Kindergarten (Kinderkrippe, Vorschule, Kinder-
   hort) besonders gern?_____

   Wenn NEIN: Was mochte es überhaupt nicht?_____
   _____

III. Derzeitige Besonderheiten (im Verhalten des Kindes)

1. Wie ist das Temperament Ihres Kindes (ständig aktiv, eher passiv, ruhig, zurückgezogen, friedlich, aggressiv {gegen sich selbst}, lebhaft, laut)? Und zwar:
   a) zu Hause (alleine/mit der Mutter oder anderen Personen)

   _____

   b) in der Schule _____

   c) auf dem Spielplatz _____

2. Was sind die Interessen Ihres Kindes? Was spielt es am liebsten; beim
   - Spielen im Zimmer _____
   - Spielen im Freien _____
   - Sporttreiben _____
   - bei sonstigen Hobbys _____
   - und womit verbringt es die meiste Zeit? _____

IV. Verhaltensanalyse: Allgemeiner Teil

1. Wie ist der Tagesablauf Ihres Kindes? _____

   _____

   _____

   _____

   _____

   _____

   _____

2. Stellen Sie sich einen Tag vor, an dem Sie besondere Probleme mit Ihrem Kind haben. Denken Sie sich in einen solchen Tag hinein, und beschreiben Sie die Verhaltensweisen Ihres Kindes, mit denen Sie Probleme haben: _____

   _____

   _____

   _____

   _____

   _____

3. Wie kann man Ihrer Meinung nach das problematische Verhalten Ihres Kindes bezeichnen (z.B. schüchtern, ängstlich, kontaktarm, aggressiv, selbstunsicher oder ähnliches)?

   _____

   _____

4. Wie häufig, wie lange und wie intensiv tritt das problematische Verhalten auf?

   _____

   _____

   _____

5. Können Sie sich an Zeiten erinnern, in denen Ihr Kind deutlich mehr Schwierigkeiten/ Probleme hatte als heute?
O Ja   O Nein
Wenn JA, wie alt war Ihr Kind damals? Um welche Schwierigkeiten handelte es sich? _____
_____
_____

6. An welche besonderen Umstände von damals können Sie sich erinnern?
_____
_____
_____

7. Gab es Zeiten, in denen das problematische Verhalten weniger beziehungsweise überhaupt nicht zu beobachten war?
O Ja   O Nein
_____

8. Wann trat das problematische Verhalten bei Ihrem Kind zum ersten Mal auf (Alter des Kindes?)
_____

9. An welche besonderen Umstände, Ereignisse oder Veränderungen von damals können Sie sich erinnern (z.B. Unfall, Krankheit, Geburt eines Geschwisters, Trennung von einer geliebten Person)?
_____
_____
_____

10. Wie haben Sie sich damals verhalten, als das problematische Verhalten zum ersten Mal auftrat?
_____
_____
_____

11. Hat sich das Verhalten Ihres Kindes daraufhin geändert?
_____
_____
_____

12. Gegenüber welchen Personen hat Ihr Kind große Angst? ————————
_____

13. Wie reagieren diese Personen auf das ängstliche Verhalten Ihres Kindes?
_____
_____
_____

14. Kam es vor, daß Ihr Kind sich bei diesen Personen zu irgendeiner Zeit weniger ängstlich verhielt? Wie sah dieses Verhalten aus?

_____

_____

15. Angenommen, Sie erfahren, daß Ihr Kind vor Mitschülern oder der Schule (Lehrern) besonders große Angst hat. Wie verhalten Sie sich?

_____

_____

16. Gab beziehungsweise gibt es Personen aus der Umgebung Ihres Kindes, die durch ängstliches Verhalten auffallen?

_____

_____

17. Hat Ihr Kind zu diesen Personen viel Kontakt?

_____

_____

V. Verhaltensanalyse: Schulisches Verhalten

1. Sie sagen, Ihr Kind besucht die … te Klasse. Hat Ihr Kind schon einmal eine Klasse wiederholt?
   O Ja   Welche? _____
   O Nein

2. Wenn JA, wie ist Ihr Kind damit fertiggeworden?

_____

_____

3. Wenn JA, wie haben Sie reagiert?

_____

_____

4. Wie verlief die Einschulung? Gab es eine Zurückstellung von der Einschulung? Ist Ihr Kind vorzeitig eingeschult worden? _____

_____

_____

5. Wie sind Sie mit den schulischen Leistungen Ihres Kindes zufrieden?

_____

_____

6. Wie zeigen Sie Ihrem Kind, wenn Sie mit seinen schulischen Leistungen zufrieden sind?

_____

_____

7. Was tun Sie, wenn Sie mit den Leistungen unzufrieden sind?

_____

_____

8. Welche Vorstellungen haben Sie über die weitere schulische Laufbahn Ihres Kindes?

_____

_____

9. Kennt Ihr Kind Ihre Vorstellungen?
O Ja   O Nein

10. Helfen Sie beziehungsweise Ihr Ehepartner bei den Hausaufgaben?
O Ja; Wer:_____O Nein; Wer:_____

11. Wenn Ja, helfen Sie regelmäßig? Wie lange?

_____

_____

12. Wie helfen Sie?

_____

_____

13. Haben Sie den Eindruck, daß Ihr Kind gerne zur Schule geht?
O Ja   O Nein

14. Wenn Nein, woran liegt es Ihrer Meinung nach, daß Ihr Kind nicht gerne zur Schule geht?

_____

_____

VI. Verhaltensanalyse: Beziehungen zu Geschwistern / Gleichaltrigen

1. Wie gestaltet sich der Kontakt zu Gleichaltrigen: Hat Ihr Kind viele Freunde, eine intensive Freundschaft oder oberflächliche Freundschaften?

_____

_____

2.　Wie häufig treffen sich die Freunde?

_____

_____

3.　Wie verhält sich Ihr Kind, wenn es mit anderen Kindern/Geschwistern zu Hause zusammen ist (friedlich, streitsüchtig, schüchtern, eifersüchtig, bestimmend etc.)?

_____

_____

4.　Können Sie Gründe für dieses Verhalten nennen?

_____

_____

5.　Ist Ihr Kind in der Gruppe der Gleichaltrigen eher Anführer oder Außenseiter oder „weder/ noch"?

_____

_____

6.　Wie beliebt ist Ihr Kind bei Gleichaltrigen?

_____

_____

7.　Meinen Sie, daß sich Ihr Kind besser gegenüber Gleichaltrigen durchsetzen lernen sollte (notfalls mit Gewalt)?

_____

_____

VII.　Verhaltensanalyse: Eltern-Kind-Beziehung

1.　Welche Freizeitaktivitäten unternehmen Sie mit Ihrer Familie?
Häufig: _____
Gelegentlich: _____

2.　Angenommen, Ihr Kind hat ein Problem. Kommt es damit zu Ihnen oder Ihrem Ehepartner oder zu einer anderen Bezugsperson?

_____

_____

3.　Mit welchen Problemen ist Ihr Kind in den letzten Monaten zu Ihnen gekommen?

_____

_____

4.　Konnten Sie ihm weiterhelfen?

_____

_____

5.　Redet Ihr Kind mit Ihnen über seine Freunde oder die Schule?

_____

_____

6. Für was belohnen Sie Ihr Kind?

_____

Wer belohnt?

_____

Wann ? (sofort, am Abend, eine Woche später ...)?

_____

7. Mit was belohnen Sie Ihr Kind?

_____

Was ist die wirkungsvollste Belohnung?

_____

8. Wie häufig belohnen Sie?

_____

9. Wie reagiert Ihr Kind auf Belohnung?

_____

10. Für was bestrafen Sie Ihr Kind?

_____

Wer bestraft?

_____

Wann erfolgt dies (sofort, am Abend, eine Woche später ...)?

_____

11. Womit bestrafen Sie Ihr Kind?

_____

Welche Strafe ist die wirkungsvollste?

_____

12. Wie häufig bestrafen Sie Ihr Kind?

_____

13. Wie reagiert Ihr Kind auf Bestrafung?

_____

14. Kommt es vor, daß Sie Ihrem Kind ein Vorbild vor Augen halten (z.B. „Dein Freund ... macht seinen Eltern bestimmt mehr Freude als Du!")?
O Ja   O Nein
Wenn JA, wen und welches Verhalten?

_____

_____

VIII.   Trainingsspezifische Daten

1. Wie stark kann Ihr Kind sich selbst kontrollieren (z.B. beim Hausaufgaben-Machen, nicht wütend werden, von sich aus Kontakt suchen)?

_____

_____

2. Ist Ihr Kind kooperationsbereit (z.B. wenn Sie mit ihm ein Problem bereden oder es um etwas bitten)?

_____

_____

3. Haben Sie mit Ihrem Kind bereits über das Training gesprochen?
O Ja   O Nein

4. Wenn JA, was haben Sie ihm erzählt?

_____

_____

5. Wie hat sich Ihr Kind daraufhin geäußert?

_____

_____

6. Wie sind Ihre eigenen Vorstellungen zum Training? Auf was sollen wir zum Beispiel besonders bei Ihrem Kind achten?

_____

_____

3 Fallbeschreibungen

Die Ergebnisse der Indikationsstellung bereiten wir in kriteriengeleiteten Fallbeschreibungen auf. Dies erfolgt außer mit den AFS-Testdaten vor allem mit den Elternexplorations- und den Verhaltensbeobachtungsdaten. **Kriteriengeleitete Fallbeschreibung** heißt, daß folgende Aspekte für jeden Fall gleichermaßen berücksichtigt werden müssen:

a) Detaillierte **Beschreibung** des **Kindes**;
b) Benennung und konkrete Beschreibung des **Problemverhaltens** (hierzu werden die Kategorien des **Beobachtungsbogens** herangezogen);
c) Zusammenstellung der bedingenden Faktoren, die zur **Entwicklung des Problemverhaltens** beitrugen (hierzu sind die Elternexplorationsdaten notwendig);
d) **aufrechterhaltende Faktoren** des Problemverhaltens im Familien-, Schul-, Arbeits- und Freizeitbereich (auch hier sind die Elternexplorationsdaten von großer Bedeutung);
e) Zusammenfassung der Informationen zu **individuellen Trainingszielen**.

Ziel der Indikationsstellung ist es, die individuellen Therapievoraussetzungen abzuklären. Dies geschieht mit Hilfe einer kindspezifischen Verhaltensanalyse, für die vor allem die eindeutig abgegrenzten Verhaltensweisen und die Faktoren, die das Verhalten aufrechterhalten, von Bedeutung sind. Für jedes Kind werden relevante Kategorien aus dem Beobachtungsbogen ausgewählt. Diese gehen auch in die Trainingserfolgskontrolle ein. Es handelt sich dabei um in den Trainingsstunden beobachtbare Verhaltensweisen. Zusätzlich wird noch die Kategorie 9 „Sozialkontakt" miteinbezogen, die nicht in allen konkreten Erscheinungsformen und in allen Phasen des Trainings registriert werden kann. Bei dieser Kategorie fließen Informationen aus der Elternexploration ein sowie Beobachtungen des Kindes durch die Therapeuten zu Hause sowie vor, während und nach der Diagnosestunde und der ersten Trainingsstunde. Die Kategorien 8 „Tätigkeiten" und 9 „Sozialkontakt" werden für jedes Kind eingeschätzt, da es sich um sehr bedeutsame Kategorien sozial unsicheren Verhaltens handelt. Auch die Kategorien 10 „Sich selbstbehaupten" und 11 „Eigenständige Aktivitäten" werden für alle Kinder regelmäßig mitbeurteilt, um dadurch den Aufbau des Zielverhaltens beurteilen zu können.

Eine Möglichkeit, die Ansprechbarkeit eines Kindes auf bestimmte therapeutische Maßnahmen abzuschätzen, bietet die Erhellung der Faktoren, von denen anzunehmen ist, daß sie zur Entwicklung des Problemverhaltens beitrugen. Diese bedingenden Faktoren sollten unbedingt auf dem Hintergrund einer sinnvoll begründeten Theorie betrachtet werden. Dadurch soll zufälligen Schlüssen vorgebeugt werden (vgl. dazu ausführlich Abschnitt 3.7.2).

Im folgenden stellen wir die Ergebnisse der Indikationsstellung für einige Kinder, die am Training teilnahmen, vor. Sie gliedern sich in die fünf oben aufgeführten Aspekte und illustrieren eine kriteriengeleitete Fallbeschreibung.

3.1 Jens

a) Beschreibung von Jens

Jens (11,7 Jahre alt) besucht zum Trainingsbeginn die fünfte Klasse der Hauptschule. Er fällt seit ungefähr einem halben Jahr durch Schwätzen, den Klassenclown spielen und Leistungsminderung auf. Zu Beginn des vierten Schuljahres hatte sich schon einmal solches Verhalten gezeigt. Die Leistungsminderung ist angesichts seiner kognitiven Fähigkeiten nicht verständlich (so das Eltern- beziehungsweise Lehrerurteil). Die Ergebnisse des AFS zeigen durchgängig sehr hohe Werte für Prüfungsangst, manifeste Angst und Schulunlust. Das Verhalten im Sinne sozialer Erwünschtheit bewegt sich im unteren Drittel der Skala.

Jens zeigt generell Unlustgefühle und Gleichgültigkeit, was sich in Initiativelosigkeit und Passivität bei Tätigkeiten (wie spielen, Aufgaben erledigen und ähnlichem) äußert sowie - gegenüber den Eltern - als Teilnahmslosigkeit zum Ausdruck kommt. Kontakt zu Gleichaltrigen besteht nicht; wenn er doch zustande kommt, so nur deshalb, weil andere auf ihn zukommen. Im Kontaktverhalten zeigt sich Jens gehemmt, ruhig (verbal und motorisch), nicht begeisterungsfähig, ohne eigene Meinung, und nicht durchsetzungsfähig.

b) Benennung und Beschreibung des Problemverhaltens

Für Jens sind folgende Problemverhaltensweisen aus dem Beobachtungsbogen relevant:

1 Still sein: Er erzählt nichts, fragt und erbittet nichts und zeigt keine Freude. Auch andere emotionale Reaktionen sind bei ihm nicht zu erkennen: keine Wut, keine Enttäuschung, keine Traurigkeit. Er wirkt gleichgültig und teilnahmslos.

5 Gesichtsausdruck: Von der Mimik gewinnt man zwei Gesamteindrücke; einmal wirkt das Gesicht von Jens durch seine Regungslosigkeit apathisch und ein anderes Mal unsicher und ängstlich: Er zeigt dann unter anderem kaum Blickkontakt, verlegenes Lächeln beim Angesprochen-Werden sowie Hochziehen der Augenbrauen und Aufreißen der Augen, wenn er sich in Situationen befindet, die Angst hervorrufen.

6 Körperausdruck: Zu Hause ist starkes Zappeln und nervöses Spiel mit den Händen zu beobachten. Zu Beginn des Trainings (Diagnose- und erste Trainingsstunde) war Jens entweder verkrampft (er zog sich zusammen, als ob er frieren würde) oder spielte nervös mit den Händen.

8 Tätigkeiten: In diesem Verhaltensbereich wirkt Jens besonders gleichgültig, passiv und „antriebsschwach". Er scheint keine Interessen zu haben und wendet sich selbständig keinem Spiel, keiner Aufgabe oder keinem Hobby zu. Sozialen Verpflichtungen innerhalb der Familie kommt er nur nach Aufforderung nach. Kann er ein Spiel oder eine soziale Aufgabe nicht bewältigen, geht er resignierend aus dem Felde.

9 Sozialkontakt: Jens zeigt keine Initiative. Wenn andere Kinder auf ihn zukommen, weigert er sich nicht, mit ihnen zu spielen. Dabei verhält er sich jedoch auch initiativelos, redet kaum, hat oder vertritt keine eigene Meinung und geht bei auftretenden Problemen aus dem Felde. Eine feste Freundschaft existiert nicht.

10 Sich selbstbehaupten: Jens kann sich in keiner Weise selbstbehaupten. Er kann keine Forderungen stellen, nicht nein sagen und keine Meinung oder Kritik äußern. Jens ist deshalb von anderen Personen leicht zu beeinflussen und zu negativen Verhaltensweisen zu „verführen" (zum Beispiel von gleichaltrigen Jungen).

11 Eigenständige Aktivitäten: Jens verfügt nicht über die Fähigkeit, selbständig Kontakt zu anderen aufzunehmen und bei schwierigen sozialen Aufgaben Ausdauer zu zeigen.

Andere symptomatische Merkmale

Wenn Jens sich in einer emotional schlechten Verfassung befindet, ist sein Gesicht blaß. Bei seelischen Aufregungen jedoch oder wenn er wegen einer Sache angesprochen wird, die für ihn selbst peinlich ist, errötet sein Gesicht schnell und stark. - Jens näßte bis vor einem halben Jahr vor Trainingsbeginn fast jede Nacht ein. - Seit kurzem fällt Jens in der Schule durch Clownerien auf, wodurch er den Unterricht sehr stört. Des weiteren ist seit ungefähr einem Jahr ein starker Leistungsabfall zu verzeichnen.

c) Entwicklung des Problemverhaltens

Folgende Informationen liegen vor, die zum Erwerb des Problemverhaltens beigetragen haben können: Jens ist die ersten vier Lebensjahre von der Großmutter mütterlicherseits erzogen worden. Die Mutter lebte zwar bei Großmutter und Sohn, war aber ganztags berufstätig. Seinen leiblichen Vater kennt Jens nicht. Er entwickelte eine enge Beziehung zur Großmutter, die heute noch besteht, obwohl er seit einigen Jahren einige hundert Kilometer entfernt von der Großmutter bei seinen Eltern (Mutter und Stiefvater) lebt. Bisher verbrachte er fast alle Ferien bei der Großmutter. Der spätere Ehemann der Mutter und Stiefvater trat etwa ab dem zweiten Lebensjahr von

Jens in Erscheinung. Jens erfaßte bewußt erst zu Trainingsbeginn, daß sein Vater ihn adoptiert hat, indem er von sich aus Nachforschungen anstellte und fragte. Er näßte seit der Trennung von der Großmutter fast nächtlich ein. Nur während der gemeinsam verbrachten Urlaubstage mit den Eltern besserte sich dieses Symptom. Seit dem letzten Sommer trat es nicht mehr auf. Zwischen den Eltern und der Großmutter bestanden und bestehen unterschiedliche Erziehungsvorstellungen und Lebenseinstellungen. Die Mutter wirft der Großmutter vor, Jens zu unselbständig und zu einengend erzogen zu haben. Er habe sich zum Beispiel nie schmutzig machen dürfen und sei immer äußerst brav und folgsam gewesen, was die Eltern als nicht natürlich empfinden.

Weiterhin erklärt die Mutter, daß Jens von Anfang an kaum Freunde gehabt habe und immer sehr zurückhaltend gewesen sei. Wenn er mit anderen Kindern zusammen wäre, dann handele es sich ebenfalls um Außenseiter; im Kindergarten waren es koreanische Kinder, heute sind es etwas ältere Jungen, die als „Bande" auftreten und allerlei „Unfug" in der Gegend treiben.

Von Bedeutung ist noch, daß sich die Eltern gemeinsam eine berufliche Existenz aufbauen wollen. Deshalb ist die Mutter meist abends und nachts berufstätig. Beide Elternteile haben also nicht sehr viel Zeit für Jens. Er steht zum Beispiel morgens selbständig mit dem Wecker auf, frühstückt alleine, geht zur Schule und ißt auch manchmal mittags nach der Schule allein. In dem Tages- und Wochenablauf der Familie muß alles mehr oder weniger reibungslos funktionieren, auch Jens, da sonst das System der Familie ins Ungleichgewicht gerät.

d) Aufrechterhaltende Faktoren

Die das Verhalten aufrechterhaltenden Faktoren beziehen sich auf den Kontakt Jens-Großmutter und Jens-Eltern. Die unterschiedlichen Erziehungsstile verunsichern Jens bis hin zur Handlungsunfähigkeit. Weiterhin spielt der Zeitfaktor eine Rolle. Die Gleichgültigkeit und Initiativelosigkeit von Jens wird zumindest durch mangelnde Zuwendung aufrechterhalten. Er sucht sehr vorsichtig zum Vater Kontakt. Je nachdem, ob dieser sich Zeit zur Auseinandersetzung mit ihm sowie zu gemeinsamen Aktivitäten nimmt oder auch nicht, verhält sich Jens aktiver und aufgeschlossener beziehungsweise passiver und in sich gekehrter.

Schließlich dürften leichte Erziehungskonflikte zwischen Vater und Mutter bedeutsam sein, die sich darin äußern, daß der Vater eher konservativ und streng, die Mutter eher weich und nachgiebig, aber auch inkonsequent ist. Besonders inkonsequentes Verstärkungsverhalten der Mutter, was sich in unsystematischer Belohnung und im Nicht-Durchhalten oder Nicht-Durchführen einer angedrohten negativen Konsequenz äußert, trägt zur Orientierungslosigkeit und Gleichgültigkeit bei.

e) Trainingsziele

Als Trainingsziele können für Jens drei Verhaltensbereiche angegeben werden:

Erstens ist die Initiativelosigkeit abzubauen. Dazu muß Jens seine Gleichgültigkeit verlieren. Zur Überwindung der Passivität soll er Selbstkontrolltechniken erlernen und außerdem angeregt werden, schulische und spielerische Aktivitäten zu zeigen.

Zweitens soll Jens lernen, sich sowohl gegenüber den Eltern als auch gegenüber Klassenkameraden oder Freunden zu äußern.

Drittens ist auch die Kontaktarmut abzubauen. Jens muß unbedingt lernen, auf andere Kinder zuzugehen, Begeisterung und Freude zu zeigen sowie eine eigene Meinung zu haben und diese bei Gleichaltrigen angemessen zu vertreten oder auch durchzusetzen.

3.2 Markus

a) Beschreibung von Markus

Markus ist zu Trainingsbeginn 12,3 Jahre alt und besucht die sechste Hauptschulklasse. In der Schule fällt er den Lehrern durch sein Schweigen auf, obwohl er - wenn man ihn fragt - die richtigen Antworten weiß. Die schriftlichen Leistungen sind befriedigend, die mündlichen nicht zu beurteilen. Die Ergebnisse des Angstfragebogens für Schüler zeigen den höchstmöglichen Prüfungsangstwert, einen sehr hohen manifesten Angstwert, sehr große Schulunlust und mangelnde Tendenz zu sozial erwünschtem Verhalten (das heißt Verhalten, das den sozialen Normen wenig angepaßt ist).

Über die Schule berichtet Markus zu Hause nichts, wie er auch über andere Dinge fast nichts erzählt. Außer zu einem Jungen aus der Klasse hat er keine Sozialkontakte. In der Regel hält sich Markus völlig zurückgezogen zu Hause auf und spielt nur mit seiner elektrischen Eisenbahn, züchtet Blumen oder hört Musik.

Vor allen neuen Dingen, Ereignissen und Menschen hat Markus Angst, will „aus dem Felde gehen". Auch wenn andere Kritik äußern, zeigt er Rückzugsverhalten. Auf Lob spricht Markus sehr gut an. Er besitzt eine ausgezeichnete Empathie- und Differenzierungsfähigkeit.

b) Benennung und Beschreibung des Problemverhaltens

Es handelt sich um die Kategorien:

5 Gesichtsausdruck: Der Gesichtsausdruck und die Mimik von Markus stellen eine sehr auffallende Erscheinungsform seines sozial unsicheren Verhaltens dar. Er schaut unsicher umher, wobei er mit schnellen Augenbewegungen die Umwelt abtastet. Befindet er sich in Interaktion mit anderen Kindern, besonders aber mit Erwachsenen, dann ist sein Kopf meistens zur Seite abgewandt und gesenkt. Ein Blickkontakt findet äußerst selten statt und wenn doch, dann ist er von sehr kurzer Dauer. Manchmal ist ein schwaches verlegenes Lächeln auf seinem Gesicht festzustellen, und zwar dann, wenn Markus sich über etwas freut.

6 Körperausdruck: Markus ist in einer ständigen Zappelbewegung, vor allen Dingen mit den Beinen. Auch die Hände werden ständig nervös bewegt. Der Gesamtkörperausdruck des schmächtigen Jungen wirkt verkrampft und „zusammengezogen", als ob er sich noch kleiner und schmäler machen wollte, um ungesehen zu bleiben.

7 Bewegungen: Vor allem in einer fremden Umgebung bleibt Markus dort stehen oder sitzen, wo man ihn „hinstellt" oder „hinsetzt" - ähnlich wie eine Puppe. Er bewegt sich dann eine gewisse Zeit lang nicht von der Stelle. Wird er zu einer Tätigkeit aufgefordert, dann hat er Mühe, sich frei im Raum zu bewegen und seine Bewegungen, vor allem die der Arme, wirken ungelenk und abgehackt. Sitzt er auf einem Stuhl und erzählt etwas oder hört zu, dann sind neben den nervösen Bein- und Handbewegungen eintönige, sich wiederholende Körperbewegungen (Schaukeln oder Wiegen des Oberkörpers) zu beobachten.

8 Tätigkeiten: Markus wird von der Mutter als Bastler (elektrische Eisenbahn), Pflanzenzüchter und als jemand beschrieben, der gerne reale Eisenbahnen

und Pflanzen beobachtet. Bei diesen Tätigkeiten zeigt er große Ausdauer. Gelingt ihm etwas nicht, wird er zwar zuerst wütend und weint, kommt aber später wieder auf die begonnene Tätigkeit zurück. Sozialen Verpflichtungen in der Familie kommt er - nach Aussagen der Mutter - nach.

9 Sozialkontakt: Diese Kategorie betreffend, zeigt Markus in allen konkreten Verhaltensbereichen Defizite; er schließt sich anderen Kindern nicht an. Außer einer oberflächlichen Bekanntschaft zu einem Jungen aus seiner Klasse besitzt er keine Freunde. Am liebsten spielt er zu Hause für sich allein und möchte sich nicht mit anderen Kindern treffen. In diesem Punkt kommen Markus seine Interessen, Hobbys und Ausdauer bei alleiniger Beschäftigung entgegen. Kommt Besuch ins Haus, so auch bei unserem ersten Hausbesuch, dann zieht sich Markus in sein Zimmer zurück, sogar für mehrere Stunden, und kommt auch nicht auf Aufforderung oder Bitten der Mutter heraus. Tritt man in sein Zimmer ein, vergräbt er sein Gesicht im Kopfkissen seines Bettes.

10 Sich selbstbehaupten: Markus kann weder angemessen Forderungen stellen noch seine Meinung oder Kritik äußern, wobei er prinzipiell wenig redet und erzählt - auch der Mutter gegenüber nicht. „Nein-Sagen" kann er zwar, aber er verneint alle sozialen Aufgaben und Anforderungen. Er äußert dann einen der drei Standardsätze „kann ich nicht", „will ich nicht" und „habe ich nicht". Markus zeigt hierbei kein angemessenes Ablehnungsverhalten, sondern ein Aus-dem-Felde-gehen. Somit besitzt er auch nicht die Fähigkeit, angemessen und kompromißbereit auf soziale Verpflichtungen zu reagieren.

11 Eigenständige Aktivitäten: Markus verfügt nicht über die Kompetenz, selbständig Kontakt zu schließen. Dieses Problemverhalten wird besonders durch seine Angst vor allem Neuen bedingt und aufrechterhalten. Bei schwierigen sozialen Aufgaben resigniert er eher, als daß er durchhält und sich selbstbehauptet. Dies sieht so aus, daß er sich älteren Kindern unterordnet, bei jüngeren Kindern nachgibt oder sich aus dem sozialen Feld zurückzieht und später prophylaktisch sich erst gar nicht mehr hineinbegibt.

Andere symptomatische Merkmale

Im Bereich der Schule: Da Markus sich mündlich im Unterricht nicht beteiligt und wenn er aufgerufen wird, nur sehr leise und kaum verständlich spricht, sind seine schriftlichen und mündlichen Schulleistungen diskrepant. In der Klasse ist er isoliert, obwohl nach Angaben der Mutter kein schlechtes Verhältnis zwischen ihm und seinen Klassenkameraden besteht. Typisch für das Pausenverhalten ist, daß er sich am Rande des Schulhofes, an den Zaun gedrückt, aufhält, als ob er Angst hat, von den anderen umgerannt zu werden.

Zu Hause: Ein leicht „zwanghaftes" Verhalten scheint zu sein, daß er sein Zimmer äußerst ordentlich aufräumt.

Nicht unbedeutend ist auch die Tatsache, daß sich Markus stundenlang von Musik berieseln läßt, dazu auf einer Stelle hüpft und seine Hände dabei dreht. Er zieht sich auch manchmal stundenlang in sein Zimmer zurück; dies macht er besonders dann, wenn er kritisiert wurde.

Schließlich ist zu vermerken, daß Markus, um seine verkrampfte Körperhaltung zu lockern, an Gymnastikstunden teilnimmt; hierzu konnte er aber nur mit großer Mühe überredet werden.

c) Entwicklung des Problemverhaltens

Markus ist das jüngste Kind von insgesamt drei Kindern. Er lebt mit seinen beiden Schwestern, 13 und 14 Jahre alt, und der Mutter zusammen. Die Mutter ist geschieden, und Markus kennt seinen leiblichen Vater nicht. Die Mutter war noch einmal verheiratet (in der Zeit vom sechsten bis neunten Lebensjahr von Markus). Während dieser Ehe hatte die Mutter zu allen drei Kindern, besonders aber zu Markus, den guten Kontakt und das Vertrauen der Kinder verloren. Zu dieser Zeit lebte vorübergehend auch ein Pflegekind in der Familie.

Markus besuchte mit ungefähr fünf und sechs Jahren über zwölf Monate eine Spieltherapie. In den Zeugnissen aus der Grundschulzeit war immer vermerkt: Selbstbewußtsein stärken!

Das Verhältnis von Markus zu seiner Mutter hatte sich - nachdem der Stiefvater die Familie verlassen hatte - verbessert. Die Mutter beschreibt Markus als anhängliches Schmusekind, das jedoch fast nichts erzählt - auch keine positiven Ereignisse.

Zu seinen beiden Schwestern hat Markus unterschiedlich gute Kontakte: Zur älteren und stilleren Schwester hat er ein sehr gutes Verhältnis, mit der jüngeren, lebhaften, ehrgeizigen und viel redenden Schwester gibt es manchmal Streit. Er kann sich gegen sie jedoch nicht durchsetzen, wobei sie insgesamt der dominanteste Teil der Familie ist.

Die Mutter ist zu Beginn des Trainings seit wenigen Monaten berufstätig. Sie hat, da sie im sozialpflegerischen Bereich tätig ist, Schicht- und Wochenenddienst. In einem ungünstigen Schichtrhythmus sieht sie die Kinder nur sehr kurze Zeit. Die Eltern der Mutter sind zwar jeden Nachmittag bei den Kindern, besonders zur Überwachung der Hausaufgaben; es bestehen jedoch Spannungen zwischen der Mutter und ihren Eltern, besonders, weil die Eltern ihrer Tochter wegen der zweiten Heirat Vorwürfe machen.

d) Aufrechterhaltende Faktoren

Das Verhalten der Mutter: Die Mutter erzählte, sie sei früher als Kind und Jugendliche, aber auch noch heute, sehr ängstlich gewesen, und zwar besonders im Umgang mit Menschen und in fremden, neuen Situationen. Markus sei ihr von allen drei Kindern in dieser Beziehung am ähnlichsten. Somit wirkt die Mutter auf Markus als Modell, das er imitiert. Weiterhin kann sich die Mutter nicht ohne weiteres gegen ihre Eltern sowie gegen ihre aktive Tochter durchsetzen. Genau solches defizitäres Verhalten fällt der Mutter auf, wenn sie den oberflächlichen Kontakt ihres Sohnes zu einem Schulkameraden beschreibt. Dieser habe relativ großen Einfluß auf Markus, im negativen wie im positiven Sinne (er brachte Markus dazu, Gymnastikstunden zu besuchen, indem er anfangs mitging und zuschaute).

Ein weiterer, das sozial inkompetente Verhalten aufrechterhaltender Faktor ist das (sozial) unsichere und einengende Reagieren der Mutter. Dadurch wird jedes selbständige Handeln verhindert und Markus muß sich nicht in neuen und problematischen Situationen bewähren. Zum Beispiel sieht es die Mutter nicht gern, wenn er allein Radtouren macht. Zugleich wird damit auch seine Bequemlichkeit gefördert.

Auch die dominante Schwester dürfte zur Aufrechterhaltung des Verhaltens von Markus beitragen. Sie ist so „übersprudelnd" und redet so viel, daß kaum ein anderer zu Wort kommt. Dadurch wird das Schweigen von Markus einerseits und sein Rückzugsverhalten andererseits stabilisiert. Schließlich ist es für ihn schwierig, daß die Mutter im Zwei-Wochen-Rhythmus für eine Woche kaum greifbar ist und somit besonders deutlich unterschiedliche Erziehungseinflüsse und auch Spannungen durch die Großeltern zum Tragen kommen.

e) Trainingsziele

Als Trainingsziele können der Abbau der Kontaktprobleme, die Stärkung des Mutter-Kind-Kontaktes und der Abbau der „Lebensangst" definiert werden. Der Abbau der Kontaktprobleme verlangt, daß Markus lernt, auf andere einzugehen, andere anzusprechen sowie seine eigene Meinung zu haben und auch zu äußern; außerdem muß er noch lernen, Kritik zu ertragen, ohne sich empfindlich gekränkt zurückzuziehen.

Weiterhin soll Markus dazu gebracht werden, sich im Kontakt zu seiner Mutter aufgeschlossener zu verhalten, das heißt konkret, ihr mehr zu erzählen. Hierzu muß er gezielt Selbstkontrolltechniken vermittelt bekommen und diese einsetzen.

Schließlich wird versucht, Markus zu helfen, seine „Lebensangst" abzubauen. Er muß lernen, neue Situationen zu bewältigen und nicht aus dem Felde zu gehen. Hierzu ist die Mitarbeit der Mutter notwendig, sie muß sich selbst in diesen Punkten verändern.

3.3 Silke

a) Beschreibung von Silke

Silke ist zu Trainingsbeginn 7,10 Jahre alt und besucht die zweite Grundschulklasse. Auffallend ist, daß sie nicht allein in die Schule gehen will, sondern immer von der Mutter gebracht werden muß. Silke gibt an, vor der Lehrerin, die laut rede, und vor streitenden Kindern (besonders, wenn sie selbst in die Auseinandersetzung verwickelt ist) Angst zu haben. Die Werte für Prüfungsangst und Allgemeine Angst im AFS liegen jedoch nur geringfügig über dem Durchschnitt. Ihre Schulunlust und ihr Verhalten gemäß der sozialen Erwünschtheit sind sehr stark ausgeprägt. Sie wird als unkonzentriert, mit wenig Geduld im Umgang mit sich und anderen, mit mangelnder Bereitschaft zum Durchhalten und schlechtem Durchhaltevermögen beim Problemlösen (spielerisch wie arbeitend) beschrieben. Von daher dürften ihre kognitiv möglichen Leistungen negativ beeinflußt werden. Da Silke sehr auf sich und ihre Bedürfnisse konzentriert ist, sind Empathieleistungen kaum möglich.

b) Benennung und Beschreibung des Problemverhaltens

Für Silke haben sich die Kategorien „Gesichtsaus-druck", „Körperausdruck" und „Tätigkeiten" als relevant herausgestellt.

5 Gesichtsausdruck: Geht man von Silkes Blickkontaktfähigkeit aus, scheint sie - oberflächlich betrachtet - keinen unsicheren und ängstlichen Gesichtsausdruck zu besitzen. Beobachtet man sie jedoch in einer ihr fremden Umgebung sowie bei jedem Beginn eines Sozialkontaktes (zum Beispiel auch in der vertrauten Umgebung zu Hause beim Eintreffen eines Besuchers), so kann man unsicheres Umherschauen und verlegenes Lächeln erkennen. In diesen Situationen dreht Silke den Kopf leicht zur Seite und hat gesenkte Augenlider. Für diese Zeitspanne ist natürlich Blickkontakt kaum möglich. Beim verlegenen Lächeln hält sie die Lippen fest verschlossen, was angesichts ihres sonstigen Sprechverhaltens eine Seltenheit ist (sie wird nicht müde, andauernd für sie selbst wichtige Dinge zu erzählen, wobei sie einen anderen kaum zu Wort kommen läßt). Ist Silke beim Erzählen sehr aufgeregt, dann zieht sie das linke Auge mit Augenbraue zusammen, als wollte sie einem ständig nervös zublinzeln.

6 Körperausdruck: Beobachtbar sind Zappeln und nervöses Spiel mit den Händen. Beim Zappeln ist der ganze Körper in Aktion: mit den Händen erzählen, ständiges Aufstehen und Setzen, von einem Platz zum anderen wechseln, kaum Geduld haben beziehungsweise sich kaum körperliche Ruhe gönnen für eine ausdauernde Tätigkeit wie zum Beispiel Basteln, ein Gesellschaftsspiel bestreiten oder Lesen. Das nervöse Spiel mit den Händen beinhaltet unter anderem auch, daß Silke viel mit den Händen im Gesicht herumstreicht.

8 Tätigkeiten: Das Problemverhalten betrifft die Weigerung, sozialen Verpflichtungen und Anforderungen in der Schule und in der Familie nachzukommen. In der Familie äußert sich dies konkret darin: das eigene Zimmer nicht aufräumen, Besorgungen nicht erledigen und bei unbeliebten gemeinsamen Familienaktivitäten nicht mitmachen wollen.

Außerdem reagiert Silke wütend, wenn ihr eine Aufgabe oder ein Spiel nicht gelingt. Die Aktivität wird beendet, das bis dahin Geschaffene zerstört. Vermutet Silke solche Situationen, in denen sie zur Bewältigung einer Aufgabe Anstrengung und Ausdauer aufweisen muß, dann versucht sie, diese zu vermeiden und aus dem Felde zu gehen. Wenn sie sich mit Puppen oder Stofftieren (besonders mit einer Stoff-Micky Maus) allein beschäftigt, widmet sich

Silke mit großer Ausdauer ihren Rollenspielen.

9 Sozialkontakt: Silke verfügt nicht über die Fähigkeit, einer sozialen An- oder Aufforderung nachzukommen und erst recht nicht, sich selbständig einer spielenden Kindergruppe anzuschließen. Stets behauptet sie, Angst vor einer größeren Anzahl von Kindern und dem damit verbundenen Lärm zu haben. Deshalb spielt sie, wenn überhaupt, mit nie mehr als einem Kind. Auch hat sie prinzipiell Angst vor Zank und Streit - sowohl, wenn sie selbst angegriffen wird (zum Beispiel in der Schule) als auch, wenn sie beim Streit anderer Kinder anwesend ist. Jungen als Kontaktpersonen wehrt Silke ab. Im Kontakt mit Erwachsenen verhält sie sich jedoch sehr aktiv.

Silke möchte sich nicht von ihren Eltern trennen. Außer zu ihren Großeltern geht sie nirgends allein hin. So wird sie auch von den Eltern zu den ersten Trainingssitzungen gebracht und abgeholt, wobei das erste Mal der Vater sogar in der Beratungsstelle wartet, bis die Stunde vorüber ist.

Wenn sich Silke mit einem anderen Kind zum Spielen trifft, lädt sie dieses zu sich nach Hause ein, geht aber zu keinem Kind, auch wenn sie eingeladen ist und dieses gut kennt. Auch für andere Tätigkeiten, wie Rodeln, Radfahren, auf den Spielplatz gehen und ähnliches, will Silke die häusliche Umgebung nicht verlassen.

10 Sich selbstbehaupten: Für Silke ist typisch, daß sie zwar Forderungen stellen, ablehnen sowie ihre Meinung und Kritik äußern kann; dies geschieht jedoch in einer unangemessen extremen Form. Es betrifft vor allem das Neinsagen bei allen sozialen Anforderungen und Kontakten. In ihrer Art, ihre Meinung zu behaupten oder Kritik zu äußern, wirkt sie manchmal arrogant oder auch für ihr Gegenüber verletzend. Macht man sie auf solches Verhalten aufmerksam, entschuldigt sie sich in ehrlicher Weise dafür bei dem Betroffenen. Silke ist kaum bereit, sozialen Verpflichtungen nachzukommen. Sie reagiert nur auf ausdauernde Überredungskünste (zum Beispiel von seiten des Vaters) oder massiven Druck.

11 Eigenständige Aktivitäten: Silke fällt es schwer, zu anderen Kontakte zu knüpfen und sich spielenden Kindern anzuschließen, besonders bei einer größeren Kindergruppe. Schwierigen sozialen Aufgaben steht Silke abwehrend bis resignierend gegenüber.

Andere symptomatische Merkmale
Sie bestehen aus der Angst vor jeglichen lauten Geräuschen und vor lautem Reden sowie aus der Angst vor dem Schlafengehen. Besonders ausgeprägt ist die Abwehrhaltung gegenüber der Schule, gegenüber der großen Anzahl von Kindern in der Schulklasse und gegenüber der Lehrerin. Silke will nicht in die Schule gehen und schon gar nicht allein. Sie wird von der Mutter jeden Morgen deshalb zur Schule gebracht und wieder abgeholt. Auch klagt sie morgens über Übelkeit und darüber, daß sie nichts essen könne. Manchmal erbricht sie sogar vor Schulbeginn oder auch in der Schule. - In der Schule wehrt sie sich nicht und versucht nicht, sich durchzusetzen. Stattdessen flüchtet sie sich weinend zur Lehrerin oder zu ihrer Freundin. - Ist Silke aufgeregt, dann hat sie „glühende Wangen und Augen".

c) Entwicklung des Problemverhaltens
Silke ist ein Einzelkind. Zur Mutter hat sie einen sehr intensiven emotionalen Kontakt, zum Vater ein eher sachbezogenes Verhältnis. Beziehungen bestehen noch zu den Großeltern, die in der Nachbarschaft wohnen.

In Silkes Entwicklung ist von Bedeutung, daß sie zu 60% gehörgeschädigt war. Dies wurde ungefähr im Alter von fünf Jahren entdeckt und der Schaden konnte operativ beseitigt werden. Das danach bessere Hörvermögen könnte sie lärmempfindlich gemacht haben, und es gelang ihr über die Zeit nicht, sich an die Geräuschkulisse zu gewöhnen.

Silke lebt in einer relativ konfliktfreien Welt, in der alles in Ordnung und rosarot erscheint, denn auf ihre Wünsche wurde und wird weitgehend Rücksicht genommen - sowohl von den Eltern als auch besonders von den Großeltern. Vor allem der Kontakt zwischen Großvater und Kind ist von Wichtigkeit. Sie kann den Opa „um den Finger wickeln" und dieser wiederum spricht mit ihr wie mit einem Kleinkind.

Obwohl Silke einen Kindergarten besuchte, war sie wohl überwiegend mit Erwachsenen zusammen und weist deshalb ein stark an Erwachsenenverhalten angelehntes verbales und nonverbales Verhalten auf. In der Umgangssprache würde man sie als „altklug" bezeichnen, und ihre Gestik sowie Mimik wirken manchmal nicht altersgemäß und befremdend.

Die Kontaktprobleme und das in der Schule zu beobachtende Sozialverhalten traten auch schon im Kindergarten auf (Angst vor Lärm, vor großer Kinderzahl, vor bestimmten einzelnen Kindern). Daher wurde der Kindergartenbesuch auf den Nachmittag begrenzt. Wegen der auftretenden Schwierigkeiten besuchte Silke in dieser Zeit eine Spieltherapie. Hier zeigte sich schon ihre Angst vor der Trennung von der Mutter.

Im ersten Schuljahr verstarb die Lehrerin nach einem dreiviertel Jahr. Dies scheint Silke sehr beschäftigt zu haben, zumal sie zu dieser Lehrerin einen intensiven Kontakt aufgebaut hatte. Die neue Lehrerin, die sie jetzt auch im zweiten Schuljahr unterrichtet, ist in Silkes Augen „gröber" und „lauter".

Zu Beginn des zweiten Schuljahres traten erneut Probleme mit dem Schulweg auf. Solche Probleme gab es bereits im ersten Schuljahr, sie konnten jedoch damals bewältigt werden.

d) Aufrechterhaltende Faktoren

Die das Problemverhalten aufrechterhaltenden Faktoren liegen einmal bei den Großeltern, die in allzu beschützender und nachgiebiger Weise auf ihre Enkelin eingehen. Auf diese Weise muß sich Silke nicht mit der Realität auseinandersetzen, also mit Anforderungen, Zwängen, Leistungen und Kooperation, und kommt deshalb natürlich mit der Realität, wenn sie mit ihr konfrontiert wird, nicht zurecht.

Die Eltern von Silke haben zwar einen anderen Erziehungsstil, geben ihr aber immer noch zu viel nach. Somit unterstützen auch sie das problematische Verhalten. Schließlich liegt ein aufrechterhaltender Faktor bei Silke selbst. Durch die Tatsache bestärkt, daß sie ein Einzelkind ist und bei den Großeltern überwiegend alles bestimmen kann, nimmt Silke diese Führerrolle auch im Umgang mit anderen Kindern ein. Dies erweist sich im Sozialkontakt als problematisch, besonders wenn es sich bei den Partnern auch um lebhafte und dominante Kinder handelt. Ist Silke mit mehr als einem Kind zusammen, dann verhält sie sich eher schüchtern oder geht der Kindergruppe aus dem Weg. Sie hat zu drei Mädchen aus ihrer Klasse Kontakt, die aber zu ihr nach Hause kommen müssen. Tun sie dies nicht, dann spielt Silke allein zu Hause mit ihren Puppen und Stofftieren Rollenspiele.

e) Trainingsziele

Silke soll mehr Zutrauen im Kontakt mit anderen Kindern entwickeln. Dazu muß sie lernen, nicht alles zu ernst zu nehmen.

Wünschenswert ist eine bessere Bereitschaft, Probleme anzugehen und zu lösen. Ebenso müßte Selbst-kontrolle eingeübt werden, zum Beispiel durchhalten beim Problemlösen, Geduld mit sich selbst haben und von den eigenen Fähigkeiten überzeugt sein.

Silke muß lernen, sich angemessen mit anderen Kindern auseinanderzusetzen: Ihre Angst vor Zank und Streit soll ebenso abgebaut werden wie die Angst vor lärmenden Kindergruppen.

Schließlich muß sie sich Geduld zum Zuhören aneignen und ihre Führerrolle etwas zügeln.

3.4 Stephanie

a) Beschreibung von Stephanie

Stephanie ist zu Trainingsbeginn 10,9 Jahre alt und besucht die fünfte Klasse einer Sonderschule für Lernbehinderte. Ihre Werte für Prüfungsangst und manifeste Angst liegen im oberen Viertel (78% und 75%) und können als überdurchschnittlich hoch bezeichnet werden. Die Schulunlust liegt etwas über dem Durchschnitt; die Tendenz, sich an soziale Normen angepaßt zu verhalten, ist sehr hoch. Ihrer eigenen Aussage zufolge geht Stephanie sehr gern zur Schule. Macht sie Fehler, dann hat sie Angst, daß ihre Mutter schimpft. Erklärt man Stephanie Sachverhalte langsam und ausführlich, dann kann sie sie nachvollziehen. Ihre Phantasietätigkeit beschränkt sich auf den Erfahrungsraum mit der Mutter, dem jüngeren Bruder und der Schule. Stephanie sind angesichts des kognitiv ausgerichteten Einzeltrainings aufgrund ihrer langsamen Wahrnehmung und Auffassungsgabe Grenzen gesetzt. In neuen, für sie angsterregenden Situationen ist sie zudem sehr „gehemmt" (Körper verkrampft, zusammengepreßter Mund, rührt sich nicht von der Stelle), oder sie hat sogar eine extreme Handlungsblockade. Dinge, die sie nicht überschauen kann, verunsichern sie sehr. In einer gelösten Atmosphäre erscheint sie als freundliches und fröhliches Kind.

b) Benennung und Beschreibung des Problemverhaltens

1 Still sein: Das Still-Sein von Stephanie bezieht sich vor allem auf die Formen „nichts erzählen", „nichts fragen" und „nichts erbitten". In fremder Umgebung, bei unbekannten Personen und in Situationen mit Anforderungen ist Stephanie sehr ernst. In entspannter Atmosphäre zeigt sie häufig ihre Freude, wobei sie sich schon über kleine Dinge freuen kann, und sie geht gerne auf Spaß ein.

5 Gesichtsausdruck: Stephanie schaut auch in einer ihr bekannten Umgebung unsicher umher. Wenn sie vor einer Aufgabe steht und nicht genau weiß, was sie antworten beziehungsweise wie sie die soziale Aufgabe bewältigen soll, zeigt sie ein verlegenes Lächeln. Aus den gleichen Gründen ist in solchen Situationen der Blickkontakt von kurzer Dauer. In einer entspannten Situation ist sie zu normalem Blickkontakt fähig. Wenn sie über eine Frage nachdenkt, dann zieht sie entweder den Mund zusammen oder preßt die Lippen fest aufeinander.

8 Tätigkeiten: Sozial inkompetentes Verhalten zeigt sich bei sozialen Verpflichtungen und Anforderungen zu Hause. Stephanie weigert sich (nach Aussagen der Mutter), sozialen Aufgaben in der Familie nachzukommen, oder es dauert längere Zeit, bis eine Reaktion erfolgt. Dies könnte jedoch mit der problematischen Familiensituation zusammenhängen. Außerhalb der Familiensituation in der Schule (nach Aussage der Lehrerin) und im Training ist gegenteiliges Verhalten zu beoachten.

Mißlingt ein Spiel, dann beendet Stephanie die Aktivität wütend und wirft das Spiel in eine Zimmerecke (nach Aussagen der Mutter). Ist sie einer sozialen Aufgabe nicht gewachsen, erstarrt sie weinend in Passivität und ist zu keiner selbständigen Handlung mehr fähig.

9 Sozialkontakt: Die Sozialkontakte von Stephanie beschränken sich überwiegend auf den jüngeren Bruder. Manchmal kommt sie mit jüngeren Kindern oder einem behinderten Kind aus ihrer Klasse zusammen. Dies sind jedoch keine festen, sondern nur zufällige Kontakte. Stephanie hat Schwierigkeiten, sich einer Kindergruppe anzuschließen. Häufig zeigt sie sich lange unentschlossen, ob sie in die Gruppenstunde (ein wöchentliches, kirchlich organisiertes Kindertreffen) gehen soll. Sie scheint dies zwar zu wollen, es sich jedoch aus für uns nicht erkennbaren Gründen nicht zuzutrauen.

10 Sich selbstbehaupten: Stephanie kann sich gegenüber fremden Kindern nur schwer selbstbehaupten. Ein Grund liegt vermutlich darin, daß ihre sprachliche Ausdrucksweise begrenzt ist, und sie deshalb kaum ihre eigene Meinung und Kritik äußern sowie angemessen Forderungen stellen kann. Oftmals hat sie keine eigene Meinung oder Vorstellung. Ist dies doch der Fall, und kann Stephanie sich nicht durchsetzen, zieht sie sich ruhig zurück und spielt allein. Ablehnendes Verhalten fällt Stephanie schwer. Zu Hause jedoch, gegenüber dem Bruder und ansatzweise auch gegenüber der Mutter, sieht das Selbstbehauptungsverhalten anders aus. Hier muß sie eher lernen, angemessen und kompromißbereit mit dem Bruder umzugehen und sozialen Verpflichtungen nachzukommen.

11 Eigenständige Aktivitäten: Eigenständige Aktivitäten entwickelt Stephanie in keiner Weise, wobei dies aber nicht allein an ihr, sondern eher an der Mutter liegt.

Andere symptomatische Merkmale
Außerhalb der Familie weint Stephanie schnell, wenn sie sich in bedrohenden Situationen glaubt. Mit anderen redet sie, wenn überhaupt, sehr laut. Dies ist auch zu Hause der Fall, weil sie vielleicht die Aufmerksamkeit der Mutter auf sich lenken will. Interessant ist in diesem Zusammenhang, daß oftmals keine direkte Kommunikation von der Tochter zur Mutter stattfindet. Vielmehr stellt Stephanie häufig Fragen an die Mutter **über den Bruder**, das heißt, dieser muß zur Mutter gehen und anstelle der Schwester fragen. Ein solches Verhalten könnte aus Angst vor der Mutter erfolgen; wahrscheinlich aus dem gleichen Grund lügt Stephanie die Mutter an (zum Beispiel bei Schulnoten; hierbei ist bemerkenswert, daß sie bei guten wie schlechten Noten in dieser Weise reagiert und auch schon die Unterschrift der Mutter fälschte).

Zu Hause zeigt Stephanie auch manchmal Zerstörungswut (läßt das Bad überschwemmen, reißt die Vorhänge und Gardinenstangen von der Wand, bekritzelt Bücher usw.) Zudem redet Stephanie im Schlaf oft laut, schreit auf und weint laut vor sich hin. Fingernägelkauen tritt zu Hause und außerhalb auf.

c) Entwicklung des Problemverhaltens
Die Entwicklung von Stephanie weist einige bedeutsame Punkte auf. Erst mit 16 Monaten lernte sie laufen und machte erst mit 18 Monaten die ersten Sprechversuche. Außerdem stellte die Kinderärztin im Alter von vier Jahren einen Sprachfehler fest. Daraufhin erhielt Stephanie Spracherziehung und besuchte vor der Einschulung eine Sprachvorschule. Zu Beginn der Spracherziehung sowie noch heute beim Zahnarzt macht Stephanie den Mund nicht auf, sondern kneift ihn fest zusammen.

Die verspätete Einschulung erfolgte sofort in die Sonderschule für Lernbehinderte.

Als der jüngere Bruder geboren wurde, war Stephanie vier Jahre alt; sie begann dann für ungefähr drei Monate wieder einzunässen und einzukoten.

Die Eifersucht auf den Bruder wurde erkennbar, als Stephanie mit sechs Jahren für ein halbes Jahr bei den Großeltern lebte, der damals zweijährige Junge aber bei den Eltern blieb. Stephanie wurde auf ihren eigenen Wunsch wieder nach Hause geholt, da sie auch bei der Mutter sein wollte. Die Mutter gab zu, den jüngeren Bruder zu bevorzugen, was Stephanies Eifersucht auf den Bruder nur noch verstärkte und zunehmend (neben anderen Faktoren) das Verhältnis zur Mutter verschlechterte. Daneben existierten auch Eifersuchtsgefühle auf eine Cousine, die von den Großeltern bevorzugt wurde.

Das letzte einschneidende Ereignis war die Trennung des Vaters von der Familie. Die Eltern lebten bei Trainingsbeginn bereits ein halbes Jahr in Scheidung. Die Mutter war und ist neben ihrer Hausfrauentätigkeit und ihren Erziehungsaufgaben stundenweise als Putzhilfe beschäftigt, was im übrigen auch schon vor der Trennung von ihrem Ehemann der Fall war.

d) Aufrechterhaltende Faktoren

Die das Problemverhalten aufrechterhaltenden Faktoren bestehen vor allem im Erziehungsverhalten der Mutter. Die Benachteiligung von Stephanie durch die Mutter hält ihre Eifersuchtsgefühle aufrecht und verhindert somit ein kompromißhaftes und kooperatives Handeln.

Die Mutter zeigt selbst sozial unsicheres Verhalten, wodurch sie zum Modell für das sozial unsichere Verhalten der Tochter wird. Darüber hinaus engt die Mutter Stephanie auch ein: Sie wird bei allem überwacht und kontrolliert; zusätzlich wird sie durch kritisierende beziehungsweise nörgelnde Bemerkungen der Mutter belastet. Die Mutter traut Stephanie keine selbständigen Aktivitäten zu (wie Busfahren, Radfahren, eine Klassenkameradin besuchen, Zähneputzen und Waschen sowie Kleider zum Anziehen aussuchen usw.). Sie nimmt Stephanie entweder die Aufgabe ab oder verbietet ihr eine bestimmte Aktivität. Dadurch verstärkt sie zugleich Stephanie in ihrem sozial unsicheren Verhalten. Die Mutter gibt Stephanie zu verstehen, daß sie manche Dinge noch nicht einmal so gut könne wie der jüngere Bruder.

Da ihr so auf verschiedene Weise jegliche Verhal-

tenskompetenz abgesprochen wird, kann Stephanie kein Selbstvertrauen und keine eigene Persönlichkeit aufbauen und deshalb auch nicht sozial defizitäres Verhalten abbauen. Weil ihr ständig der Bruder als Vorbild vorgehalten wird, kann sich jedoch keine von Stephanies Beziehungen verbessern: weder die zu ihrer Mutter noch die zu ihrem Bruder.

e) Trainingsziele

Stephanie muß selbständiger werden, ihre Kontaktprobleme sind abzubauen und ihre Beziehung zur Mutter soll unbedingt verbessert werden. Zur Realisierung der Selbständigkeit ist es wichtig für Stephanie zu lernen, sich mehr zuzutrauen, eigene Vorstellungen zu entwickeln, für sich selbst Entscheidungen zu treffen und entsprechend Verantwortung zu übernehmen sowie bei sozial unsicherem Verhalten nicht in Passivität zu erstarren, sondern die Initiative zu ergreifen.

Im Sozialkontakt muß sich Stephanie angewöhnen, ihre Zurückhaltung zu überwinden und beispielsweise üben, Verabredungen zu treffen. Sie muß dazu angeleitet werden, sich eine eigene Meinung zu bilden und diese auch zu äußern.

Zur Verbesserung des Mutter-Kind-Kontaktes muß Stephanie ihre Angst vor der Mutter abbauen und ihr mehr erzählen sowie direkt mit ihr, nicht aber über den Bruder kommunizieren (wobei hier die Arbeit mit der Mutter sehr wichtig ist).

3.5 Martin

a) Beschreibung von Martin

Martin ist zu Beginn des Trainings 10,6 Jahre alt; er besucht die dritte Grundschulklasse. Während des zweiten Schuljahres wurde er zurückgestuft. Seine Schulleistungen sind zwar im Rechnen gut, im Schreiben und Lesen treten bei ihm jedoch Schwächen auf. Im AFS weist er große Prüfungsangst und manifeste Angst auf, seine Schulunlust ist sehr groß. Die Eltern berichten von Magenschmerzen und Zittern, das morgens vor und in der Schule auftritt. Durch die Rückstufung hat Martin seinen Freund verloren und besitzt keine neuen Kontakte zu Klassenkameraden. Er besucht keine anderen Kinder (auch wenn ihn diese einladen) und weist sogar Kinder, die ihn besuchen wollen, an der Tür ab. Er spielt meistens allein zu Hause, wobei seine wichtigsten Kontaktpersonen seine Mutter und seine Schwester zu sein scheinen. Von sich aus erzählt er wenig; wenn er etwas gefragt wird, dauert es zwischen fünf Minuten und einer halben Stunde, bis er antwortet und erzählt. In der diagnostischen Sitzung konnte festgestellt werden, daß Martin gegenüber allem Fremden mißtrauisch und äußerst sensibel ist.

b) Benennung und Beschreibung des Problemverhaltens

Für Martin sind vor allem die Kategorien 1, 5 und 6 charakteristisch.

1 Still sein: Martin erzählt von sich aus nichts, ebenso fragt und bittet er um nichts. Dieses Verhalten bezieht sich auf Erwachsene wie auf Kinder. Auch zu Hause hat er Schwierigkeiten, etwas von sich aus zu erzählen. Dies ist besonders dann der Fall, wenn er sich über ein Erlebnis sehr geärgert hatte. Fragen der Mutter kann er erst bis zu einer halben Stunde später beantworten und erzählen, was vorgefallen ist. Fremden Personen gegenüber verschließt er sich ganz. Freude kann er einem Kind oder Erwachsenen gegenüber nur schlecht zeigen.

5 Gesichtsausdruck: Martins Gesichtsausdruck ist in fremder Umgebung oder bei Besuch fast immer von einem verlegenen Lächeln geprägt. Er hält dabei die Augenlider niedergeschlagen. Beim Gehen hält er sogar den ganzen Kopf gesenkt. Blickkontakt zu ihm herzustellen ist nahezu unmöglich. In fremder Umwelt kommt ein unsicheres Umherschauen hinzu, als ob er befürchten würde, in eine Falle gelockt zu werden.

6 Körperausdruck: Martin wird von der Mutter als nervös bezeichnet, und zwar besonders in der Schule und bei den Hausaufgaben. Ähnlich kann man das Verhalten in den Trainingsstunden bezeichnen. Martin zappelt mit dem ganzen Körper ständig hin und her; er steht auf und setzt sich wieder, schaukelt mit den Beinen oder dem ganzen Körper und läßt sich zeitweise lustlos im Stuhl „hängen". Neben dem Zappeln spielt er auch fast immer nervös mit seinen Händen. Die einzige Situation, in der er sich körperlich ganz ruhig verhält, betrifft das Fernsehen. Wie gebannt sitzt er vor dem Fernsehgerät und läßt sich durch nichts stören oder ablenken.

8 Tätigkeiten: Martin kann sich ausgezeichnet allein beschäftigen. Er beweist eine große Geduld beim Spielen, besonders bei Bastelarbeiten und schließt seine Tätigkeiten mit Erfolg ab. Dies ist für ihn sehr befriedigend, zumal er Anerkennung aus seiner familiären Umwelt dafür erhält. Deshalb wirkt das Allein-spielen verstärkend auf sein zurückgezogenes Sozialverhalten.

Sozialen Verpflichtungen und Tätigkeiten in Schule und Familie kommt Martin oftmals erfolgreich nicht nach, oder es dauert sehr lange, bis er einer sozialen Anforderung folgt.

9 Sozialkontakt: Martin lehnt es ab, sich einer spielenden Kindergruppe anzuschließen oder eine soziale Anforderung zu erfüllen. In einer fremden Umgebung kommt es vor, daß er seine Jacke nicht ausziehen will oder auch Handschuhe, Schal und Mütze in den Händen behält und nicht ablegt. Legt er Mantel oder Jacke ab, dann zieht er die Ärmel seines Pullovers bis zu den Fingerspitzen sowie die Schultern hoch, als ob er frieren würde. Besuchen Verwandte oder Fremde die Familie, dann zieht sich Martin mindestens in eine andere Zimmerecke zurück (am liebsten dorthin, wo das Fernsehgerät steht), oder er geht in sein Zimmer. Auf Rufen der Eltern antwortet er nicht und kommt auch nicht. Je nach Jahreszeit verläßt er sogar das Haus, läuft durch Feld und Wald und kehrt erst nach Stunden, wenn der Besuch bereits gegangen ist, nach Hause zurück.

Martin will am liebsten nur mit seiner Mutter oder seiner älteren Schwester zusammensein. Es fällt ihm schwer, sich von der Mutter zu trennen; sie bringt ihn zum Beispiel zu den Trainingsstunden und holt ihn auch wieder ab.

Martin spielt draußen in Wald und Feld oder zu Hause am liebsten allein. Er geht nicht zu Gleichaltrigen, und trifft sich nicht mit ihnen. Ist er zum Beispiel bei einem anderen Kind zu einer Geburtstagsfeier eingeladen, so freut er sich und möchte hingehen; das Geburtstagsgeschenk wird gekauft, aber er geht dann doch nicht zur Geburtstagsfeier. Auch wenn er von anderen Kindern besucht wird, kommt es vor, daß er diese an der Haustür wieder wegschickt. Er will lieber allein spielen. Der oberflächlich bestehende Sozialkontakt bezieht sich auf jüngere Kinder oder Mädchen.

10 Sich selbstbehaupten: Martin kann keine eigene Meinung und Kritik formulieren, außer wenn er etwas nicht will und zu etwas keine Lust hat. Eine solche unangemessene Ablehnungshaltung liegt bei vielen Anforderungen vor und steht mit einer minimal ausgeprägten Kompromißbereitschaft in Zusammenhang.

11 Eigenständige Aktivitäten: Martin ist zu keiner eigenständigen Aktivität im Sozialbereich fähig. Von sich aus kann er keinen Kontakt zu anderen aufnehmen und sich keinen spielenden Kindern anschließen. Er verweigert sogar den Kontakt, den andere Kinder zu ihm suchen. Bei schwierigen sozialen Aufgaben geht er aus dem Feld.

Andere symptomatische Merkmale

Die totale Leistungsverweigerung im sozialen Bereich ist auch im schulischen beziehungsweise kognitiven Bereich anzutreffen. Hier vor allem im Lesen und Schreiben. Legasthenie kann ausgeschlossen werden, da Martin in guter Stimmung und angstfreier Atmosphäre befriedigend lesen kann. Muß er Leistungsanforderungen nachkommen, läßt er an seinem Widerwillen keinen Zweifel, reagiert wütend, trampelt mit den Füßen, weint schimpfend und will davonlaufen. Er klagt öfters über Magenschmerzen und Übelkeit, besonders morgens vor der Schule. Bei Aufregung beginnt er (nach Aussage der Mutter) zu zittern. - In Abständen von zwei bis fünf Tagen näßt Martin aus ungeklärten Gründen ein.

c) Entwicklung des Problemverhaltens

Martin ist das jüngste von vier Kindern. Der Altersabstand zum nächsten Kind in der Familie, der Schwester, beträgt fünf Jahre; die beiden Brüder sind sogar acht und zwölf Jahre älter. Bislang leben noch alle Familienmitglieder zusammen. Die Mutter ist nicht berufstätig und den ganzen Tag zu Hause.

Martin wird als schon immer ruhig beschrieben; er besitzt die Fähigkeit, sich stundenlang allein zu beschäftigen. Von Anfang an galt es als Problem, wenn Verwandte zu Besuch kamen oder die Familie selbst einen Besuch unternahm. Martin versteckte sich dann hinter dem Rock der Mutter, wenn er nicht sogar von zu Hause weglief.

Wichtig ist, daß Martin nie einen Kindergarten besuchte und vor der Schulzeit kaum Kontakt zu Gleichaltrigen hatte. Er spielte und spielt mit seiner Schwester und hat zu ihr auch derzeit einen guten Kontakt. Den intensivsten Kontakt hat er zur Mutter, mit der er viel schmust.

Da Martin still und ruhig war und an ihn keine Anforderungen gestellt wurden, gab es weiter keine Probleme. Diese traten erst in der Schule auf. Gegen Ende des zweiten Schuljahres wurde er in die erste Klasse zurückgestuft, wodurch er einen wichtigen Sozialkontakt verlor; er hatte nämlich im zweiten Schuljahr zu einem Jungen aus der Klasse einen stabilen Sozialkontakt aufgebaut, was ihm bis heute nicht wieder gelungen ist.

d) Aufrechterhaltende Faktoren

Das sozial inkompetente Verhalten hält vor allem die Mutter aufrecht. Zum einen stellt sie innerhalb der Familie keine sozialen Anforderungen an Martin. Zum anderen setzt sie ihm keine Grenzen; sie läßt ihn gewähren, wie er möchte und besteht nicht auf von ihm eingegangenen Verpflichtungen (zum Beispiel zu einer Geburtstagsfeier zu gehen, zu der er zugesagt hatte).

Weiter zeigt die Mutter inkonsequentes Verhalten. Sie läßt sich von Martin davon abbringen, auf Forderungen zu beharren, oder er geht diesen mehr oder weniger erfolgreich aus dem Weg. Seine Techniken reichen dabei vom banalen Dursthaben oder Zur-Toilette-Müssen bis zum Weinen, wobei spätestens beim Weinen das Mitleid der Mutter für ihn zum Erfolg führt. Da die Mutter mit Verstärkungen (besonders mit materiellen) großzügig und regellos umgeht, ist es schwer, Martin einen zusätzlichen Anreiz für erwünschtes Verhalten zu setzen.

Weiterhin zeigt die Mutter selbst unsicheres Verhalten und ist so Vorbild für ihren Sohn. So braucht die Mutter lange, bis sie soviel Vertrauen aufgebaut hat, daß sie freier und von sich aus etwas erzählen kann. Auch der Blickkontakt fällt ihr schwer. Um Martin ist sie besorgt, daß ihm nichts passiert (im Straßenverkehr, im Sozialkontakt). Martin wird dadurch in seiner Sozialentwicklung behindert und lernt nur allmählich, sich angemessen selbstzubehaupten, durchzusetzen und selbständig zu werden.

e) Trainingsziele

In einem ersten Schritt muß Martin begreifen, daß er im Alltag minimale Anforderungen erfüllen muß, und daß dazu Anstrengungen erforderlich sind.

Als zweites Ziel ist es erforderlich, die Kontaktprobleme abzubauen. Auf diese Weise würde er in die Lage versetzt, Einladungen anzunehmen, auf andere zuzugehen, andere Kinder zu Hause zu empfangen und dort mit ihnen zu spielen, sich angemessen durchzusetzen und Kontakt anzuknüpfen.

Ein drittes Ziel bezieht sich auf soziale Angst im Schulbereich. Hier soll die Angst vor der Lehrerin, den Klassenkameraden und vor lauten Worten abgebaut werden. Martin muß lernen, sich vor einer größeren Gruppe, wie der Klasse, zu äußern.

3.6 Oliver

a) Beschreibung von Oliver

Oliver ist 10,5 Jahre alt und besucht zu Beginn des Trainings die vierte Grundschulklasse. Er ist Klassenbester und sein kognitives Differenzierungsvermögen wird im Gespräch auf verschiedene Art deutlich (zum Beispiel beim Ausfüllen einer Verstärkerliste); er weist (nach außen) ein starkes Selbstbewußtsein auf, stellt hohe, teilweise unrealistische Leistungsanforderungen an sich selbst sowie an seine Umwelt, weshalb er gehäuft Gleichaltrige massiv kritisiert, die ihn aus diesem Grund ablehnen. Oliver geht jedoch auch selten selbst auf andere Kinder zu. Er hält sich nachmittags fast immer zu Hause auf, liest oder spielt „Lego".

Äußerlich beobachtbare Anzeichen des sozial unsicheren Verhaltens sind: verlegenes Lächeln, nervöses Spiel mit den Händen, sich nicht von einer Stelle bewegen, erröten, unentschieden sein bei Entscheidungsfreiheit.

Im AFS zeigt Oliver keine „Prüfungsangst", etwas über dem Durchschnitt liegende „manifeste Angst", sehr große Schulunlust und relativ niedriges soziales Anpassungsverhalten.

b) Benennung und Beschreibung des Problemverhaltens

5 Gesichtsausdruck: Der ängstliche Gesichtsausdruck zeigt sich vor allem in verlegenem Lächeln, zu Hause wie in fremder Umgebung, und in unsicherem Umherschauen. Wie Silke ist Oliver ebenfalls zu Blickkontakt fähig; Oliver scheint den Blickkontakt sogar bewußt einzusetzen. Will oder kann Oliver eine Anforderung nicht bewältigen, dann wendet er Augen, Kopf und Körper ab und „kämpft mit den Tränen". Sein Gesichtsausdruck kann dann verzerrt sein.

6 Körperausdruck: Am auffallendsten sind das nervöse Spiel mit den Händen und die abgekauten Fingernägel. Ist Oliver unzufrieden mit sich selbst oder seiner Umwelt, wird er unruhig und zappelt hin und her; er wechselt zum Beispiel ständig die Sitzstellung. Bei großer Aufregung zittern auch die Hände.

8 Tätigkeiten: Oliver beschäftigt sich nur allein. Er kann sich stundenlang zurückziehen und lesen, Hörspiele und Rollenspiele entwerfen, Kassetten oder Radio hören sowie mit seinen Legosteinen spielen. Bei all seinen Spielen und Beschäftigungen hat er einen hohen Leistungsanspruch und beendet ein Spiel wütend, wenn er seinem Anspruch nicht gerecht werden kann.

In der Schule nimmt Oliver soziale Anforderungen nicht wahr, für die Pause nimmt er ein Buch zum Lesen mit. Bei sozialen Verpflichtungen zu Hause dauert es lange, bis er reagiert; oft erst unter großem Druck.

9 Sozialkontakt: Oliver hat keine Sozialkontakte zu Gleichaltrigen. Er schließt sich keinem Kind oder keiner Kindergruppe an und weigert sich, der Aufforderung der Mutter nachzukommen, sich nachmittags mit einem anderen Kind zu treffen. Vor allen Dingen will er dazu das Haus nicht verlassen. Wenn er mit Kindern spielen soll, dann bei ihm zu Hause. Dies kommt jedoch selten vor, da Oliver einen Klassenkameraden präferiert, der anscheinend kein Interesse an einem Kontakt zu ihm hat. Oliver bekommt deshalb ständig Absagen, wenn er einmal dem Drängen der Mutter nachgegeben hat, sich doch zu verabreden. Solche Erfahrungen lassen bei Oliver schnell Selbstzweifel aufkommen. Schließlich will sich Oliver nicht von der Mutter trennen, zu der ein sehr intensiver Kontakt besteht.

10 Sich selbstbehaupten: Oliver kann sich insofern selbstbehaupten, als er unangemessen Forderungen stellt (zum Beispiel an die Eltern), eher ablehnt und nein sagt, als angemessen und kompromißbereit auf soziale Verpflichtungen einzugehen. Oliver neigt dazu, nahezu alles und jeden abzuwerten beziehungsweise negativ zu kritisieren.

11 Eigenständige Aktivitäten: Oliver kann sich weder spielenden Kindern anschließen noch Kontakt zu anderen aufbauen noch bei schwierigen sozialen Aufgaben durchhalten. Wenn eine Aktivität erfolgt, dann nur unter großem Druck der Mutter.

Andere symptomatische Merkmale

Wutausbrüche treten auf, wenn etwas nicht nach Olivers Willen abläuft oder der jüngere Bruder ihn mit harmlosen Bemerkungen provoziert. Von Bedeutung ist, daß er alles sehr ernst nimmt und über nichts lachen kann. Andere Kinder, die Spaß miteinander machen oder haben, sind nach der Meinung von Oliver albern und kindisch.

c) Entwicklung des Problemverhaltens

Oliver lebt mit seinen Eltern und einem jüngeren Bruder zusammen. Als der jüngere Bruder geboren wurde, war Oliver bereits sieben Jahre alt. Er wuchs somit die ersten sieben Lebensjahre als Einzelkind auf. Für Oliver bedeutete die Geburt des Bruders eine große Umstellung; als zusätzliche Umstellung in dieser Zeit kam seine Einschulung hinzu.

Olivers Entwicklung weist zwei Besonderheiten auf: Erstens lernte er sehr früh laufen - nämlich mit neun Monaten - und zweitens sehr spät sprechen, nämlich mit zwei Jahren. Als Oliver dann sprach, benutzte er keine „Babysprache", sondern verfügte über eine relativ differenzierte und grammatikalisch richtige Sprache. Von knapp drei bis sieben Jahren besuchte Oliver einen Kindergarten, der von einer Elterninitiative getragen wurde. Das Erziehungskonzept erarbeiteten sich die Eltern in Anlehnung an antiautoritäre Erziehungsvorstellungen. Zwar wurden den Kindern viele Spielangebote gemacht, aber sie wurden zu keiner Tätigkeit angehalten; sie mußten auch keine begonnene Beschäftigung konsequent zu Ende führen; es gab keine Verbote und Grenzsetzungen, und für alles wurden die Kinder gelobt. Aufgrund der Tatsache, daß die Betreuung der Kinder von allen Eltern durchgeführt wurde, hatte jedes Kind viele Bezugspersonen. In dieser Zeit hatte Oliver eine intensive Freundschaft zu einem vier Jahre älteren Jungen.

Während der gesamten Grundschulzeit konnte Oliver keine intensiven freundschaftlichen Kontakte knüpfen. Er nahm eine Außenseiterrolle ein: Anfangs verteidigte er sich nicht, wenn er angegriffen wurde. Später reagierte er aggressiv auf seine Klassenkameraden, wenn diese angriffslustig waren, da ihm seine Eltern nahegelegt hatten, sich nicht schlagen zu lassen, sondern sich zu verteidigen. Heute lassen andere Kinder Oliver in der Pause nicht mitspielen, ihm sind diese zu albern, so daß er in der Pause Bücher liest, die er speziell für diese Situation in die Schule mitnimmt. Im Unterricht beteiligt sich Oliver lebhaft; er rivalisiert mit einem Jungen um die Rolle des Klassenbesten.

d) Aufrechterhaltende Faktoren

Olivers sozial unsicheres Verhalten, konkret: seine Angst vor Ablehnung und sozialem Ausschluß, wird durch sein eigenes Verhalten im Umgang mit anderen aufrechterhalten. In einer Kindergruppe (zum Beispiel beim Fußballspiel) versucht Oliver Anführer zu sein, und in der Kommunikation redet er die anderen „an die Wand". Seine Unfähigkeit, Spaß, Albernheit und Freude zu zeigen, erschwert weiter die Kommunikation. Oliver wirkt dadurch auf andere Kinder überheblich und arrogant, und er verhindert so selbst einen Kontaktaufbau. Dieses Verhalten scheint er vom Vater übernommen zu haben. Durch sein stark ausgeprägtes Lesen flüchtet sich Oliver immer wieder aus der realen Welt in eine Phantasiewelt und setzt sich nicht mit seinem Verhalten und der Realität auseinander. Da das Lesen für ihn eine angenehme Tätigkeit ist, verstärkt er sich selbst für unangemessenes Sozialverhalten.

Aufrechterhaltende Faktoren innerhalb der Familie resultieren daraus, daß zu wenige soziale Anforderungen an Oliver gestellt und von ihm konsequent abverlangt werden. Die Eltern gingen bislang von der Überlegung aus, daß erwünschtes Verhalten allein durch die Vorbildwirkung der Eltern angeregt wird. Weiter wurde und wird über alles diskutiert, alles gerechtfertigt und begründet. Oliver mußte sich aufgrund der Familien- und Kindergartenbedingungen sowie aufgrund seiner kognitiven Leistungsfähigkeit in der Schule noch nie etwas unter Anstrengung erarbeiten.

Positive Konsequenzen der Eltern erfolgen undifferenziert; Oliver wird für alles, jedoch überwiegend im kognitiven Bereich, gelobt. Belohnungen sind vor allem gemeinsame Familienaktivitäten - was jedoch mit Zeitproblemen der Eltern (vor allem des Vaters) verbunden ist. Bei negativen Konsequenzen fehlt die Kontinuität im Elternverhalten: Oliver versteht es nämlich, negative Konsequenzen der Eltern dadurch zu unterlaufen, daß er ihnen ihr knappes Zeitbudget vorhält, das sie ihren Kindern widmen können. Bestrafen äußert sich zudem oft in Jähzorn oder in Vorwürfen der Mutter, was Oliver vermutlich nachahmt. Außerdem werden seine Unausgeglichenheit und Wutausbrüche durch Aufmerksamkeitszuwendung verstärkt.

e) Trainingsziele

Die soziale Isolation und die Kontaktprobleme Olivers müssen abgebaut werden, indem er zuerst einmal seine Ansprüche an und Einstellungen gegenüber anderen der Realität anpaßt. Das Ziel besteht darin, daß er lernt, andere Kinder besser zu akzeptieren und sich beim Durchsetzen nicht intolerant, sondern angemessen zu verhalten und die Vorstellungen des anderen zu berücksichtigen. Schließlich soll er wieder Mut fassen, auf andere zuzugehen.

Olivers Selbstbild soll stärker an der Realität orientiert sein. Überhohe Erwartungen an sich selbst sollen ab- und realistische aufgebaut werden. Oliver muß seine Anforderungen an sich selbst in der Weise reduzieren, daß er diskriminieren lernt, wann es wichtig ist, etwas exakt und penibel durchzuführen und wann er sich selbst mehr Spielraum für Lockerheit und Spaß lassen kann. Damit sollen Versagensängste und Mißerfolgsmotiviertheit im sozialen Feld abgebaut werden.

Letztlich soll Oliver seine psychische Stabilität und Ausgeglichenheit verbessern, das heißt, seine Frustrationstoleranz ist zu erhöhen, seine Wutausbrüche sind zu reduzieren. Dazu muß Selbstkontrolle eingeübt werden.

3.7 Zusammenfassender Fallvergleich

3.7.1 Typische sozial unsichere Verhaltensweisen

In Tabelle 1 werden die wichtigsten Merkmale und Verhaltensweisen der Kinder vor dem Trainingsbeginn angegeben. Bei diesen zusammengefaßten Merkmalen wird eine größere Ähnlichkeit zwischen den Kindern deutlich, als dies in den detaillierten Beschreibungen zum Tragen kommt: Bei allen Kindern zeigt sich durchgehend eine ausgeprägte **Selbstzentriertheit**, die mit unterschiedlich sinnvollen und ausdauernden Tätigkeiten verbunden ist (allein spielen, basteln, mit sich selbst sprechen, Geschichten erfinden, Blumen züchten, allein Musik hören, mit den Puppen reden). Ebenso regelmäßig treten Zappelbewegungen und verschiedene Formen der **motorischen Unruhe** auf (Schaukeln, nervöses Spiel der Hände).

In allen Fällen finden sich eindeutige Anzeichen unsicheren Verhaltens im **Gesichtsausdruck** (verlegenes Lächeln, unsicheres Umherschauen) und in vielen Fällen im **Körperausdruck** (verkrampfte und starre Körperhaltung).

Gemeinsam ist allen Kindern die **soziale Isolation** und das **Festhalten an Sicherheitssignalen**, wie zum Beispiel sich in der Kleidung oder im eigenen Zimmer verstecken, die elterliche Wohnung nicht

verlassen wollen, sich von der Mutter nicht trennen wollen u.ä. Bis auf Stephanie gehen alle Kinder bei sozialen Anforderungen aus dem Felde. Dieses Verhalten ist auch dann zu beobachten, wenn eine Aufgabe Anstrengungsbereitschaft verlangt oder mißlingt.

Einige Merkmale deuten jedoch auf eine Typendifferenzierung hin. Zwei Typen lassen sich unterscheiden.

Kindtyp: Verweigerungsverhalten
Die Tendenz, keinen sozialen Verpflichtungen und Anforderungen nachzukommen, zeigt sich bei Silke, Martin und Oliver; diese Kinder verweigern aktiv Sozialverhalten, wenn sich dieses auf Personen außerhalb der unmittelbaren Familie bezieht. Diese Kinder sind von der Familie beschützt; sie sehen die Notwendigkeit von Kontakten zu Gleichaltrigen ebensowenig ein wie die von sozialen Verpflichtungen innerhalb der Familie. Im häuslichen Bereich tritt daher ebenfalls Verweigerungsverhalten auf. Auch im schulischen Verband kommen diese Kinder keinen sozialen Verpflichtungen nach. Sie behaupten sich unangemessen, da sie immer und zu allem „nein" sagen.

Wahrscheinlich werden diese Kinder von dem Motiv „Furcht vor Mißerfolg" geleitet, weshalb sie zu einer überhöhten Aktivität, vor allem im verbalen Bereich, neigen. Dieser Annahme liegen zwei Überlegungen zugrunde. Zum einen sind die Kinder nicht gewöhnt, mit Mißerfolg umzugehen, da in ihrer Familie derartige Erfahrungen aufgrund des beschützenden Elternverhaltens weitgehend fehlen (vgl. Abschnitt 3.7.2). Entsprechend kann sich Furcht vor Mißerfolg entwickeln. Zum anderen legen Untersuchungsergebnisse den Zusammenhang von Furcht vor Mißerfolg und überhöhter Aktivität in folgender Weise nahe: „Während sich eine geringe Ausprägung der Motivtendenz 'Hoffnung auf Erfolg' eindeutig 'experimentierhemmend' [Experimentierverhalten = Suche nach Lösungen eines sozialen Problems - die Autoren -] bei allen Kindern auszuwirken scheint, könnte man spekulativ aus den Ergebnissen annehmen, daß eine starke Ausprägung der Motivtendenz 'Furcht vor Mißerfolg' bei manchen Kindern zu einer überhöhten Aktivität" führen kann (Caesar 1976, S. 115). Dies trifft vor allem für Silke und Oliver zu, die im Gegensatz zu den anderen Kindern keine Ausprägung auf der Verhaltenskate-

Tabelle 1: Systematische Aufstellung typischer sozial unsicherer Verhaltensweisen.

Kind	Typische sozial unsichere Verhaltensweisen
Jens	Still sein, verschlossen sein, keine Freude zeigen, keine emotionale Reaktion in Gestik und Mimik erkennbar, unsicheres Umherschauen, verlegenes Lächeln, kein Blickkontakt, verkrampfte und starre Körperhaltung, zu Hause Zappelbewegungen und nervöses Spiel mit den Händen, kein Sozialkontakt, keine eigene Meinung, aus dem Felde gehen
Markus	Unsicheres Umherschauen, verlegenes Lächeln, kein Blickkontakt, Zappelbewegungen, verkrampfte Körperhaltung („Kleinmachen"), Schaukelbewegungen, kein Sozialkontakt, Selbstzentriertheit (allein spielen), keine Meinungsäußerung, aus dem Felde gehen
Silke	Unsicheres Umherschauen, verlegenes Lächeln, Zappelbewegungen, nervöses Spiel der Hände, keinen sozialen Verpflichtungen/Aufforderungen nachkommen beziehungsweise diese unangemessen verweigern, kein Sozialkontakt zu Gleichaltrigen, auf Mutter/Großeltern fixiert sein, aus dem Felde gehen
Stephanie	Still sein, verschlossen sein, unsicheres Umherschauen, verlegenes Lächeln, kein Sozialkontakt zu Gleichaltrigen, Schwierigkeiten, sich einer Gruppe anzuschließen, sich nicht behaupten können, keine eigene Meinung haben, bei Überforderung handlungsunfähig sein
Martin	Still sein, verschlossen sein, unsicheres Umherschauen, verlegenes Lächeln, kein Blickkontakt, Zappelbewegungen, Selbstzentriertheit (allein spielen), keinen sozialen Verpflichtungen/Anforderungen nachkommen, kein Sozialkontakt zu Gleichaltrigen, Verweigerung von Sozialkontakt, aus dem Felde gehen, auf Mutter fixiert sein
Oliver	Verlegenes Lächeln, unsicheres Umherschauen, Zappelbewegungen, nervöses Spiel der Hände, Selbstzentriertheit (allein spielen), keinen sozialen Verpflichtungen nachkommen, kein Sozialkontakt zu Gleichaltrigen, Schwierigkeiten, sich einer Gruppe anzuschließen, aus dem Felde gehen, auf Mutter fixiert sein.

gorie „Still sein" aufweisen, sondern im Gegenteil viel reden, ohne sich dabei aber auf den Partner und die Interaktion zu konzentrieren. Sie benutzen das Reden quasi als Schutz vor anderen und damit als Schutz vor Mißerfolg. Die Selbstverbalisation ist bei Silke, Martin und Oliver ebenfalls hoch ausgeprägt.

Schließlich ist für die sich verweigernden Kinder charakteristisch, daß sie sich sehr gut, das heißt, langandauernd und befriedigend selbst beschäftigen können. Sie leben eher in einer Phantasiewelt, in der alles in Ordnung ist.

Kindtyp: passives, initiativeloses Verhalten

Wir fanden einen zweiten Kindtyp, den man als passiv und initiativelos bezeichnen kann. Diese Kinder fühlen sich von ihrer Familie nicht akzeptiert (vgl. Abschnitt 3.7.2) und sehen es von daher als sinnlos an, überhaupt das „undankbare Geschäft" des Kontaktschließens in Angriff zu nehmen. Sie zeigen kein soziales „Experimentierverhalten" (Caesar 1976) und verharren - entsprechend dem Seligmanschen Konzept - in einer total passiven Haltung. Diese Kinder erzählen nichts, bitten um nichts und wirken verschlossen; es treten auch kaum Selbstverbalisationen auf; sie können sich schlecht allein beschäftigen, das heißt, ihre Spielaktivitäten sind ohne Ausdauer und Befriedigung. Eine Ausnahme bildet Markus. Er kann stundenlang eigenen Interessen und Fertigkeiten nachgehen und weist bei diesen Aktivitäten ein hohes Selbstverbalisationsverhalten auf. Innerhalb der Familie erledigt dieser Kindtyp - quasi in einem Prozeß der sozialen Anpassung - Aufgaben und Verpflichtungen. Typisch für diese Kinder ist schließlich das Sich-nicht-selbstbehaupten-können, also das nicht „nein" sagen und keine Meinung haben beziehungsweise vertreten können. Markus macht auch hier begrenzt eine Ausnahme. Er zeigt bei außerfamiliären Aktivitäten, die er allein unternehmen soll, eher eine Verweigerungstendenz beziehungsweise Nein-sagen-Haltung (zum Beispiel bei der Bewegungsgymnastik oder dem Spielen auf dem Spielplatz und in der Pause auf dem Schulhof).

Zusammenfassend kann man feststellen: Es gibt für beide Kindtypen gemeinsame, grundlegende Verhaltensweisen. Darüber hinaus lassen sich **Kindtyp 1 (Verweigerungsverhalten)** und **Kindtyp 2 (passives, initiativeloses Verhalten)** differenzieren. Zu beachten sind hierbei Überschneidungen einzelner Verhaltensweisen bei Markus und Martin.

3.7.2 Entwicklung sozial unsicheren Verhaltens

Unsere Fallbeschreibungen sollen eine Hilfe dafür sein, die Ansprechbarkeit eines Kindes auf eine bestimmte Intervention - hier das Training für sozial unsichere Kinder - besser abschätzen zu können. Hierfür sind besonders die Faktoren wichtig, die das Problemverhalten wahrscheinlich bedingen. Wenn diese Faktoren auf dem Hintergrund einer Theorie erklärbar sind, dann können mit einer gewissen Wahrscheinlichkeit wissenschaftlich begründete Vorhersagen darüber getroffen werden, in welchem Ausmaß die Intervention erfolgreich sein wird, welche Schwierigkeiten möglicherweise auftreten und wie das therapeutische Vorgehen optimiert werden kann.

Für uns bedeutet das, daß die Entwicklung des sozial unsicheren Verhaltens bei Kindern mit den Bedingungen verglichen werden muß, die Seligman der Entwicklung der Hilflosigkeit zugrunde legt. Diesen Vergleich versuchen wir zusammenfassend vorzunehmen.

Nach Seligman (1986) entstehen Hilflosigkeitsphänomene durch zwei Bedingungen: Die Bedingung der **Unkontrollierbarkeit** und die der **Unvorhersagbarkeit**, wobei die Bedingung der Unvorhersagbarkeit die der Unkontrollierbarkeit einschließt. Die Fallbeschreibungen sind entsprechend daraufhin zu untersuchen, ob diese Bedingungen bei Kindern auftraten beziehungsweise noch aktuell anzutreffen sind.

Im Alltag liegen Hilflosigkeitsbedingungen zumindest dann vor, wenn
- ein Ziel nicht erreichbar ist,
- aversive wie positive Reize unausweichlich sind und
- das Ausbleiben oder Eintreffen von positiven wie negativen Ereignissen regellos ist (U. Petermann 1987).

Unkontrollierbarkeit kann nach Seligman durch übermäßiges Behüten und Verwöhnen einerseits oder Vernachlässigung andererseits gegeben sein. **Übermäßiges Behüten** schränkt ein Kind ein. Dadurch kann es Ziele, die es sich setzt, nicht erreichen (zum Beispiel wenn Markus alleine eine Radtour machen will). Dies kommt einem Mißerfolg gleich. **Verwöhnung** stellt einen unausweichlichen positiven Reiz dar. Ein Kind erlebt seine Bezugspersonen immer gleich, unabhängig davon, was es tut oder läßt. Für manche Kinder ist die Flucht in eine Phantasiewelt die einzige Möglichkeit, kontrollierbare Bedingungen herzustellen (siehe Silke und Oliver). **Vernachlässigung** verkörpert einen unausweichlichen aversiven Reiz. Ob sich beispielsweise Jens aktiviert oder nicht, in der Schule besser wird sowie aufhört, den Clown zu spielen, und zu Hause mehr erzählt oder nicht, seine Eltern werden nicht mehr Zeit für ihn aufwenden.

Unvorhersagbarkeit kann für ein Kind zum Beispiel erfüllt sein durch: eine überraschende Mutter-

Kind-Trennung; den „plötzlichen" Eintritt eines weiteren Familienmitgliedes (wie Geburt von Geschwistern, die Aufnahme eines Pflegekindes, zweite Heirat der Mutter oder ein neuer Freund der Mutter); den Verlust eines engen Freundes oder Familienmitgliedes oder ähnliches. Auch inkonsistentes Erziehungsverhalten ist für ein Kind eine unvorhersagbare Bedingung: Es erlebt seine Eltern unkalkulierbar; es weiß nicht, nach welchen Regeln sie loben, bestrafen, eine Strafe aufheben, Zeit haben, guter Stimmung sind usw. Das Kind kann nicht einschätzen, wann welches Elternverhalten warum eintrifft. Einen Zusammenhang zu seinem Verhalten kann es nicht herstellen.

Kindtyp 1

In drei Fällen sind vor allem Unkontrollierbarkeitsbedingungen vorzufinden, die wahrscheinlich zum sozial unsicheren Verhalten geführt haben. Es handelt sich um Silke, Martin und Oliver. Bei allen drei Kindern besteht die Unkontrollierbarkeit im beschützenden und verwöhnenden Elternverhalten. Diese Kinder mußten sich bisher nicht in der Weise mit einem Problem auseinandersetzen, daß sie es selbst hätten lösen oder konsequent an einer Zielerreichung hätten arbeiten müssen. Auch Grenzsetzungen in Form sinnvoller und begründeter Ge- oder Verbote fehlen oder werden nicht konsequent durchgehalten. Diese Kinder stellen die **„Sonntagskinder"** im Sinne Seligmans dar, die in einer „rosaroten" Kinderwelt leben und positive Verstärkung unabhängig von ihrem Verhalten und damit für sie unkontrollierbar erhalten. Konsequenterweise folgt daraus, daß sich bei allen drei Kindern das sozial unsichere Verhalten in stark ausgeprägtem Verweigerungsverhalten äußert, besonders bei sozialen Aktivitäten und Verpflichtungen.

Weiter können sie Schwierigkeiten oder Mißerfolg nicht bewältigen. Sie sind es zum einen nicht gewohnt, damit umzugehen; und zum anderen erkennen sie nicht den Zusammenhang zwischen Mißerfolg und eigenem Verhalten. Deshalb sind sie nicht motiviert zu handeln und gehen lieber aus dem Feld. Schließlich fehlen ihnen ausreichende Fertigkeiten, um Schwierigkeiten und Mißerfolg zu bewältigen.

Bei Oliver ist durch die späte Geburt des Bruders ein unvorhersagbares Ereignis aufgetreten, das zeitlich mit seiner Einschulung ungefähr zusammenfiel. Die Eltern konnten jedoch die „Problematik" des Er-

eignisses durch einfühlsame Gespräche, die sie mit Oliver führten, entschärfen. Dadurch und durch das beschützende und verwöhnende Elternverhalten ist erklärbar, daß Oliver trotz der erlebten Unvorhersagbarkeit zum Kindtyp der Sonntagskinder gehört.

Bei den sogenannten „Sonntagskindern" kann, was soziale Situationen mit Gleichaltrigen betrifft, soziale Angst angenommen werden. Dies liegt aus zwei Gründen nahe: Erstens können die Eltern nicht bei allen Ereignissen schützend ihre Hände über die Kinder halten, wodurch den Kindern wichtige Sicherheitssignale fehlen. Zweitens kann bei ihnen „Furcht vor Mißerfolg" vorliegen, wie schon mehrfach ausgeführt wurde (vgl. z.B. Abschnitt 3.7.1).

Kindtyp 2

Bei Jens, Markus und Stephanie liegen sowohl Unvorhersagbarkeits- als auch Unkontrollierbarkeitsbedingungen vor. Hier haben die Kinder im Laufe ihrer Entwicklung mindestens ein unvorhersagbares traumatisches Ereignis erfahren, nämlich die Trennung von der wichtigsten Bezugsperson beziehungsweise das Eindringen eines „Störenfriedes" in die Familie (Trennen von der Großmutter und Erkennen, daß der Vater nicht der leibliche Vater ist, bei Jens; zweite Heirat der Mutter, dadurch indirekte Trennung von Mutter und Kind sowie Aufnahme eines Pflegekindes, bei Markus; Trennung von der Mutter für ein halbes Jahr, Bevorzugung des jüngeren Bruders durch die Mutter, Trennung des Vaters von der Familie, bei Stephanie).

Diese Kinder verfügen über keine Sicherheitssignale darüber, ob ein weiteres beziehungsweise ähnliches unangenehmes oder bedrohliches Ereignis eintritt oder ausbleibt. Zusätzlich zu diesen unvorhersagbaren Ereignissen erfahren die Kinder Unkontrollierbarkeit durch Vernachlässigung. Die Zuwendung der Eltern beziehungsweise der Mutter erfolgt je nach verfügbarer Zeit oder Stimmung. Die Kinder haben keinen Einfluß darauf, das Verhalten der Eltern zu verändern: Jens kann seine Eltern nicht davon abbringen, sich eine berufliche Existenz aufzubauen, die viel Zeit kostet. Markus hat über den Schichtdienst seiner Mutter keine Kontrolle. Und Stephanie kann es kaum verhindern, daß ihr jüngerer Bruder von der Mutter bevorzugt wird. Die Belastungen der Eltern und der zugleich bestehende Wunsch, das Beste für ihre Kinder zu wollen, erhöhen inkonsistentes Erziehungsverhalten. Dadurch erleben die

Kinder zusätzlich und wiederholt unvorhersagbare Bedingungen „im Kleinen". Das Verhalten der Eltern ist damit gänzlich unkontrollierbar.

Das sozial unsichere Verhalten dieser Kinder ist überwiegend durch Passivität geprägt; sie stellen im Sinne Seligmans die sogenannten **„deprivierten" Kinder** dar. Bei diesen Kindern kann man das Motiv der sozialen Angst vermuten. Es fehlt ihnen in besonderem Maße an Sicherheitssignalen, und zwar nicht nur bei der Interaktion mit Gleichaltrigen, sondern auch in ihrer Familie. Solche Kinder attribuieren vermutlich, analog ihren Erfahrungen mit Unvorhersagbarkeit und Unkontrollierbarkeit, global und stabil. Das heißt: Hilflosigkeitserfahrungen werden über Ereignisse und über die Zeit hinweg **generalisiert**.

Selbstkonzept sozial unsicherer Kinder

Die soziale Angst beeinflußt das Selbstkonzept der Kinder entsprechend ihrer Erwartung über mangelnde Sicherheitssignale und damit über Unkontrollierbarkeit der Situation. In welcher Weise das Selbstkonzept negativ geprägt wird, scheint davon abzuhängen, ob die Unkontrollierbarkeitsbedingung allein und im Sinne einer Verwöhnung oder ob sowohl die Unkontrollierbarkeitsbedingung (im Sinne einer Vernachlässigung) als auch die Unvorhersagbarkeitsbedingung vorliegen. Je nach den Bedingungen variieren wahrscheinlich die Attributionsprozesse. Vor allem bei den Kindern mit der ungünstigen Bedingungskombination Unkontrollierbarkeit im Sinne von Vernachlässigung und Unvorhersagbarkeit ist mit internalen, aber auch mit globalen und stabilen Attributionen zu rechnen, was den Verlust des Selbstvertrauens zur Folge hat (Abramson et al. 1978).

Mangelndes Selbstvertrauen kann bei allen drei Kindern des „deprivierten" Kindertyps beobachtet werden. Sie neigen zu einem eher negativen Selbst- und Fremdbild. Kinder, die mit der Unkontrollierbarkeit im Sinne der Verwöhnung aufwachsen, verfügen zwar über ein positives Selbstbild, das sogar übersteigert ist; jedoch ist ihr Fremdbild negativ („die anderen mögen mich nicht"; „die anderen wollen mich immer schlagen"; „die anderen wollen mich nicht mitspielen lassen"; „woran das liegt, weiß ich nicht").

Dies wird erklärlich, wenn man Untersuchungsergebnisse zum Attributionsstil von Personen mit hoher Selbstwerteinschätzung berücksichtigt. Entsprechende Ergebnisse zeigen an, daß solche Personen Mißer-folg extern und Erfolg intern attribuieren (vgl. Herkner 1980, S. 36 f). An dieser Stelle ist zu beachten, daß die Begriffe „externe und interne Attribution" im Sinne des bekannten Konzeptes von Rotter (1972) und nicht in leicht modifizierter Weise von Abramson et al. (1978) verwendet sind. Die Art des Selbstkonzeptes, wahrscheinlich bedingt durch die Art der Hilflosigkeitsbedingung, scheint sozial unsicheres Verhalten zu prägen, das heißt, zu beeinflussen, ob Verweigerung oder Passivität bei einem Kind vorliegt.

Zusammenfassung

Die Kinder mit der Bedingung der Unkontrollierbarkeit im Sinne einer Verwöhnung weisen ein übersteigertes Selbstbild und ein negatives Fremdbild auf; ihr sozial unsicheres Verhalten drückt sich primär als Verweigerungsverhalten aus. Die Kinder mit der Bedingung Unvorhersagbarkeit und Unkontrollierbarkeit im Sinne einer Vernachlässigung zeigen ein negatives Selbst- und Fremdbild, und ihr sozial unsicheres Verhalten äußert sich in initiativelosem und passivem Verhalten.

Sicherheitssignale und Verstärkungslernen

Erklärt man die Entwicklung sozial unsicheren Verhaltens, so muß man den Kreislauf von Selbst- und Fremdverstärkung berücksichtigen. Wie wir wissen, suchen Individuen ihre Umwelt nach Sicherheitssignalen ab („Sicherheitssignal-Hypothese"). Solche Signale, zum Beispiel Kleidung, die Mutter beziehungsweise die Eltern, wollen die hilflosen Kinder selbstverständlich wegen deren angstreduzierender Wirkung nicht aufgeben. Konsequenterweise halten sich hilflose Kinder überwiegend zu Hause, in einer vertrauten Umgebung oder in der Nähe der Eltern auf. Diese selbstgewählte soziale Isolation führt dazu, daß sozial kompetentes Verhalten nicht den realen Anforderungen entsprechend ausgeführt werden muß und deshalb nicht geübt wird. Folglich sind soziale Fertigkeiten im Verhaltensrepertoire nur unzureichend vorzufinden.

Soziale Fertigkeiten können jedoch als Sicherheitssignale fungieren; da sozial unsichere Kinder über soziale Fertigkeiten kaum verfügen, fallen diese

Signale in einer sozialen Interaktion aus. Somit tritt **zusätzlich** für diese Kinder soziale Angst auf. Das entsprechende Hilflosigkeitsverhalten sozial unsicherer Kinder besteht je nach „Kindtyp" in passivem Rückzugsverhalten oder Verweigerungsverhalten; das heißt, in der Situation erfolgt keine Reaktion oder die Situation wird von vornherein **gemieden**. Damit erfährt das Kind nicht mehr, daß eine soziale Interaktion erstens kontrollierbar ist und zweitens Sicherheitssignale enthalten kann. Dies wird oftmals durch die Eltern verstärkt, weil sie das Vermeidungsverhalten oder die Reaktionsverweigerung entweder durch Vernachlässigen oder durch falsch gemeintes Beschützenwollen ermöglichen. Das Kind entzieht sich selbst also die Möglichkeit der Kontrolle über Verstärker aus der Interaktion mit Gleichaltrigen.

Besucht das Kind einen Kindergarten oder die Schule, dann wird es notwendigerweise mit sozialen Interaktionssituationen konfrontiert, ohne jedoch über Fertigkeiten im Sinne der Kontrollierbarkeit der Situation, ohne über Durchhaltevermögen bei Problemen in einer Interaktion und ohne über Sicherheitssignale zu verfügen. Aus diesen Gründen ist die Gefahr groß, daß das Kind soziale Mißerfolge erlebt. Je nach den familiären Bedingungen und der Attribution des Kindes wird die Erwartung der Hilflosigkeit aufgebaut und die soziale Angst verstärkt. Das Kind verlernt durch die erfahrene Hilflosigkeit immer mehr, seine Reaktionen und die Umweltkonsequenzen im Zusammenhang zu sehen, was zu der „habe ich nicht-, kann ich nicht- und will ich nicht-Haltung" führt. Diese Haltung wird oft durch die Eltern verstärkt, weil sie glauben, das Kind in Schutz nehmen zu müssen. Dadurch bleibt das Kind auch für spätere positive Erfahrungen „immun".

Vorhersagen über den Trainingsverlauf

Die beiden herausgearbeiteten Kindtypen weisen unterschiedliche Entwicklungsbedingungen auf und zeigen verschieden ausgeprägte Verhaltensweisen sozial unsicheren Verhaltens. Folgende Vorhersagen erscheinen uns plausibel: Alle Kinder haben in irgendeiner Form Erfahrungen mit unkontrollierbaren Situationen gemacht. Deshalb ist es für die Kinder von Bedeutung, zu erleben, **daß** es kontrollierbare

Ereignisse und Konsequenzen gibt. Dies kann den Kindern in einem strukturierten Kontakt wie dem vorliegenden Training vermittelt werden.

Ein Therapeut muß jedoch mit unterschiedlichen Schwierigkeiten rechnen, je nachdem welchen Kindtyp er vor sich hat. Die „Sonntagskinder" werden vermutlich Verweigerungsverhalten zeigen und die „deprivierten" Kinder passives Verhalten. Man sollte dem Verweigerungsverhalten mit mehr Nachdruck begegnen als dem passiven; das heißt, der Therapeut muß auf einem Minimum an Aktivität und Beteiligung im Training bei den „Sonntagskindern" bestehen. Bei den „deprivierten" Kindern liegen andere Gründe für ihr passives Verhalten vor, die in den sehr ungünstigen Unvorhersagbarkeits- und Unkontrollierbarkeitsbedingungen zu suchen sind. Sie benötigen deshalb eventuell eine längere Phase, in der sie mit dem Therapeuten allein sind, um neben der Durchführung des Standardtrainings Probleme besser bearbeiten zu können, die sie selbst betreffen. Es könnte auch sein, daß diese Kinder mehr Zeit brauchen, Vertrauen aufzubauen und sich im Rahmen der vorgegebenen Materialien und Spiele zu entfalten.

Die Zusammensetzung der Kindergruppen für das Gruppentraining richtet sich ebenfalls nach den Kindtypen. Eine gemischte Gruppe von „deprivierten" und „Sonntagskindern" kann sich als fruchtbar erweisen, da die Verhaltenskompetenzen unterschiedlich verteilt sind.

In Abbildung 4 werden die Zusammenhänge der Entwicklung des typischen sozial unsicheren Verhaltens im Überblick dargestellt. **Zusammenfassend** kann formuliert werden, daß unterschiedliche Arten von Unkontrollierbarkeitsbedingungen kombiniert mit Unvorhersagbarkeitsbedingungen innerhalb einer Familie die Entwicklung sozial unsicheren Verhaltens unterschiedlich prägen, so daß sich kindtypische Problemverhaltensweisen herausbilden. Ob sich die angedeuteten Zuordnungen von Kindtyp und Sozialisationsbedingungen aufrechterhalten lassen, können nur langzeitlich ausgerichtete Familienstudien zeigen, von denen jedoch nur wenige bisher existieren (vgl. dazu die Arbeiten von Perrez und Mitarbeitern 1981).

ERZIEHUNGSVERHALTEN DER ELTERN

SONNTAGSKINDER

Unkontrollierbarkeitsbedingung im Sinne von Verwöhnung:
behüten, verwöhnen; Probleme/ Entscheidungen abnehmen; kein begonnenes Spiel zu Ende führen müssen u.ä.

DEPRIVIERTE KINDER

Unkontrollierbarkeitsbedingung im Sinne von Vernachlässigung:
Zuwendung sporadisch nach Zeit und Stimmung

Unvorhersagbarkeitsbedingung:
Erfahren von unvorhersagbaren unangenehmen Erlebnissen (z.B. Trennung) und keine Sicherheitssignale für das Ausbleiben derselben, inkonsistentes Erziehungsverhalten

- ausgeprägtes Selbstvertrauen
- positives Selbst- und negatives Fremdbild
- externe Attribution bei Mißerfolg

- Verlust des Selbstvertrauens
- negatives Selbst- und Fremdbild
- interne Attribution bei Mißerfolg
- ausgeprägte soziale Angst

SOZIAL UNSICHERES VERHALTEN

- kein Sozialkontakt
- unsicheres Umherschauen
- verlegenes Lächeln
- Zappelbewegungen / nervöses Spiel mit den Händen
- Festhalten an Sicherheitssignalen (von bestimmten Erwachsenen nicht trennen wollen, die elterliche Wohnung nicht verlassen wollen)

- viel erzählen
- ausgeprägte Selbstverbalisation
- Tätigkeiten
  • ausdauernde Selbstbeschäftigung
  • Anforderungen verweigern
- unangemessen selbstbehaupten (immer „nein" sagen)

Kindtyp: Verweigerungsverhalten

- nichts erzählen
- kaum Selbstverbalisation
- Tätigkeiten
  • keine ausdauernde Selbstbeschäftigung
  • an Anforderungen anpassen
- nicht selbstbehaupten können (nicht „nein" sagen können; keine Meinung haben/sagen)

Kindtyp: Passives, initiativeloses Verhalten

Abbildung 4: Systematik der Merkmale sozial unsicheren Verhaltens.

4 Übersicht über das Vorgehen

Nach einem kurzen Überblick über mögliche Ansätze zur Behandlung sozial unsicheren Verhaltens stellen wir die Konzeption des Trainings mit sozial unsicheren Kindern vor. Die detaillierten Ziele, Instruktionen und notwendigen Materialien werden in den Kapiteln 5 bis 7 ausgeführt.

4.1 Ansätze zur Behandlung sozial unsicheren Verhaltens

In einer neuen Übersicht weisen Davison & Neale (1988) darauf hin, daß soziale Unsicherheit beziehungsweise sozialer Rückzug eine zunehmend auftretende Problematik darstellt. Verhaltenstherapeuten empfehlen bei solchen Kindern (vgl. Beelmann 1990; Durlak et al. 1991; F. Petermann 1991):

- Selbstsicherheitstrainings (oft auch als soziale Kompetenztrainings bezeichnet; vgl. Döpfner 1987);
- Modellernen und Verhaltensübung (vgl. Rathjen & Foreyt 1980);
- Rollenspiele (vgl. schon Flowers 1977) und
- kognitive Ansätze (vgl. Lauth & Viebahn 1987).

Darüber hinaus existieren eine Reihe von kompakten Trainings, die verschiedene Elemente miteinander kombinieren (Spence & Shephard 1984).

- **Selbstsicherheitstraining**
  Eine besondere Stellung nimmt das Selbstsicherheitstraining zum Aufbau sozial kompetenten Verhaltens ein: Modellerntechniken und Verhaltensübungen in Form von Rollenspielen gehen, neben sozialer Belohnung und Übung in realen Situationen, als wichtige Elemente darin ein. Wichtigste Aufgabe ist das Ausführen von selbstsicheren Verhaltensweisen, damit die Angst einer Person, die diese mit bestimmten (sozialen) Situationen verbindet, gegenkonditioniert wird. Das heißt: Es sollen mittels Verhaltensausführung Erfahrungen vermittelt werden, die mit bisherigen Erlebnissen und irrationalen Gedanken über negative Reaktionen aus der Umwelt bei selbstsicherem Verhalten **unvereinbar** sind. Dies soll dem Aufbau von Selbstvertrauen dienen, worin man eine Bedingung für zwischenmenschliches Vertrauen sieht (F. Petermann 1985).

- **Modellernen und Verhaltensübung**
  O'Connor (1972) untersuchte die Modifikationsmöglichkeiten bei 33 Kindergartenkindern mit extremem Absonderungsverhalten. O'Connor verglich folgende Versuchsbedingungen: Modellernen und schrittweise Annäherung (=Shaping), Shaping alleine, Modellernen alleine (der Modellfilm beinhaltete Annäherungsszenen von Gleichaltrigen) und eine Kontrollgruppe (Kontrollfilm). Nur bei den Gruppen „Modellernen" und „Modellernen und Shaping" konnte langfristig bei den Kindern eine erhöhte soziale Interaktion festgestellt werden. Modellerneffekte als hemmungsabbauende Effekte im Sinne Banduras (1986) konnten Keller & Carlson (1974) bei einer Gruppe von 19 sozial isolierten Vorschulkindern nachweisen. Diese Autoren führten den Kindern Modellfilme vor, die Interaktionen zwischen Kindern zeigten, und zwar vor allem, wenn sich Kinder gegenseitig sozial verstärkten (zum Beispiel Lachen, physischer Kontakt als Zuneigungsbezeugung, Geben von Gegenständen). Dies wurde von den Autoren als eine wichtige soziale Fähigkeit betrachtet. Zur

Kontrolle der Effekte wurden die im Vortest am stärksten ausgeprägten Verhaltensweisen gewählt (Sprechen, Lächeln, Nachahmung). Die Kinder der Versuchsgruppe zeigten mehr Interaktionen und verstärkendes Verhalten als die der Kontrollgruppe.

Jakibchuk & Smeriglio (1976) gingen der Frage nach, wie Modellfilme beschaffen sein müssen, um optimale Wirkungen zu erzielen. Dazu teilten sie 22 sozial isolierte Vorschulkinder vier Gruppen zu. Die erste Gruppe beobachtete ein selbstverbalisierendes Bewältigungsmodell, die zweite Gruppe sah die gleichen Modellfilme, jedoch mit einem Begleittext, der von einem Kind (in der dritten Person) gesprochen wurde, die dritte Gruppe schaute Naturfilme an und die vierte nahm lediglich an den Tests teil. Die erste Gruppe - die der Selbstverbalisierer - zeigte die größten Wirkungen gegenüber allen anderen Gruppen, auch noch bei einer Nachuntersuchung nach drei Wochen.

Die Effekte des Modellernens werden durch **Verhaltensübung** vertieft. Schon 1977 belegten Hersen und seine Mitarbeiter, daß wiederholte Modelldarbietungen von schwierigen Situationen allein bei Verhaltensdefiziten keine Veränderung bewirkten: Modellernen **mit** Verhaltensübung (im Rollenspiel) kombiniert erwies sich allen anderen Behandlungsarten überlegen.

- **Rollenspiel**

Die Wirkung des Rollenspiels in einem Selbstbehauptungstraining wird - so Flowers (1977) - durch folgende, in bestimmter Weise angeordnete Schritte hervorgerufen:

1. Spielen von leichten, strukturierten und vom Therapeuten vorgegebenen Situationen;
2. subjektive Selbsteinschätzung des dabei aufgetretenen Wohlbefindens/Unbehagens;
3. Rollenspiele zu realen Problemsituationen des Klienten;
4. leichte Übungen für die Realität (durch „Hausaufgaben"), die jedoch die Problemsituation des Klienten nicht unmittelbar betreffen;
5. schrittweises Einüben von Verhaltensweisen zur Selbstbehauptung in realen Situationen, die für den Klienten relevant sind.

Rollenspiele sind zudem in der Lage, Situationen herzustellen, in denen andere wichtige Behandlungsvariablen mit ihren Effekten zum Tragen kommen können. Solche Variablen umfassen Instruktionen, Modellernen, Feedback, Verstärkung, Selbstbeobachtung und Selbstbeurteilung. Allerdings muß sich der Therapeut darüber im klaren sein, „daß er mit dem Rollenspiel eine Technik anwendet, die ohne exakte Instruktionen, Feedback von außen sowie äußere und innere Verstärkungen wahrscheinlich an Effektivität verliert" (Flowers 1977, S. 195). In diesem Zusammenhang wird die Bedeutung eines **strukturierten Vorgehens** beim Einsatz von Rollenspielen sichtbar (vgl. dazu auch Petermann & Petermann 1988; Upper & Ross 1985).

- **Kognitive Ansätze**

Aufschlußreich in diesem Kontext sind die Ergebnisse einer Studie von Hammen et al. (1980), die kognitiv-verhaltenstherapeutische Vorgehensweisen mit Fertigkeitstrainings verglichen. Beide Behandlungsverfahren erwiesen sich zum Abbau von selbstunsicheren Verhaltensweisen bei Erwachsenen als effektiv; jedoch war kein Vorgehen dem anderen überlegen. Obwohl negative Kognitionen (Selbstzweifel, Selbstkritik, irrationale, zum Beispiel perfektionistische Einstellungen, negatives Fremdbild, soziale Angst etc.) bei der Entstehung sozial unsicheren Verhaltens eine entscheidende Bedeutung besitzen, scheinen kognitive Interventionen - zusätzlich zu verhaltenstherapeutischen Verfahren - die Wirksamkeit einer Behandlung nicht nachhaltig zu erhöhen: Ein Vergleich mehrerer Studien, die kognitive oder verhaltensorientierte Behandlungsansätze einsetzten, erbrachte folgende Ergebnisse (vgl. Stefanek & Eisler 1983):

1. Kognitive Anteile verbessern kaum die Effektivität eines verhaltenstherapeutischen Trainings.
2. Zusätzliche Verhaltensübungen steigern nicht die Wirksamkeit einer kognitiven Therapie.
3. Eine kognitive Behandlung bringt auch Verhaltensänderungen mit sich.
4. Ein verhaltenstherapeutischer Ansatz beeinflußt unangemessene Kognitionen positiv.

Wie sind diese Ergebnisse zu erklären? *Zum einen* könnte Banduras Konzept der Selbstwirksamkeit (1986) Aufschluß geben: Erlebte Selbstwirksamkeit ermöglicht es nämlich, Veränderungen auf andere Bereiche zu übertragen (Generalisierung). Kognitive Prozesse sind dabei grundlegend, weswegen es keine Rolle spielt, durch welchen Behandlungsansatz die Selbstwirksamkeit herbeigeführt wird. Neben dieser Überlegung sind *zum anderen* methodologische Einwände anzubringen. Die Studien, die dem Vergleich zugrunde lagen, unterscheiden sich in einer Vielzahl von Untersuchungsbedingungen, wie die Dauer der Therapie, die Behandlungsinhalte, die Art der Nachuntersuchung, die Erhebungsinstrumente, die Erhebungsstrategien. Die Studien variierten also sehr, was die Gültigkeit der Vergleiche einschränkt.

Folgende Resultate können jedoch die Zweifel an kognitiven Ansätzen relativieren: Kognitive Komponenten sind in einem Selbstsicherheitstraining sehr wohl nützlich. Negative Selbstaussagen nehmen in einem Selbstinstruktionstraining deutlich ab; und eine Kombination von kognitiver wie Verhaltenstherapie schneidet bei ängstlichen Personen besser ab als ein reines Verhaltenstraining (vgl. Stefanek & Eisler 1983).

Allerdings muß bei rein kognitiven Ansätzen beachtet werden, ob und in welchem Ausmaß Verhaltensdefizite vorliegen. Werden nämlich hemmende Selbstaussagen einer Person ohne Verhaltensübung verändert, so kann sie Mißerfolge erfahren. Sie gewinnt dann den Eindruck, daß sie Ereignisse und deren Konsequenzen nicht kontrollieren kann und über keine Selbstwirksamkeit verfügt. Weiterhin muß man nach unseren Studien folgendes beachten: Setzt man nur kognitive Ansätze ein, um bei Kindern Verhaltensprobleme zu verringern, dann sind die damit erzielten Effekte kurzfristig, aber nicht über die Zeit stabil (vgl. dazu das Kapitel 8).

Insgesamt haben wir den Eindruck, daß der Einfluß kognitiver Variablen (vgl. Rubin et al. 1984; Stefanek & Eisler 1983) - zumindest für die Arbeit mit sozial unsicheren Kindern - überschätzt worden ist (siehe auch Kendall & Fischler 1984). Trotzdem sind kognitive Elemente in einem Verhaltenstraining bei Kindern wesentliche, wenn auch nicht vorherrschende Bestandteile, um Wahrnehmungs- wie Informationsverarbeitungsprozesse und hinderliche innere Sätze zu verändern. Dies steigert eindeutig die Effizienz von Verhaltensübungen (Rollenspielen), besonders in Kindergruppen.

- **Kompakte Trainings**

Kompakte Trainings sozialer Fertigkeiten für selbstunsichere Kinder stellten zum Beispiel Bornstein et al. (1977) zusammen. Diese Autoren bauten selbstsicheres Verhalten wie Blickkontaktfähigkeit, angemessene Lautstärke beim Reden und Forderungen stellen können durch Modellernen, spezifisches Feedback und Rollenspiele auf. Butler et al. (1977) führten eine Einzelfalluntersuchung an einem sechs Jahre alten, stark zurückgezogenen Mädchen durch, das sich zu Hause wie in der Schule sehr selten äußerte. In einem eltern- und lehrerbezogenen Fertigkeitstraining von 20 Sitzungen (Instruktionen zum Modell- und Verstärkungslernen, audiovisuelles Feedback) konnten der Blickkontakt und die Sprechbereitschaft des Kindes sowie die Verständlichkeit der Sprache verbessert werden.

Meijers (1978) entwickelte ebenfalls ein umfassendes Programm zur Reduktion von sozial unsicheren Verhaltensweisen (soziale Angst) bei 10- bis 13jährigen Kindern, das auf dem Problemlöseansatz von D'Zurilla & Goldfried (1971) basierte. Im Mittelpunkt standen die folgenden Teilziele, die in 13 Sitzungen angegangen wurden:

- Differenzieren zwischen verschiedenen Gefühlen, Ausdrücken von Gefühlen (in Pantomimen);
- lernen, Gefühle auf vorausgegangene Ereignisse zu beziehen;
- Probleme angeben und Beziehungen zwischen Gefühlen, Gedanken und vorausgegangenen Ereignissen wahrnehmen;
- beschreiben und erklären der notwendigen Schritte des Problemlösens;
- persönliche Probleme beschreiben und nach möglichst vielfältigen Lösungen suchen;
- lernen, konstruktives Feedback zu geben (Rollenspiel mit Problemsituationen);
- Rollenspiel mit Verhaltensübungen bei verschiedenen persönlichen Problemen (nach dem Problemlöseansatz);
- überprüfen und bewerten der Problemlösung und
- lösen von Problemen der Gruppe.

Die empirischen Befunde dieses Problemlöseansatzes zeigten nur mäßige Erfolge, da er für Kinder vermutlich zu kognitiv ist. Meijers empfahl daher, den Problemlöseansatz mit einem Training sozialer Fertigkeiten zu kombinieren.

Weitere Verhaltenstrainings liegen von Booraem et al. (1979) vor. Eine Zusammenstellung verschiedener Ansätze zur Verbesserung spezifischer Kompetenzen (zum Beispiel im schulischen Bereich) findet man in den Sammelbänden von Cartledge & Milburn (1980) und Rathjen & Foreyt (1980). Eine Reihe von Anregungen, rational-emotive Verhaltensweisen beim Umgang mit sozial unsicheren Kindern nutzbringend anzuwenden, geben ferner Keßler & Hoellen (1982).

Man sieht, daß für Interventionen mit Unsicheren immer wieder dieselben Techniken von Bedeutung sind: Modellernen, Verhaltensübung beziehungsweise Rollenspiele und Verstärkungslernen. Sie sind als mehr oder weniger effektiv ausgewiesen und werden auch in unserem, im folgenden dargestellten, Training aufgegriffen.

4.2 Trainingskonzeption: Theoretische Voraussetzungen

Wir beziehen uns zum einen auf die Hilflosigkeitstheorie von Seligman (1986) und zum anderen auf die sozial-kognitive Lerntheorie von Bandura (zusammenfassend 1986). Mit Hilfe der beiden Theorien soll gezeigt werden, daß:

1. die Art des Trainings in Abstimmung mit den spezifischen Schwierigkeiten des sozial unsicheren Verhaltens aus einer Theorie abzuleiten und
2. die konkrete Vorgehensweise theoretisch zu begründen ist.

1. Der Beitrag der Hilflosigkeitstheorie von Seligman

Es sind die spezifischen Schwierigkeiten sozial unsicheren Verhaltens beziehungsweise der Hilflosigkeit zu beachten, die in der mangelnden Reaktionsbereitschaft und der damit verbundenen Erwartung liegen, daß Reaktionen zu keinem gewünschten Ergebnis führen. Folglich müssen zum Aufbau der Reaktionsbereitschaft die zugrunde liegenden Erwartungen bei einer Behandlung verändert werden. Die Frage ist, wie dies zu erreichen ist.

Betrachtet man sich den Prozeß, wie Erwartungen entstehen, so sind daran entscheidend Erfahrungen und persönlich bedeutsame Erlebnisse beteiligt. Also

müssen sich für eine Erwartungsänderung ebenfalls Erlebnisse ereignen, die betroffen machen oder häufig auftreten, damit sich die Person mit den neuen und erwartungswidrigen Erfahrungen auseinandersetzt. Erlebnisse setzen jedoch voraus, daß jemand handelt oder reagiert. Genau daran mangelt es hilflosen Personen.

Die Erwartungs- und damit Verhaltensänderung gelingt also nur, wenn man die hilflose Person zu einer Reaktion, unter Umständen nachdrücklich, bewegt. Dieser Nachdruck, eine Reaktion zu zeigen, muß immer wieder erfolgen, bis die Erwartungshaltung hinsichtlich der Reaktionsunabhängigkeit modifiziert ist. Nach gelungener Veränderung der Erwartungshaltung wird die Reaktionsbereitschaft beibehalten und sogar ein selbständiger Lernfortschritt möglich.

Insgesamt sind drei Schritte in diesem Lernprozeß zur Veränderung von Verhalten und Erwartung zu beachten:

- Es bedarf großer Anstrengung des Therapeuten, den Klienten zu einer Reaktion zu bringen. Er muß sich vielleicht sogar entschieden und energisch verhalten. Es kann vorkommen, daß vom Klienten in dieser Phase Widerstand geleistet wird. Es gilt jedoch, als Therapeut konsequent zu bleiben. Geht man von einer hierarchischen Zieldefinition aus, so dürfte der Klient vom Schwierigkeitsgrad der zu realisierenden Verhaltensweisen her nicht überfordert sein; deshalb kann ein Therapeut auf der Verhaltensübung bestehen.
- Im weiteren Verlauf der Behandlung wird die nachhaltige Aufforderung und die damit verbundene Anstrengung des Therapeuten immer weniger benötigt, bis nur noch ein kleiner Anstoß zur Hilfestellung für aktives Verhalten erforderlich ist.
- Schließlich reagiert der Klient, nach mehr oder weniger häufigen Verhaltensübungen, von sich aus und ohne Hilfestellung. Den Erwartungen über die Unkontrollierbarkeit einer Situation stehen nun andere Erfahrungen über Handlungskompetenzen gegenüber. Der Lernprozeß ist abgeschlossen.

Es ist deutlich geworden, daß eine **direktive** Vorgehensweise zur Beseitigung des sozial unsicheren Verhaltens notwendig ist. Dem Kind muß die Kontrollierbarkeit einer sozialen Situation vermittelt werden, wobei tatsächliche wie vermutete Kontrollierbarkeit Hilflosigkeitsreaktionen verhindern, wie dies Lärmexperimente mit Studenten zeigen. Diese verdeutlichen, „daß die subjektive Erwartung und nicht die objektiven Bedingungen von Kontrollierbarkeit die entscheidende Determinante für Hilflosigkeit ist" (Seligman 1986, S. 45). Die Hilflosigkeitstheorie von Seligman weist somit auf die wohl sinnvollste Art der Intervention für sozial unsicheres Verhalten hin: ein lerntheoretisch orientiertes Training. Von daher bevorzugen wir verhaltenstherapeutische Vorgehensweisen.

2. Der Beitrag der sozial-kognitiven Lerntheorie von Bandura

Um das therapeutische Vorgehen theoretisch zu fundieren, bietet sich vor allem die moderne soziale Lerntheorie von Bandura (zusammenfassend 1986) an. Sie wurde vielfach sehr ausführlich dargestellt (vgl. Petermann & Petermann 1988), so daß wir uns hier auf die wichtigsten Bestandteile zur Ableitung des verhaltenstherapeutischen Vorgehens mit sozial unsicheren Kindern beschränken können.

- **Lerneffekte und Modellernprozesse**
  Die soziale Lerntheorie, auch als Modellernen, Beobachtungs- oder Imitationslernen bezeichnet, geht von drei verschiedenen Lerneffekten aus, nämlich dem (a) Beobachtungslerneffekt, (b) dem hemmungsabbauenden und Hemmungseffekt sowie (c) dem Reaktionserleichterungseffekt (vgl. Bandura 1986). Diese verschiedenen Lerneffekte werden durch vier in Wechselwirkung stehende Subprozesse bedingt, und zwar durch

  - Aufmerksamkeits-,
  - Gedächtnis-,
  - motorische Reproduktions- und
  - Verstärkungs- beziehungsweise Motivationsprozesse.

Die **Aufmerksamkeitsprozesse** haben eine selektive Wirkung hinsichtlich der vielen auf den Beobachter einwirkenden Umweltreize. Dabei spielen unterschiedliche Reizbedingungen wie: Deutlichkeit, Aufforderungscharakter, Komplexität, Verbreitung und funktionaler Wert des beobachteten Verhaltens sowie Beobachtermerkmale, wie Wahrnehmungskapazität, Erregungsniveau, Wahrnehmungseinstellung und frühere Bekräftigung, eine Rolle.

Die **Gedächtnisprozesse** beruhen auf den zwei Repräsentationssystemen der Vorstellung und der Sprache (symbolische Kodierung und kognitive Organisation) und entscheiden darüber, welche der wahrgenommenen Reize behalten werden. Symbolische und motorische Nachbildungen spielen beim Behaltensprozeß ebenfalls eine Rolle.

Die motorischen **Reproduktionsprozesse** bauen einerseits auf physischen Fähigkeiten und andererseits auf der Verfügbarkeit von Teilreaktionen auf. Feedback durch Selbst- und Fremdbeobachtung ist notwendig, um zu beurteilen, ob die Reproduktionen angemessen sind.

Auch wenn alle drei Subprozesse bis dahin optimal durchlaufen sind und Modellernen im Prinzip stattgefunden hat, so hat dies noch nicht zwingend zur Folge, daß das entsprechende Verhalten vom Beobachter tatsächlich gezeigt wird. Erst bestimmte **Motivationsprozesse**, reguliert durch externe, interne oder stellvertretende Bekräftigung, garantieren eine Verhaltensausführung.

- **Kognitive Aktivitäten**
  Viele äußere Einflüsse wirken über zwischengeschaltete kognitive Prozesse auf das Verhalten einer Person ein. Auch ohne diese mittelbaren externen Reize kann Verhalten aufgrund kognitiver Aktivitäten zustande kommen und die Umwelt beeinflussen. Solche kognitiven Aktivitäten beziehen sich auf **Motivationen** und **Erwartungen**. Eine solche Motivationsquelle stellt die Fähigkeit zur **Vorwegnahme von Konsequenzen** dar: Viele Handlungen sollen zu vermuteten Vorteilen führen und spätere Schwierigkeiten vermeiden. Durch die kognitive Repräsentation von Handlungsergebnissen, zum Beispiel in Form von Bekräftigung, werden Erwartungen erzeugt. Das bedeutet, daß nicht die Bekräftigung an sich auf ein Verhalten motivierend wirkt, sondern die Erwartung, daß ein spezifisches Verhalten eine gewünschte Konsequenz nach sich zieht. Verfügt ein Indivi-

duum nicht über die Erwartung des Zusammenhanges einer bestimmten Reaktion und Konsequenz, so ist es auch nicht motiviert zu handeln - oder in der Terminologie von Seligman (1986): Es zeigt Hilflosigkeitsreaktionen aufgrund der Unkontrollierbarkeit beziehungsweise des Auseinanderklaffens von Reaktionen und Konsequenzen.

Eine andere Motivationsquelle repräsentieren **Zielsetzungen** und damit verbundene **selbstregulierte Bekräftigungen**. Ein Ziel, das in Abhängigkeit von individuellen Standards gesetzt wird, wird solange verfolgt, bis die Leistung den Standards entspricht beziehungsweise das Ziel erreicht ist. Das dann resultierende Gefühl der Selbstzufriedenheit kann eine selbstregulierte positive Bekräftigung darstellen.

- **Kognitive Therapie**
  Berücksichtigt man in der sozialen Lerntheorie die kognitive Kontrolle, so wird man den menschlichen Fähigkeiten besser gerecht. Dies schlägt sich in neuen Therapierichtungen nieder, die seit Ende der 70er Jahre als „Kognitive Therapie" (Mahoney 1977) und „Kognitive Verhaltensmodifikation" (Meichenbaum 1979) bezeichnet werden. Sie wollen kognitive Variablen beeinflussen, die zu einer Verhaltensstörung führen können. Die Veränderung wird mit Selbstverbalisations- beziehungsweise Selbstinstruktionstechniken, in der Regel über Modellernen vermittelt, angestrebt und kann durch verbale oder nonverbale Selbstbekräftigung unterstützt werden. Es soll die Kontrolle über eigenes Verhalten, als spezifisches Zielverhalten verschiedener Klientengruppen definiert, erreicht werden (vgl. Petermann & Petermann 1988).
  Übertragen auf verhaltenstherapeutisches Vorgehen mit sozial unsicheren Kindern bedeutet das: Wenn das Kind im Rahmen der therapeutischen Intervention begonnen hat, seine sozial unsicheren Verhaltensweisen abzubauen, müssen die Selbstkontrollmechanismen verändert werden. Vermittelte Selbstinstruktionstechniken sowie Informationen zu sozialen Interaktionen und schließlich die Umsetzung und Übung konkreter Verhaltensweisen sollen das Kind schon früh in seinem sozial kompetenten Verhalten **autonom** machen. Dazu tragen auch die vom Kind immer wieder gesammelten Erfahrungen wie die Selbstkontrolle

bei, die die Attributionsprozesse und Erwartungen hinsichtlich der Kontrollierbarkeit einer sozialen Situation modifizieren.

3. Zum Aufbau der Therapeut-Klient-Beziehung

Der Aufbau eines positiven Therapeut-Klient-Kontaktes wird durch eine Reihe von beziehungsfördernden Faktoren ermöglicht. Für die Erwachsenenpsychotherapie haben solche Faktoren F. Petermann (1985) und Zimmer (1983) zusammengestellt. Es handelt sich hierbei um allgemeine Variablen der Beziehungsgestaltung (Empathie, emotionale Wärme, Akzeptieren) und sehr spezifische Aspekte, die die Vorstrukturierung der Erwartungsbildung beim Klienten, die Kompetenz des Therapeuten, die körperliche Entfernung und Plazierung von Therapeut und Klient etc. betreffen. Alle Bemühungen sollen dazu führen, daß Achtung, Vertrauen und Sympathie zwischen Therapeut und Klient aufgebaut werden.

Es soll nun versucht werden, diese Variablen auf den Umgang mit Kindern zu übertragen. Bei der Zielgruppe der sozial unsicheren Kinder dürfte vor allem der Aufbau von Vertrauen schwierig sein; dieses Problem soll im Mittelpunkt des Interesses stehen.

- **Vertrauensaufbau durch Kompetenzübertragung**
  Wir gehen von der These aus, daß Vertrauensaufbau in der Kinderpsychotherapie erfolgt, indem man dem Kind Kompetenzen überträgt. Die Erfahrung, Kompetenzen übertragen zu bekommen, spiegelt sich am ehesten in emotionalen Reaktionen wider wie: Freude zeigen, lächeln, Blickkontakt und Körperkontakt aufnehmen, Zuwendung zeigen usf. Im Prinzip geht es bei diesem Vorgehen darum, dem Kind das Gefühl zu vermitteln, daß es sich in der therapeutischen Situation wiederentdeckt. Das Kind muß erfahren, worin und womit es sich von anderen unterscheidet. Dadurch, daß der Therapeut auf die Besonderheiten des Kindes hinweist, fühlt sich das Kind angenommen (positive Wertschätzung), und es entwickelt sich Vertrauen.
  Die Überlegungen zum Vertrauensaufbau wurden durch empirische Studien belegt und von F. Petermann (1985) auf das Handeln in der Kinderpsychotherapie übertragen. Der interessierte Leser, vor allem der, der von einem klientzentrierten Ansatz ausgeht, sei auf dieses Buch verwiesen.

● **Kompetenzübertragung im Einzelkontakt**

In der praktischen therapeutischen Arbeit bedeutet dies, daß dem Kind Kompetenzen zugewiesen werden können, die „typisch" für es sind. Das heißt: Das Kind muß die Kompetenzen als zu seiner Person gehörig wahrnehmen und anerkennen; es muß sich positiv bewerten und bejahen können. Dies ist die Voraussetzung dafür, daß sich das Kind mit diesen Kompetenzen identifiziert. Die Kompetenzen erfüllen folgende Funktionen:

a) Dem Kind wird **Verantwortung für ein bestimmtes Handeln/Verhalten** übergeben; es soll diese Handlungskompetenzen zeigen und dadurch einüben. Zugleich kann es Kontrollerfahrungen machen.

b) Dem Kind werden in Form von spaßigen Redewendungen und Lob/Anerkennung seine **individuellen Eigenarten** aufgezeigt, so daß es sich mit diesen identifizieren kann. Es erhält dadurch zugleich ein Feedback darüber, daß man seine Person für so wichtig hält, um sich mit ihr auseinanderzusetzen und für sie typische Dinge im Gedächtnis zu behalten. Durch diesen Schritt wird eine persönliche Beziehung zwischen Therapeut und Kind aufgebaut.

Das Übertragen von Kompetenzen ist ein eigenständiges Element in der Kinderpsychotherapie (und in der begleitenden Elternarbeit). Es muß im Kontext der therapeutischen Bemühungen erfolgen, es ist **nicht** durch hervorgehobene soziale Situationen gekennzeichnet. In der Praxis ist es hilfreich, verschiedene Formen des Vertrauensaufbaus zu unterscheiden, die sich in verschiedenen Phasen der Therapie ergeben. In diesem Zusammenhang kommt dem **Erstkontakt** eine besondere Stellung zu. Gerade beim Erstkontakt ist ein einfühlendes Verständnis des Therapeuten erforderlich.

Es ist auch notwendig, daß die Rollenerwartungen des Kindes vorstrukturiert werden. Anders formuliert: Das Kind (besonders das vorbehandelte) sollte erfahren, daß es sich bei den Sitzungen weder um eine Spieltherapie noch um Schulstunden handelt, daß der Therapeut kein Lehrer ist, daß aber trotzdem ein bestimmter Stundenaufbau und eine bestimmte Stundenzahl angestrebt werden. Auch die freien Spielphasen des Trainings, und wie man sie erreicht, müssen dem Kind von Anfang an mitgeteilt werden. Alle Erwartungen werden in einem **Therapievertrag** ausgehandelt und dem Kind ausführlich erklärt. Das Kind kann Vorschläge zur Veränderung des Therapievertrages einbringen; dadurch macht es die Erfahrung, daß es bei der Vertragsunterzeichnung ein akzeptierter **Partner** des Therapeuten ist und Ereignisse, zumindest teilweise, kontrollieren kann.

● **Kompetenzübertragung in der Kindergruppe**

In der Arbeit mit Kindergruppen kann Kompetenzübertragung folgende Formen annehmen: Eine Kompetenz wird dadurch definiert, daß zum Beispiel ein Kind für das andere in einer Gruppensitzung soziale Verantwortung übernimmt. Soziale Verantwortung übernehmen heißt, positives Sozialverhalten zu zeigen und sich einer anderen Person zuzuwenden. Kompetenzen in Kindergruppen sind auch dadurch gegeben, daß ein Kind das Zuwenden akzeptieren kann.

Die **Rolle des Therapeuten** in der Kindergruppe läßt sich als dreifache auffassen:

a) **Der Therapeut ist Motivator**, der auf die Gruppe Einfluß nimmt und in Rollenspielen mit der Gruppe auf Lösungen von Problemsituationen hinsteuert. Der Therapeut gibt Ziele vor und bietet auch Problemlösungsmöglichkeiten an. Es handelt sich um eine Strategie, die zu Beginn der Gruppensitzungen empfehlenswert ist, aber nicht durchgängig als Interaktionsstil erfolgen soll. Dieses Vorgehen ist vor allem bei sozial unsicheren Kindern, die eher passiv sind, eine langfristig betrachtet wenig wünschenswerte Vorgehensweise.

b) **Der Therapeut ist Initiator**, der nur bei kritischen Situationen (Verständnisprobleme der Kinder, längerer Ausschluß eines Kindes aus der Gruppe) eingreift und gezielt Anregungen gibt. Der Therapeut unterbreitet der Kindergruppe dann nicht den gesamten Lösungsweg, zum Beispiel für Rollenspiele.

c) **Der Therapeut ist Moderator**, der sich darauf beschränkt, das Handeln der Kindergruppe zu interpretieren, der keine Lösungen vorgibt und jederzeit in den Hintergrund des Geschehens treten kann. Ziel des Therapeuten ist es, Verantwortung auf die Kindergruppe zu übertragen. Die Kindergruppe soll schrittweise lernen, daß sie als Gruppe selbständig Probleme lösen kann. Die Haltung, wie der Therapeut mit der Gruppe umgeht, drückt sich in vielfacher Weise in den verbalen Anweisungen und in der Körperhaltung des Therapeuten aus. Wichtig dabei ist eine ruhige und akzeptierende, aber bestimmte Haltung. Leider liegen bislang zur Erforschung des Interaktionsstils in der Kinderpsychotherapie nur unzureichende Ergebnisse vor.

- **Umgang mit den Eltern/der Familie**
Die Überlegungen zur Kompetenz und zur Kompetenzübertragung als Variable des Vertrauensaufbaues treffen in der gleichen Weise für den Umgang mit den Eltern beziehungsweise der Familie* zu. So gilt es, im Umgang mit Eltern Sicherheitssignale aufzubauen, an denen sich die Eltern orientieren können. Diese Sicherheitssignale stellen die Basis dafür dar, daß die Eltern überhaupt in der Lage sind, über ihr Verhalten zu berichten und in einem zweiten Schritt dieses Verhalten zu verändern. Der Begriff „Sicherheitssignale" ist hierbei sehr weit gefaßt. So können konkrete Ratschläge, Akzeptieren der Eltern als kompetente Erzieher oder auch der Interaktionsstil selbst diese Sicherheit den Eltern vermitteln. Der Interaktionsstil sollte durch folgende Faktoren bestimmt sein: Verständnis, Einsatzbereitschaft des Therapeuten für die Probleme der Eltern, gute und transparente Vorbereitung der Elternsitzungen sowie Spontaneität (als Eingehen auf situationale Bedürfnisse der Eltern).
Man sieht, daß die Therapeut-Klient-Beziehung in dem vorliegenden Ansatz auf drei verschiedenen Ebenen liegt:
- der Kontakt Therapeut-Kind im Einzeltraining,
- die Beziehung des Therapeuten zur Kindergruppe im Gruppentraining und
- der Interaktionsstil des Therapeuten in der Eltern- beziehungsweise Familienberatung.
Auf den verschiedenen Ebenen sind vertrauensbildende und damit für die Beteiligten identitätsschaffende Maßnahmen erforderlich, die heute in ihrer Reichweite leider erst unzureichend erforscht sind.

---

* Wir reden im folgenden vorwiegend von **Eltern**beratung, möchten jedoch darauf hinweisen, daß dies auch für die Beratung der Familie insgesamt stehen kann. Eine **Familien**beratung wird immer dann angestrebt, wenn die Kinder über zehn Jahre alt sind.

4.3 Wie die theoretischen Voraussetzungen umgesetzt werden

- **Einzeltraining oder Gruppentraining?**
Die Umsetzung der theoretischen Voraussetzungen bezieht sich erstens auf die Interventionsmaßnahmen bei dem Kind und zweitens auf die bei seinen Eltern. Die Interventionen beim Kind sind in Einzel- und Gruppentraining untergliedert. Für die Modifikation von Sozialverhalten ist ein Gruppentraining zur Verhaltenseinübung unabdingbar (vgl. Fiedler 1986; Upper & Ross 1985). Baut eine Interventionsstrategie jedoch ausschließlich auf einem Gruppenansatz auf, so erscheint dies aus verschiedenen Gründen nicht geeignet:

1. Die sozial unsicheren Kinder sind überfordert, wenn die Intervention mit einem Gruppentraining beginnt. Es besteht die Gefahr, daß manche Kinder ein noch ausgeprägteres Verweigerungsverhalten zeigen. Zudem kann keine angemessene, durch Vertrauen geprägte Kind-Therapeut-Beziehung aufgebaut werden. Dies ist jedoch eine Voraussetzung für optimale Kindergruppen.

2. Um Verhaltensübungen effektvoll durchführen zu können, müssen alle Kinder die gleichen „Lernvoraussetzungen" mitbringen. Das heißt, sie müssen für sozial kompetentes Verhalten über relevante Informationen und für die Verhaltensübung über grundlegende Fertigkeiten verfügen. Dies betrifft zum Beispiel das Wahrnehmen und richtige Deuten-Können von verbalen und nonverbalen Informationen ihrer Interaktionspartner. Es bezieht sich auch darauf, daß die Prinzipien der Selbstbeobachtung und Selbstinstruktion bereits erlernt sein müssen, um sie in relativ realitätsnahen Situationen und Gruppentrainings anwenden und üben zu können.

3. Generell sollen Voraussetzungen für soziales Lernen bei allen Kindern gegeben sein. Das bedeutet, daß die Aufmerksamkeits- und Gedächtnisprozesse der Kinder trainiert, Teilfertigkeiten für die motorische Reproduktion ausgeprägt und motivationale Grundlagen geschaffen werden müssen.

Das kognitiv ausgerichtete Einzeltraining schafft somit gleiche Lernchancen für alle Kinder, von denen ausgehend und darauf aufbauend das Gruppentraining durchgeführt wird. Aus diesen Gründen ist das Einzeltraining dem Gruppentraining vorgeschaltet. Das Einzeltraining umfaßt minimal vier Sitzungen, das Gruppentraining minimal sechs Sitzungen und die parallel dazu verlaufende Elternberatung mindestens vier Treffen. Berücksichtigt man die Passivität beziehungsweise Reaktionsverweigerung der Kinder, also ihre Hilflosigkeitsreaktionen, dann ist eine Trainingsstunde von 60 Minuten angemessen. Diese Zeit wird für das Einzel- wie Gruppentraining festgesetzt. Die Elternberatung umfaßt pro Treffen ca. zwei Zeitstunden und wird in Form von Hausbesuchen durchgeführt.

82

EINZELTRAINING	ELTERNBERATUNG bzw. FAMILIENBERATUNG

EINZELTRAINING

A ZIELE
- Bewußtmachen von sozialer Angst und unsicherem Verhalten
- Sensibilisierung der Wahrnehmung
- Reflexion von Erwartungen, Beurteilungskriterien und Verhaltensweisen
- Selbstkontrolle

B VORGEHEN
- Modellernen
- Diskriminationslernen
- Differentielle Verstärkung
- Selbstbeobachtung und Selbstinstruktion

C MATERIALIEN
- Videofilm
- Arbeitsblätter
- „Comic"-Blätter
- „Detektiv"-(Beobachtungs-)bogen

GRUPPENTRAINING

A ZIELE
- Einüben von Verhaltensweisen aus unterschiedlichen Verhaltensbereichen
- Abstimmung des Verhaltens auf verschiedene Interaktionspartner
- Reflexion von Erwartungen, Beurteilungskriterien und Verhaltensweisen

B VORGEHEN
- Verhaltensübungen, Hör- und Rollenspiele
- Modellernen
- Diskriminationslernen
- Differentielle Verstärkung
- Selbstbeobachtung und Selbstinstruktion

C MATERIALIEN
- Situationsbeschreibungen mit bildlicher Darstellung
- Videofilm
- Kassette
- „Detektiv"-(Beobachtungs-)bogen
- Instruktionskarten

ELTERNBERATUNG bzw. FAMILIENBERATUNG

A ZIELE
- Sensibilisieren der Wahrnehmung der Eltern bezüglich bestimmter Kindverhaltensweisen
- Erkennen von Zusammenhängen zwischen Kind- und Elternverhalten
- Verändern von Erziehungsverhalten

B VORGEHEN
- Durchführen von Verhaltensbeobachtungen
- Diskriminationslernen
- Verhaltensübungen

C MATERIALIEN
- Beobachtungsbogen
- Lehr-Lern-Folien
- Verhaltens- und Verstärkerpläne

Abbildung 5: Überblick über den Aufbau des Vorgehens.

5 Einzeltraining mit sozial unsicheren Kindern

Die Inhalte, das praktische Vorgehen und die Materialien des Einzeltrainings werden nun schrittweise ausgeführt.

5.1 Ziele und praktisches Vorgehen

Die für das Einzeltraining festgesetzten Ziele besitzen für alle Kinder Gültigkeit. Das Training eröffnet trotzdem die Möglichkeit, spezifische Ziele für jedes Kind anzustreben. Diese Spezifizierung erfolgt über die Wahl der konkreten Inhalte und Materialien, die Selbstbeobachtung und Selbstinstruktion sowie über die Elternberatung. Das Vorgehen weist Bezüge zu anderen Selbstsicherheitstrainings für Kinder auf (vgl. Conger & Keane 1981; Spence & Shephard 1984).

Videofilm

Zur Realisierung des **ersten Zieles** werden vor allem Modell- und Diskriminationslerntechniken eingesetzt. Es steht dazu ein speziell angefertigter Videofilm zur Verfügung*, der sechs soziale Situationen mit unterschiedlichen Lösungen enthält. Es handelt sich um typische Schwierigkeiten in Alltagssituationen bei sozial unsicheren Kindern. Die Videosituationen wurden, wie auch die Inhalte der Rollenspiele für das Gruppentraining, aus 40 typischen Situationen sozial unsicheren Verhaltens bei Jugendli-

chen ausgewählt. Es handelt sich dabei um inhaltlich validierte Testsituationen aus einem unveröffentlichten Manuskript von Fischer et al. (1980). Die Situationen wurden für die Altersgruppe der Acht- bis Zwölfjährigen umgestaltet.

Die Kinder sollen die Szenen im Videofilm aufmerksam beobachten, das Gesehene wiedergeben und in Rollenspiele umsetzen, wodurch **Modellernen** einsetzt. Dies entspricht dem Aufmerksamkeits-, Behaltens- und motorischen Reproduktionsprozeß bei Bandura (1986). Das genaue Beschreiben und Analysieren der Problemsituation rückt das sozial unsichere Verhalten und die soziale Angst in den Mittelpunkt; es erfolgt eine „bewußte" Auseinandersetzung des Kindes mit der Problematik. Da es sich dabei um „andere" Kinder handelt, ist diese Auseinandersetzung für das Therapiekind wenig bedrohlich. Die Bewertung der unterschiedlichen Lösungen bewirkt neben dem genauen Beschreiben der Situation Diskriminationslernen.

Diskriminationslernen dient dazu, Unterschiede festzustellen, wobei sich die Differenzierung auf Reize wie auf Reaktionen beziehen kann (vgl. U. Petermann 1981). Die Reiz- und Reaktionsdiskrimination erfolgen in einem zweistufigen Prozeß. Das heißt, zuerst müssen die für eine Person, ein Objekt oder eine Situation typischen und wichtigen Reize differenziert wahrgenommen werden; danach kann zweitens eine relevante und angemessene Reaktion diskriminiert und gewählt werden. Die genaue Beschreibung der Personen und Situationen der Videoszene durch das Kind entspricht der Reizdiskrimination, und die Bewertung der verschiedenen Situationsausgänge sowie das Spielen des sozial kompetenten Ausgangs entspricht der Reaktionsdiskrimination.

---

* Dieser Videofilm kann über die Firma ELVIKOM, Kronprinzenstr. 13, in W-4300 Essen (Tel. 0201/8105820) bezogen werden. Es stehen Kopien in VHS, Betamax, Video 2000 und V8 zur Verfügung (Preis 78,– DM). Der Videofilm trägt den Titel „Verhaltensgestörte Kinder" und umfaßt die Videosituationen des „Trainings mit aggressiven Kindern" und des „Trainings mit sozial unsicheren Kindern". Ist kein Videogerät verfügbar, können die Inhaltsprotokolle der Fotogeschichten der zweiten Stunde des Einzeltrainings herangezogen werden. Diese Protokolle geben den Inhalt des Videofilms wieder.

```
┌─────────────────────────────────────────────────────────┐
│                  ZIELE DES EINZELTRAININGS               │
└─────────────────────────────────────────────────────────┘
```

1. Trainingsstunde

Bewußtmachen von sozial unsicherem Verhalten; von Situationen, die dieses Verhalten auslösen und der zugrunde liegenden Motivation „soziale Angst"

2. Trainingsstunde

Sensibilisieren der Wahrnehmung für zwischenmenschliche Situationen beziehungsweise Interaktionsabläufe

3. Trainingsstunde

Reflexion

a) der Erwartung, welche Verhaltensweisen bestimmte Personen zeigen und

b) der eigenen sozialen Angst und des eigenen unsicheren Verhaltens

4. Trainingsstunde

Reflexion

a) der Kriterien, nach denen man Sozialverhalten beurteilt und

b) von Alternativen zu sozial unsicherem Verhalten

Abbildung 6: Überblick über die Ziele des Einzeltrainings.

Tokenprogramm

Ein parallel zu den Einzeltrainingsstunden durchgeführtes Tokenprogramm, das sich auf vom Therapeuten beobachtbare Verhaltensweisen bezieht, ermöglicht einerseits weiteres Diskriminationslernen (Bewußtmachen von kindspezifischem, sozial unsicherem Verhalten) und andererseits kann kompetentes Verhalten des Kindes **differentiell verstärkt** werden.

Um zu vermeiden, daß die Kinder nur aufgrund der in Aussicht gestellten materiellen Verstärkung bestimmtes Verhalten zeigen, wird ein Tokenprogramm nach dem **Premack**-Prinzip angewandt; das heißt, die Kinder können ihre „verdienten" Token gegen eine beliebte Spieltätigkeit am Ende der Trainingsstunde eintauschen. Wird die genügende Tokenzahl nicht erreicht, dann ist kein Eintausch möglich. Die gesammelten Token nimmt das Kind als Guthaben mit in die nächste Trainingssitzung. Die Kinder erleben dadurch Kontrollierbarkeit zwischen der eigenen Anstrengung und Konsequenzen und werden so zum Handeln motiviert. Motivierend wirkt auch der mit jedem Kind abgeschlossene Vertrag über die Teilnahme am Training. Die mit dem Tokenprogramm angegangenen Verhaltensweisen werden in den Beobachtungsbogen des Kindes als Regeln übertragen, die es jeden Tag bis zur nächsten Trainingsstunde üben soll (vgl. den „Detektivbogen").

Auf diese Weise werden Selbstkontrollmechanismen über Selbstbeobachtung angestrebt. Die differentielle Verstärkung durch das Tokenprogramm und die Einleitung der **Selbstkontrolle** mit Hilfe der **Selbstbeobachtung** werden über alle Einzeltrainingsstunden fortgeführt.

Gesichtsausdrücke

Das **zweite Ziel** läßt sich mit einer Serie von Gesichtsausdrücken erreichen. Mit ihnen kann man die Wahrnehmung der eigenen und einer fremden Person sensibilisieren. Eine mögliche Kategorisierung von Gesichtsausdrücken stellt zum Beispiel die Mitteilungsfähigkeit von Gesichtern dar, wie Glück, Überraschung, Trauer, Furcht, Wut, Ekel, Verachtung und Interesse. Ein Gesichtsausdruck kann soziale Einstellungen oder Gefühlszustände von Interaktionspartnern verraten; er kann verbale Aussagen hervorheben und eine „Feedback-Quelle" sein. Gleichzeitig kann in diesem Zusammenhang dem Kind einsichtig gemacht werden, wie notwendig der Blickkontakt ist und die Blickkontaktfähigkeit mit ihm eingeübt werden.

Selbstverbalisation

Neben der Sensibilisierung der Selbst- und Fremdwahrnehmung lernen die Kinder über Modellerntechniken mit den Gesichtern und „deren Gedanken" die Selbstverbalisation beziehungsweise Selbstinstruktion (vgl. ausführlich dazu: Meichenbaum 1979).

Selbstbild und Fremdbild

In einem nächsten Schritt werden mittels Diskriminationslerntechniken und Selbstbeobachtung die Erwartungen des Kindes an Verhaltensweisen von fremden Personen sowie der eigenen Person reflektiert (= **3. Therapieziel**). Es gilt in diesem Lernprozeß, die Vorstellungen des Kindes hinsichtlich seines Selbstkonzeptes zu modifizieren. Das heißt, Selbst- und Fremdbildwahrnehmungen sowie die damit verbundenen Attributionsstile sollen dem Kind vor Augen geführt und eventuell korrigiert werden. Hierzu werden die Papier-Bleistift-Spiele „Wovor hat Superman/ Micky Maus Angst?" und „Wovor habe ich Angst?" eingesetzt. Das Selbstvertrauen, besonders der „deprivierten Kinder", kann an dieser Stelle indirekt angehoben werden, da ihnen vermittelt wird, daß auch nach außen stark erscheinende Personen Angst haben können und man auch mit Angst erfolg-

reich sein kann. Durch dieses Vorgehen gelingt es dem Kind, aufgrund der Identifikation mit einem starken Modell, über seine Ängste zu reden.

Comics

Zum Abschluß des Einzeltrainings werden vollständige Interaktionssequenzen, unter Einbezug der Gestik und Mimik, mit dem Kind betrachtet. Mit diesem Vorgehen sollen die Beurteilungskriterien an Sozialverhalten reflektiert werden (= **4. Therapieziel**). Besonders ausführlich wird die Diskrimination von Körperhaltungen, Gestik und Blickrichtung in Angriff genommen, die spezifische Gefühlszustände anzeigen können. Die Diskriminationsfähigkeit des Kindes ist daran zu erkennen, wie es verbale Anteile in den comicähnlichen Interaktionssequenzen ergänzt, wobei das Kind die Position des selbstunsicheren Interaktionspartners einnehmen und „ausfüllen" muß. Dies geschieht in der Absicht, Einstellungen und Verhaltensweisen mit den nicht gewünschten Einstellungen und Verhaltensweisen in geringen „Dosen" zu immunisieren (vgl. McGuire 1979).

Die Analyse des verbalen und nonverbalen Verhaltens von sicheren und unsicheren Interaktionspartnern verdeutlicht, daß Reaktion und Konsequenz voneinander abhängig sind. Eventuell falsche Attributionsprozesse beim Kind sollen eine Veränderung erfahren. Alternativen zu sozial unsicherem Verhalten werden mit Rollenspielen zwischen Therapeut und Kind eingeübt.

Baukastensystem

Es ist deutlich geworden, daß die einzelnen Ziele und das damit verbundene Vorgehen sowie die Materialien im Sinne eines Baukastensystems aufeinander abgestimmt sind. Für die praktische Durchführung bedeutet dies auch, daß die Ziele einer Sitzung auf zwei Sitzungen verteilt und dabei das Einzeltraining erheblich ausgeweitet werden kann. Bei langsamen Kindern ist es nicht ratsam, die noch darzustellenden Materialien in eine Sitzung zu drängen und dem Kind die erwartete Verstärkung nicht zuteil werden zu lassen. Bei allen Sitzungen soll das Kind in jedem Fall ausreichend Zeit (ca. 15 Minuten) zur Verfügung haben, um die von ihm verdienten freien Spielaktivitäten am Ende der Stunde realisieren zu können. Sollte das Kind durch das Vorgehen zu sehr belastet werden, dann können die Stunden auch verkürzt werden (zum Beispiel auf 45 Minuten). Ebenso verhält es sich mit den Zielen und der Durchführung des Gruppentrainings, das auf das Einzeltraining bezogen ist und dieses sowohl voraussetzt als auch notwendigerweise ergänzt.

5.2 Erste Sitzung

5.2.1 Instruktionen und Beispiele

Vor der ersten Einzeltrainingsstunde erhält das Kind vom Therapeuten Informationen über Aufbau, Materialien und Ablauf des Trainings. Dies kann im Rahmen des **Erstkontaktes** beziehungsweise der **Diagnosestunde** geschehen. Die Anzahl der dazu notwendigen Sitzungen hängt vom Umfang der Testdurchführung ab. Ziel ist es, mit dem Kind einen größtmöglichen Konsens darüber zu erreichen, daß es regelmäßig an den Trainingsstunden teilnimmt und mitarbeitet.

Therapeut-Kind-Vertrag

Um den Konsens für das Kind sichtbar zu machen, wird zwischen dem Kind und dem Therapeuten ein **schriftlicher Vertrag** geschlossen. Der Vertrag erhöht zugleich das Verpflichtungsgefühl des Kindes, verantwortlich mitzuarbeiten und zum Gelingen der Stunden beizutragen. Das Kind kann, wenn dies während des Trainings notwendig wird, auf seine vertraglich eingegangene Verpflichtung hingewiesen und es kann von daher ein Aktivitätszwang auch gegenüber dem Kind legitimiert werden.

Da die Kinder die ersten Informationen über das Training sowie ihre Teilnahme daran von den Eltern mitgeteilt bekommen, ist meist schon eine minimale Teilnahmebereitschaft vorhanden. Es kann aber passieren, daß ein Kind die Teilnahme verweigert. Bei uns traf dies auf Martin zu, der nur durch „einfühlendes Argumentieren" dazu veranlaßt werden konnte, zumindest einen Vertrag über das Einzeltraining abzuschließen. Für die freie Spielaktivität, die zwischen Einzel- und Gruppentraining vorgesehen ist, war nur eine geringe Motivierung erforderlich. Hinsichtlich der ersten Stunde des Gruppentrainings wurde eine mündliche Absprache getroffen. Wir schlugen Martin vor, er solle sich wenigstens einmal ansehen, was gemacht wird, um dann eine endgültige Entscheidung über die Teilnahme zu treffen. Da die Rollenspiele in der Kindergruppe, der Martin zuge-

teilt war, mit Begeisterung aufgenommen wurden, und er selbst von den anderen Kindern akzeptiert wurde, wodurch eine entspannte Atmosphäre zustande kam, machte es Martin nach dieser Stunde Spaß, (freiwillig) zu kommen.

Mit dem Abschließen eines Vertrages können Verpflichtung und Verantwortung bei den Kindern erzeugt werden. Zudem können die Kinder unmittelbare Erfahrungen mit vorhersagbaren Bedingungen und deshalb mit Kontrollierbarkeit von Situationen sammeln, indem die im Vertrag vereinbarten Punkte zuverlässig eintreffen: In dem Vertrag ist inhaltlich und zeitlich der Ablauf des Trainings beschrieben. Selbstverständlich verpflichtet sich auch der Therapeut gegenüber dem Kind, die im Vertrag gemachten Angaben einzuhalten.

Der Standardvertrag in Abschnitt 5.2.2 gibt dem Anwender eine Orientierung zur Vertragsgestaltung. Es ist darauf zu achten, ob die dort minimal angegebene Anzahl der Trainingsstunden verändert werden muß, und zwar in Abhängigkeit der Ziele und Prognose für das Kind. Damit sich der Therapeut an die mitgeteilte Sitzungsanzahl halten kann, also nicht wortbrüchig wird, muß er „**Pufferstunden**" einplanen. Dies ist besonders dann wichtig, wenn die Kinder langsam in ihren Reaktionen, lernbeeinträchtigt, depriviert, äußerst mißtrauisch oder jünger (acht bis ca. zehn Jahre) sind. Die Inhalte einer Sitzung sollen dann, auch wegen der Aufgaben- und Materialienfülle, besser auf zwei Treffen verteilt werden. Erfahrungsgemäß genügt es, ein Drittel mehr an Sitzungen (jeweils für Einzel- und Gruppentraining) zu veranschlagen. Werden sie nicht benötigt, so können sie als frei gestaltbare Spielstunden am Ende dem Kind beziehungsweise der Kindergruppe gewährt werden - als Belohnung für gute Zusammenarbeit und Verhaltensfortschritte.

Trainingsmappe

Ein Vertragsexemplar verbleibt beim Therapeuten und eines behält das Kind, das es in seine **Materialienmappe** heftet. Diese Materialienmappe erhält jedes Kind vor Trainingsbeginn. Dies ist eine einfache Heftmappe in einer auffallenden und ansprechenden Farbe, die mit dem Vornamen des Kindes versehen ist und ein individuelles Erkennungsbild hat. Den Namen schreibt das Kind selbst auf seine Mappe. Das individuelle Erkennungsbild kann entweder ein selbstgemaltes Bild des Kindes oder ein

Foto von ihm sein, das unter seinen Namen auf die Mappe geklebt wird. Die Mappe ist zu Trainingsbeginn leer. Das erste Materialblatt stellt der Vertrag dar. Die Mappe füllt sich von Stunde zu Stunde. Die Kinder dürfen die Mappe mit nach Hause nehmen, müssen sie aber zu jeder Trainingsstunde mitbringen. Die Blätter dürfen von den Kindern mit Bildern, Aufzeichnungen und ähnlichem beliebig ergänzt werden. Wie es sich gezeigt hat, vergessen die Kinder die Mappe nur selten.

- **Das Ziel der ersten Trainingsstunde ist es, sozial unsicheres Verhalten bewußt zu machen.**

Dazu werden zwei Wege eingeschlagen:

Regel für das Tokenprogramm
Zuerst erhält das Kind ein **Arbeitsblatt mit sechs Regeln**. Sie werden mit dem Kind zusammen durchgelesen (vorgelesen). Der Satz auf dem Arbeitsblatt: **„Kein Mensch kann alles können!"** wird als Ausgangspunkt für die weiteren Erklärungen und Vorgehensweisen verwendet. Er sollte von dem Kind noch einmal mit Farbe hervorgehoben werden. Das Kind soll alle Regeln, die es nicht beherrscht, markieren, eine oder zwei von den nicht gekonnten Verhaltensweisen auswählen und in der Trainingsstunde üben. Das oben genannte Motto soll das Kind ermutigen, ehrlich seine Schwierigkeiten auf dem Arbeitsblatt anzuzeigen und die zwei ausgewählten Verhaltensweisen zu realisieren versuchen. Bei den angegebenen Regeln handelt es sich um sozial unsicheres Verhalten, das während der Trainingsstunde gut beobachtbar ist. Es kann deshalb ideal mit einem Tokenprogramm verbunden werden. Für jedes Regeleinhalten in einem Zeitraum von dreimal ca. zehn Minuten erhält das Kind einen Token. Es können in einer Stunde insgesamt zwischen drei und sechs Token vergeben werden (je nach Regelanzahl), die am Blattrand bei der entsprechenden Regel in Form von Punkten, Kreuzen oder ähnlichem, festgehalten werden. Werden zwei Drittel der möglichen Token „verdient", dann kann das Kind diese kurz vor Ende der Stunde gegen eine Spieltätigkeit eintauschen. Das Kind darf als Belohnung die letzten fünfzehn Minuten spielen, was es möchte. Erreicht es nicht die nötige Tokenzahl, wird es ohne „Spielminuten" entlassen. Die Token werden der nächsten Sitzung gutgeschrieben.

Jedes Kind sollte als Motivationshilfe die ersten beiden Stunden die notwendige Tokenzahl sammeln können und deshalb seine „Spielminuten" erhalten. Das bedeutet, daß die notwendige Token- und Regelzahl kindspezifisch verändert werden muß.

Für den Fall, daß ein Kind angibt, alle Verhaltensweisen zu beherrschen, sucht der Therapeut zwei Regeln vor der ersten Trainingsstunde aus. Er zeigt dem Kind auf, daß es diese Verhaltensweisen nicht realisieren kann. Unter Umständen können auf dem Arbeitsblatt noch Regeln, die für ein bestimmtes Kind spezifisch sind, ergänzt werden.

Videofilm
Der **zweite Schritt**, mit dem das Ziel der ersten Stunde angestrebt wird, beinhaltet den Einsatz von **Videofilmsituationen**. Es wird eine annähernd typische Situation für das sozial unsichere Verhalten des Kindes ausgesucht. Jens zum Beispiel sah die Situation „Das ausgeliehene Buch" und Silke „Vorlesen vor der Klasse". Nach der Aufforderung an das Kind, aufmerksam zu sein, sehen sich Kind und Therapeut die Problemsituation mit der ersten Lösung an.

Danach soll das Kind einem der Filmkinder, das noch keinen Namen hat, einen Namen geben. Der Therapeut fragt, was passiert ist und läßt sich detailliert den Geschehensablauf beschreiben. Hierbei ist es wichtig, ruhiges und abwartendes Interesse zu zeigen, da die Kinder oftmals lange Reaktionszeiten haben, bis sie zu erzählen beginnen. Einige Kinder beschränken sich dabei auf wenige kurze Sätze.

Wichtig ist, daß das Kind die Personen (Anzahl, Geschlecht, personenspezifische Merkmale), die Umwelt der Person (Schule, zu Hause ...) sowie das Problem erkennt. Es wird genau das Fehlverhalten des sozial unsicheren Kindes im Film erarbeitet: „Wie hat der Junge/das Mädchen in der Filmgeschichte geredet? Wo hat er/es hingeschaut? Was war mit seinen/ihren Armen? Was hat es gemacht? Wie hat es sich gefühlt?" sind **hilfegebende** Fragen des Therapeuten.

Eine zweite und - wenn vorhanden - dritte Lösung der Geschichte wird zusammen verfolgt und das Verhalten des Filmkindes genauestens untersucht. Das

Verhalten wird danach bewertet, ob ein bestimmter Interaktionspartner sein gestecktes Ziel erreicht (zum Beispiel etwas fordern) beziehungsweise eine berechtigte Bedürfnisbefriedigung realisiert werden kann (zum Beispiel Kontakt anknüpfen). Nach jeder Lösung wird das Videoband angehalten.

Alle Kinder, mit denen wir arbeiteten, zeigten Interesse an den Videosituationen und erfaßten die Problemsituationen und ihre Lösungen. Vermutlich verlieh ihnen die „Fernsehsituation" Sicherheit, da sie mit diesem Medium sehr vertraut sind. Um noch einen besseren Bezug zum filmischen Geschehen herzustellen, wird das Kind danach gefragt, wie es anstelle des Kindes im Film reagieren würde. Die Antwort wird besprochen und die Geschichte mit einem sozial sicheren Ausgang (Videofilm- oder Kindvorschlag) gespielt. Therapeut und Kind spielen die Geschichte zusammen, und zwar mit Rollentausch. Die erste Rolle darf sich das Kind aussuchen.

Auswertung der Stundenregel: Selbsteinschätzung
In die Phase des Videofilmanschauens, -besprechens und Nachspielens wird das Tokenprogramm eingebaut. Zweimal unterbricht der Therapeut kurz das Vorgehen und lenkt die Aufmerksamkeit des Kindes auf die anfangs besprochenen Regeln, die es einzuhalten versucht. Das Kind soll eine Selbsteinschätzung seines Verhaltens abgeben, die eventuell vom Therapeuten korrigiert wird. Es trägt den verdienten Punkt vor der Regel auf seinem Arbeitsblatt ein. Mit der Selbsteinschätzung wird das Ziel verfolgt, daß das Kind das im Training geübte Verhalten auch außerhalb der therapeutischen Situation praktiziert. Wie sich gezeigt hat, strengen sich die Kinder in der ersten Sitzung an, die Regeln einzuhalten, so daß jedem die „Spielminuten" gewährt werden konnten. Es kann sein, daß ein Kind sehr kritisch mit sich selbst ist: Sich ärgert, wenn es die eine oder beide Regeln nicht „übergenau" realisieren kann.

Detektivbogen zur Selbstbeobachtung zu Hause
Zum Abschluß der ersten Einzeltrainingsstunde macht man die Kinder mit dem Selbstbeobachtungsbogen bekannt. Er wird „**Detektivbogen**" genannt. Mit seiner Hilfe sind die Kinder sich selbst „wie ein Detektiv auf der Spur" und tragen ihre Beobach-

tungsergebnisse darin ein. Den Kindern wird erklärt, daß sie nur dann etwas lernen, wenn sie es jeden Tag üben. Deshalb sollen sie die (beiden) Verhaltensregel(n) der ersten Stunde in den Detektivbogen eintragen und ebenso das Datum der entsprechenden Tage einer Woche. Es muß mit dem Kind genau abgesprochen werden, bei welcher Person und welcher Gelegenheit am Tag es das abgesprochene Verhalten zeigen soll. Je konkreter und klarer die Situation ist, um so leichter fällt es dem Kind, die Regel umzusetzen. Die Kinder erhalten die Aufgabe, über jeden Tag am Abend nachzudenken, ob sie die Regel (zum Beispiel mindestens einmal) eingehalten haben. Entsprechend wird für jeden Tag bei Ja oder Nein ein Kreuz oder ein Kreis gemacht. Den Detektivbogen heftet das Kind zusammen mit der Regelliste in seine Arbeitsmappe.

Spielminuten
Nachdem die erreichten Token der Trainingsstunde festgestellt wurden, wird dem Kind die Spielphase gewährt oder auch nicht. Es sollte generell allen Kindern in der ersten Trainingsstunde ermöglicht werden, daß sie die letzten Minuten selbst gestalten können. Dies scheint besonders für die „Sonntagskinder" von Bedeutung zu sein, da es ihnen aufgrund ihrer Verweigerungshaltung schwerfällt, den Aktivitätsanforderungen zu entsprechen.

5.2.2 Materialien

Zur ersten Sitzung sind folgende Materialien erforderlich:
- Therapeut-Kind-Vertrag
- Arbeitsblatt: Regeln für das Tokenprogramm
- Inhaltsprotokoll der Videosituationen und
- Detektivbogen.
Sie werden in der angegebenen Weise abgedruckt.

Therapeut-Kind-Vertrag

V E R T R A G

zwischen...

und

Frau/Herrn

....

In der Erziehungs- und Familienberatungsstelle ....
wird von Frau/Herrn.................................... ein Training durchgeführt, an dem ich
neben ...... anderen Kindern teilnehmen darf. Das Training will mir helfen, daß ich
besser mit anderen zurechtkomme; zum Beispiel mit Freunden, dem Lehrer oder
meinen Eltern. Besser mit anderen zurechtkommen heißt, mit ihnen reden können
und mit ihnen spielen oder arbeiten können.
Mit anderen etwas zusammen machen, bringt viel Spaß und Freude. Ich muß dazu
wissen, **wie** ich mit anderen rede, spiele, arbeite ... . Um dies zu lernen, finden mit
Frau/Herrn.................................... allein vier Treffen und mit anderen Kindern
zusammen zehn Treffen statt. In den vier Treffen mit Frau/Herrn ....
allein darf Frau/Herr .... bestimmen, was gemacht wird. In den
ersten vier Treffen mit den anderen Kindern zusammen dürfen wir Kinder bestimmen,
was wir machen und spielen wollen. In den letzten sechs Treffen mit den anderen
Kindern darf wieder Frau/Herr .... sagen, was wir machen. Jede
Woche findet ein Treffen statt. Das Training wird ungefähr am ....
beendet sein.

Ich erkläre mich dazu bereit, zu allen Treffen zu kommen und bei allen Spielen und
Aufgaben mitzumachen.

....
Ort, Datum   Unterschrift

                                                    ....
                                                    Unterschrift

Arbeitsblatt: Regeln für das Tokenprogramm

Hier sind einige Dinge beschrieben, die wichtig sind, wenn man mit anderen zusammen ist. Lies sie Dir durch !

1. Wenn ich mit jemandem zusammen bin, dann erzähle ich auch etwas, ich stelle Fragen oder ich bitte um etwas.

2. Wenn mir etwas sehr gut gefällt bei jemandem, zum Beispiel ein Spiel, ein Buch, eine Bluse oder daß jemand sehr gut basteln oder schwimmen kann, dann sage ich ihm das.

3. Wenn ich etwas sage, dann rede ich laut und deutlich, damit mich der andere verstehen kann.

4. Wenn ich mit jemandem spreche oder spiele, dann schaue ich ihn an.

5. Wenn ich mit jemandem zusammen bin, dann zappele ich nicht herum, meine Hände sind ruhig, und ich kaue auch nicht an den Fingernägeln.

6. Wenn ich mit jemandem zusammen bin, dann bewege ich mich im Zimmer, wie wenn ich zu Hause in meinem Zimmer bin und mich sehr wohl fühle.

Wir wollen die sechs Punkte „**Regeln**" nennen; sie sollen Dir helfen, mit anderen **so** zu spielen und zu sprechen, daß es Dir und anderen Spaß macht, zusammen zu sein.

Kein Mensch kann alles können!

Was glaubst Du, welche der Regeln Du kannst und welche nicht? Markiere die, die Du kannst, mit einem Zeichen oder einer Farbe.
Von den Regeln, die Du nicht gut beherrschst, suche eine/zwei aus. An diese Regel(n) sollst Du Dich jetzt und hier halten. Für jedes Einhalten einer Regel bekommst Du einen Punkt. Diesen malst Du vor die entsprechende Regel, sammelst die Punkte und tauschst sie am Ende der Stunde ein: Bei zwei/vier erreichten Punkten darfst Du zehn Minuten am Ende der Stunde spielen, was Du möchtest.

Inhaltsprotokoll der Videosituationen

Die Protokolle wollen dem Leser einen Eindruck vermitteln, was die Videosituationen an konkreten Probleminhalten aufweisen und wie viele und welche Reaktionen sie umfassen. Besondere Bedeutung gewinnen die Inhaltsprotokolle für denjenigen, der nicht über die Einsatzmöglichkeit eines Videofilmes verfügt. Dann können die Situationsbeschreibungen mit den Bildern verwendet werden, um das Ziel der ersten Sitzung zu erreichen.

1. Vorlesen vor der Klasse

Die Situation spielt in einer Schulklasse. Alle Schüler sitzen auf ihren Plätzen. Eine Schülerin steht vorne vor der Klasse und liest etwas vor. Das Problem der Situation bezieht sich auf den Umgang mit sozialer Hervorhebung in vertrautem Personenkreis. Zur Erläuterung der sozialen Hervorhebung übernimmt ein Kind zu Beginn der Situation die Funktion eines Sprechers.

Sprecher: „Hast du schon einmal vor der ganzen Klasse gestanden und etwas vorgetragen? Oder etwas vorgelesen? Kennst du das Gefühl, wenn alle Augen nur auf dich gerichtet sind? Wärst du dann am liebsten so klein wie eine Maus und würdest du dich in ein Mauseloch verkriechen wollen?

Iris soll ihren Aufsatz der Klasse vorlesen. Der Lehrer sagt, sie solle sich vor die Klasse stellen, damit sie jeder gut hören kann: Wir wollen Iris beim Vorlesen einmal zuschauen!"

Lösung 1:

In der folgenden Szene sieht man Iris vor anderen Kindern mit einem Heft in den Händen stehen. Sie ist unsicher und hat vor dieser sozialen Hervorhebung Angst. Dies zeigt sich in zu leisem und stotterndem Lesen sowie häufigem Verlesen und Versprechen. Der Aufsatz lautet:„**Unser Klassenausflug.** Am letzten Dienstag kamen alle Schüler unserer Klasse ohne Schultaschen zur Schule und alle waren viel lustiger und lauter als sonst. Das lag daran, daß wir einen Klassenausflug unternahmen. Wir fuhren mit dem Bus nach Idar-Oberstein, um dort eine Edelsteinschleiferei zu besuchen. Wir konnten beobachten, wie der Edelsteinschleifer arbeitet. Er stellt vor allem Schmuck, aber auch kleine Figuren und Reliefbilder her. Jeder von uns bekam ein paar Edelsteinabfälle geschenkt. Anschließend besuchten wir noch ein Schieferbergwerk. Wir mußten alle einen Helm aufsetzen, und dann ging es mit einem Führer in den Berg hinein: durch schmale und niedrige Gänge, über steile Treppen. Überall waren die Wände und der Boden feucht. Manchmal tauchten Bergmänner in merkwürdiger Kleidung und mit ihrem Werkzeug auf. Aber sie waren nur aus Wachs. Als wir wieder ans Tageslicht kamen, war ich froh. Am Abend fuhren wir wieder mit dem Bus nach Hause, und ich konnte viel erzählen, was ich alles gesehen hatte."

Nachdem Iris geendet hat, geht sie sofort mit gesenktem Kopf zu ihrem Platz zurück.

Lösung 2:

Eine zweite sozial sichere Reaktion wird dargestellt. Ein Mädchen steht ruhig vor der Klasse und liest laut, verständlich, langsam und nur selten sich versprechend vor. Am Ende des Vorlesens blickt sie auf und geht sicher zu ihrem Platz zurück.

2. Das ausgeliehene Buch

Die Situation beginnt mit der Darstellung eines Jungen zu Hause, der in seinem Zimmer gerade die Hausaufgaben beendet hat und anschließend seine Spielsachen aufzuräumen beginnt. Dabei stellt er fest, daß eines seiner Bücher fehlt. In Selbstgesprächen erinnert er sich, daß er es verliehen hatte: „Mein Freund Andreas hat noch mein Märchenbuch. Ich habe es ihm schon vor einiger Zeit geliehen. Eigentlich kann er es mir zurückgeben; er hat es jetzt schon drei Wochen. Das Märchenbuch ist neben dem Buch 'Die Schatzinsel' mein Lieblingsbuch. In ihm sind Märchen aus vielen verschiedenen Ländern erzählt und viele große, bunte Bilder sind auch darin. Ich werde Andreas gleich anrufen, daß er mir morgen mein Buch mit in die Schule bringen soll."

Die nächste Szene zeigt den Jungen am nächsten Tag in der Schule. Der Freund hat daran gedacht, das Buch mitzubringen und gibt es dem Jungen zurück. Dieser blättert das Buch durch und entdeckt dabei in ihm Flecken und Eselsohren. Der Junge macht ein betroffenes Gesicht, besonders weil es sich um eines seiner Lieblingsbücher handelt. Das Problem, das der Junge lösen muß, ist nun, Gefühle, Meinungen und Kritik gegenüber einer vertrauten Person, nämlich dem Freund, äußern zu können. Zwei mögliche Reaktionen folgen, eine selbstunsichere und eine sich selbstbehauptende.

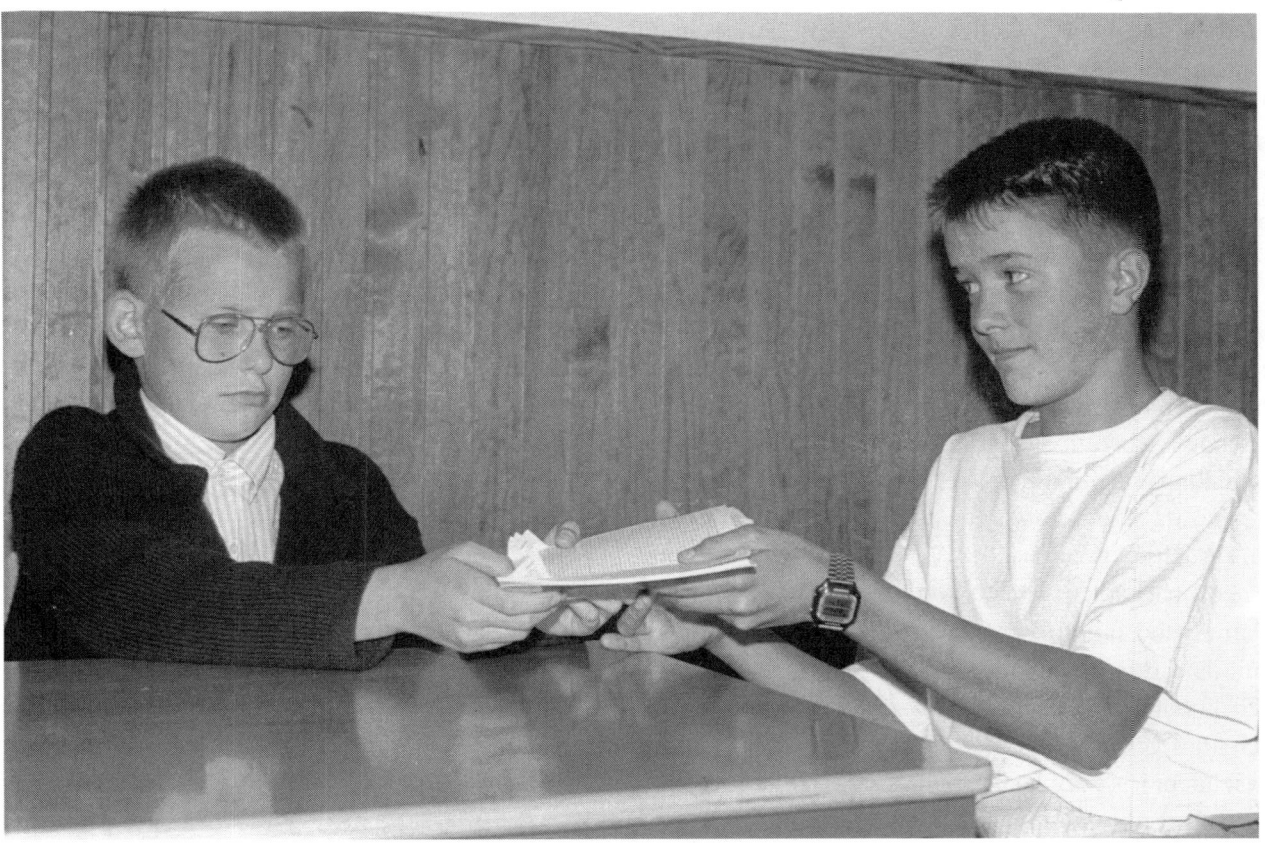

Lösung 1:

Der Junge nimmt das Buch entgegen und sagt leise: „Danke, daß du mir das Buch zurückgegeben hast!" Er wendet sich seinem Platz zu und sieht sich das Buch an. Das freudig lachende Gesicht wird ernst und traurig. Der Junge traut sich nicht, den Freund zur Rede zu stellen, sondern denkt lediglich für sich: „Dem Andreas werde ich nichts mehr leihen! Lauter Flecken und Eselsohren sind in dem Buch!"

Lösung 2:

„Ich finde es nicht gut, daß du mit dem Buch nicht sorgfältig umgegangen bist. Ich habe dich extra gebeten, aufzupassen, da es mein liebstes und schönstes Buch ist. Und jetzt? Schau her: Flecken und Eselsohren. Eines weiß ich, ich werde dir nie mehr etwas leihen, da du die Sachen nicht ordentlich behandelst."

Der Junge nimmt sein Buch, läßt den Freund stehen und geht zu seinem Platz.

3. Die Beleidigung

Bei dieser Alltagssituation geht es um die Fähigkeit, Kritik, gedankenlose, aber verletzende oder auch spöttische Bemerkungen von bekannten Personen anzunehmen und angemessen damit umzugehen. Die Szenen spielen zu Hause und in der Schule.

Ein Mädchen steht morgens in seinem Zimmer vor dem Kleiderschrank und überlegt, was es anziehen soll: „Was ziehe ich heute für ein T-Shirt in die Schule an? - Am liebsten würde ich mein neues T-Shirt anziehen, das ich bekommen habe. Es paßt in der Farbe so gut zu meiner Hose. Ja, das neue T-Shirt ziehe ich an."

Sie zieht das T-Shirt an, macht die Hosen zu, streicht sich über die Haare, zieht Schuhe, Jacke und Mütze an, nimmt den Schulranzen und ruft schließlich: „Tschüs Mami, ich gehe!" In der Schule angekommen, geht sie zu ihrem Platz und zieht Mütze und Jacke aus. Eine Mitschülerin auf dem Nachbarplatz sagt: „Tag Iris, was hast du denn für ein komisches T-Shirt an? So etwas würde ich nie anziehen!"

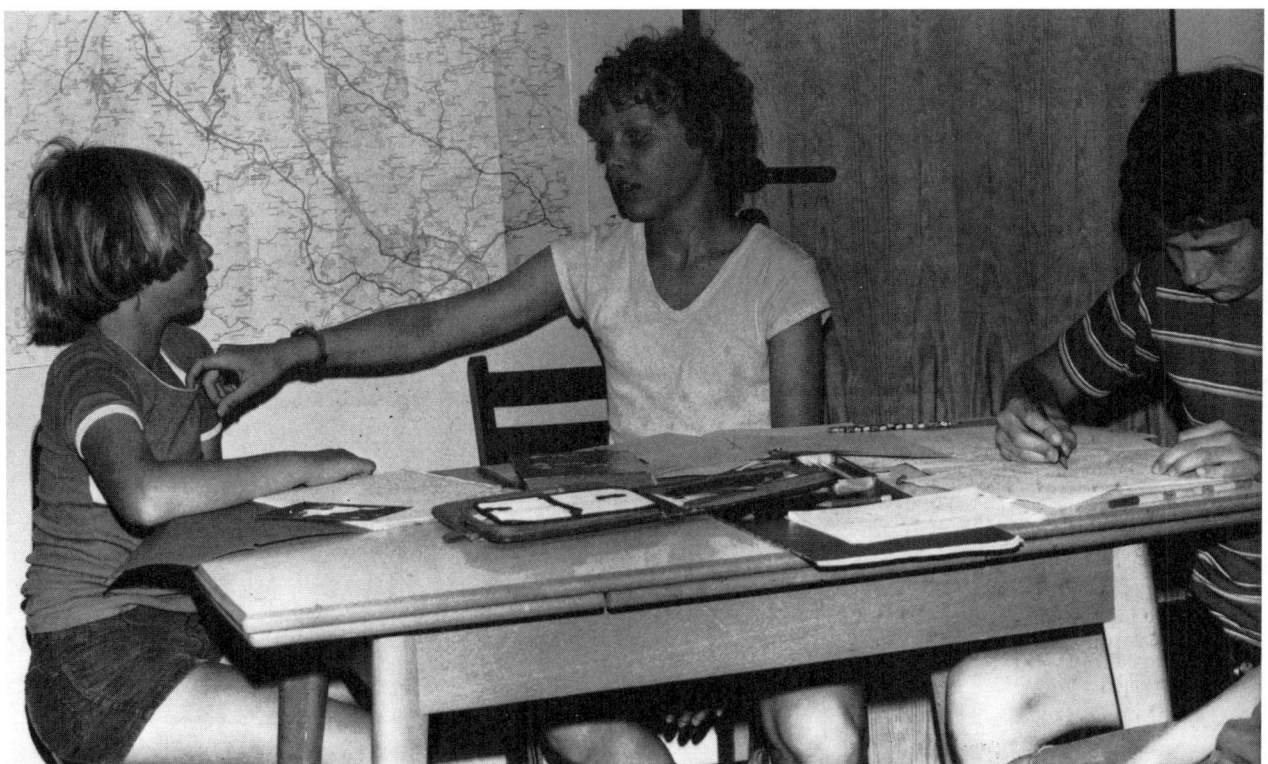

Lösung 1:

Das Mädchen wendet sich verlegen von der Mitschülerin ab, wagt es nicht zu widersprechen und denkt für sich: „Das ist nicht nett von ihr, so etwas zu sagen. Ich habe in vielen Geschäften mit Mutti gesucht, bis ich endlich dieses T-Shirt gefunden hatte, das mir gefällt und auch paßt. Beinahe hätte ich zu weinen angefangen, und sie hätte noch mehr Grund gehabt, sich über mich lustig zu machen. Am liebsten würde ich jetzt gleich nach Hause gehen und etwas anderes anziehen."

Lösung 2:

Bei der sozial sicheren Reaktion wendet sich das Mädchen direkt an ihre Mitschülerin: „Du brauchst es auch nicht anzuziehen. Hauptsache, mir gefällt das T-Shirt und wichtig ist, daß es mir steht. Du bist nur neidisch, weil ich ein neues T-Shirt habe und du nicht. Deshalb willst du mich jetzt ärgern." Darauf wendet sich das Mädchen von der Mitschülerin ab und ihren Schulsachen zu.

4. Der ungelegene Besuch

Die Videosituation beginnt mit einer Szene zu Hause. Ein Junge sitzt an einem Tisch und macht seine Hausaufgaben. Er spricht zu sich selbst darüber, was er noch alles am Nachmittag vorhat: „So, mit Deutsch bin ich jetzt fertig, nur noch Mathe muß ich machen. Dann muß ich mein Zimmer aufräumen; danach muß ich ein Geschenk für Muttis Geburtstag basteln. Um fünf Uhr gehe ich dann mit Mutti einkaufen. Heute ist Freitag, da kaufen wir immer viel für das Wochenende ein, und ich muß tragen helfen."

Der Junge wendet sich wieder seinen Mathematikaufgaben zu. Nach einiger Zeit klingelt es: „Wer kann das sein? Ich seh' mal nach! ...Ach, ...du bist es. Guten Tag!" Ein Nachbarjunge kommt herein und sagt ebenfalls: „Guten Tag! Ich hab' gedacht, ich komm' mal kurz 'rüber zu dir. Wir könnten heute nachmittag etwas zusammen unternehmen."

Nun kommt es darauf an, wie der Junge auf den ungelegenen Besuch reagiert; denn er hat ja noch viel vor am Nachmittag. Kann er sich gegen die gutgemeinte Aufforderung der vertrauten Person durchsetzen? Zwei Reaktionen werden vorgestellt, die dem beobachtenden Kind einige Diskriminationsleistungen abverlangen.

Lösung 1:

In dieser Szene kann sich der besuchte Junge nur schwer behaupten. Er reagiert viel zu langsam und unentschlossen und setzt dadurch für den Nachbarjungen falsche Signale. Als sich die Situation dann doch klärt, ist der Nachbarjunge verärgert und beleidigt. Hier liegt eine negative Konsequenz auf das Verhalten des besuchten Jungen vor. Der Dialog entwickelt sich in folgender Weise: „Ich hab' gedacht, ich komm' mal kurz 'rüber zu dir. Wir könnten heute nachmittag etwas zusammen unternehmen." - „Ja, hm, das ist sehr nett von dir." - „Kann ich reinkommen?" Der Junge tritt zurück, der Nachbarjunge kommt herein und zieht seine Jacke aus. „Ja weißt du, ich habe eigentlich heute mittag noch einiges zu erledigen und hm (Pause) eigentlich nicht viel Zeit." - „Ach so, warum sagst du das nicht gleich; dann gehe ich eben wieder." - „Schade, jetzt ist er beleidigt. Hab' ich etwas falsch gemacht?"

Lösung 2:

Diese Lösung weist ebenfalls sozial inkompetentes Verhalten des besuchten Jungen auf. Der Nachbarjunge besitzt jedoch genügend soziale Kompetenz, um in dieser Situation angemessen und für den besuchten Jungen im Sinne einer positiven Konsequenz zu reagieren: „Ich hab' gedacht, ich komm' mal kurz 'rüber zu dir. Wir könnten heute nachmittag etwas zusammen unternehmen." - „Ja, hm, das ist sehr nett von dir." - „Kann ich reinkommen?" - „Ja, hm." Der Nachbarjunge tritt ein. „Ja, weißt du, ich habe eigentlich heute mittag noch einiges zu erledigen und hm (Pause) eigentlich nicht soviel Zeit." - „Ach so, warum sagst du das nicht gleich. Dann komme ich ein andermal wieder. Hast du am Montag Zeit?" - „Ja, ähm, ja, Montag ist gut. Um drei Uhr am Sportplatz?" — „Ja, in Ordnung. Also Tschüs bis Montag." - „Tschüs."

5. Wie komme ich zu meinem Geld?

Es handelt sich bei dieser Situation um das Durchsetzen-Können von Ansprüchen gegenüber bekannten Personen. Dazu wird die schulische Umwelt gewählt. Eine Schülerin möchte sich in der Pause von einem Mädchen aus ihrer Klasse Geld leihen. „Du, ich muß mir nach der Schule noch schnell ein Heft kaufen und habe mein Geld zu Hause vergessen. Kannst du mir 1,20 DM leihen? Du bekommst das Geld morgen wieder." - „Ja, ist in Ordnung. Ich schau' 'mal, ob ich soviel dabei habe: 1,00 DM und noch zweimal 10 Pfennig. Ja, ich habe 1,20 DM. Hier! Aber du bringst mir das Geld morgen wieder mit?" - „Ganz bestimmt. Danke schön."

Das Problem besteht für das Mädchen darin, sein verliehenes Geld nach einer angemessenen Zeit zurückzufordern. Denn es erhält am nächsten Tag sein Geld nicht zurück. Wieso, erfährt der Zuschauer aus dem Selbstgespräch des Mädchens: „Zu dumm, ... jetzt ist sie nach der letzten Stunde so schnell aus der Klasse gegangen und hat wohl vergessen, mir das Geld zurückzugeben. Hoffentlich gibt sie es mir morgen." Am übernächsten Tag, in der Pause, stellt sich das Problem in ähnlicher Weise: „Sie gibt mir einfach mein Geld nicht von sich aus zurück. Dabei brauche ich es heute und ich habe kein weiteres Geld mehr. Taschengeld bekomme ich erst nächste Woche wieder."

Was kann das Mädchen nun tun? Es werden drei Möglichkeiten unterschiedlicher sozialer Kompetenz gezeigt.

Lösung 1:

In dieser Szene zeigt sich das Kind sehr sozial unsicher. Dies ist erkennbar an dem inneren Dialog: „Ob ich 'mal fragen soll wegen des Geldes? Ich komme mir dabei etwas blöd vor. Aber es ist mein Geld, das ich ihr geliehen habe. Soll ich sie fragen oder nicht? Ich versuche es!" Das Mädchen geht auf die Mitschülerin zu und fragt schüchtern: „Ähm, ich ... ich wollte nur 'mal fragen, ob du meine 1,20 DM dabei hast?" - „Ich habe dein Geld leider schon wieder vergessen. Ich bringe es dir morgen mit." - „Hm, hast du nicht wenigstens 1,00 DM dabei?" - „Nein, keinen Pfennig." - „Naja - aber du bringst es morgen ganz bestimmt mit?" - „Ja, ganz sicher." Das Mädchen kann seinen berechtigten Anspruch nicht durchsetzen und läßt sich vertrösten.

Lösung 2:

Auch in dieser Verhaltensalternative wird von dem sozial inkompetenten Verhalten des Mädchens ausgegangen. Es hat jedoch Glück, so daß die Konsequenz aus der Umwelt für es positiv ausfällt. „Ob ich 'mal fragen soll wegen des Geldes? Ich komme mir dabei etwas blöd vor. Aber es ist mein Geld, das ich ihr geliehen habe. Soll ich sie fragen oder nicht? Ich versuche es!" Das Mädchen geht auf die Mitschülerin zu und fragt schüchtern: „Ähm ... kannst du mir bitte mein Geld zurückgeben?" - „Ach ja, klar kann ich dir dein Geld zurückgeben. Ich hatte es gestern schon dabei, aber vergessen, es dir zu geben. Hier ist es." - „Danke schön."

Lösung 3:

Bei dieser Lösung geht das Mädchen sozial sicher auf die Mitschülerin zu und fragt nach seinem Geld: „Kannst du mir bitte mein Geld zurückgeben? Ich benötige das Geld dringend, denn ich hab' sonst keines." - „Natürlich kann ich dir dein Geld geben. Ich hatte es auch gestern schon dabei, aber vergessen, es dir zu geben. Hier ist die 1,20 DM." - „Danke schön."

6. Eine Verabredung

Diese Situation berührt ein zentrales Problem der meisten sozial unsicheren Kinder, nämlich die Kontaktaufnahme mit bekannten Personen. Hierfür wird eine für die Kinder naheliegende Situation herangezogen: Sich in der Schulpause mit einem Klassenkameraden verabreden. Die Problematik und die zugleich zu bewältigende Aufgabe wird von einem Jungen verdeutlicht, der abseits von seinen Mitschülern sitzt und vor sich hin denkt. „In der Schule bin ich eigentlich immer allein. Einen richtigen Freund habe ich nicht. Ich habe aber auch mit niemandem Streit. Da drüben steht Kai mit Karl und Dorothee zusammen. Karl ist sehr nett. Manchmal lacht er mit mir; allerdings kenne ich ihn nicht gut. Ich würde ihn gerne fragen, ob wir uns heute oder morgen nachmittag nicht einmal treffen könnten.”

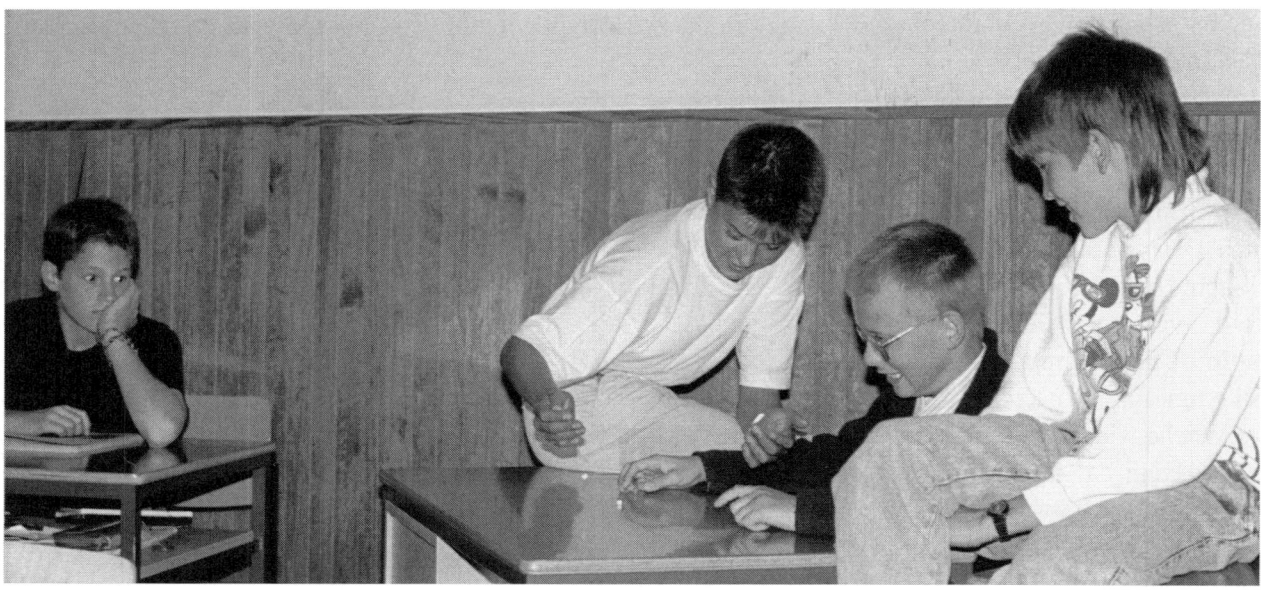

Lösung 1:

Der Junge geht langsam auf die Kindergruppe zu und stellt sich, jedoch nicht eindeutig, zu den Kindern. Er verhält sich eine Weile ganz ruhig und hört zu, was die anderen reden. In einer Gesprächspause zupft er Karl am Hemdsärmel und fragt schüchtern und leise: „Ähm, ich ... ich wollte dich etwas fragen.” - „Ja?” - „Ähm, hast du vielleicht Zeit, daß wir uns, ähm, einmal treffen könnten?” - „Hm, ja, das könnten wir einmal machen. Übermorgen habe ich vor, schwimmen zu gehen. Wenn du Lust hast, kannst du gerne mitgehen.” - „Ja, das ist eine gute Idee. Um wieviel Uhr?” - „Um drei Uhr. Da ich in der Nähe vom Hallenbad wohne, kommst du am besten bei mir vorbei und holst mich ab.” - „In Ordnung, ich freue mich schon riesig.”

Lösung 2:

Ausgangspunkt ist das gleiche unsichere Verhalten des Jungen: „Ähm, ich ... ich wollte dich etwas fragen.” - „Ja?” - „Ähm, hast du vielleicht Zeit, daß wir uns, ähm, einmal treffen könnten?” - „Hm, morgen kann ich nicht und übermorgen - (Pause) - kann ich auch nicht. Vielleicht nächste Woche.” - „Danke, ich wollte nur mal fragen.” Diesmal hat er jedoch keinen Erfolg. Er wendet sich ab und geht traurig weg.

Lösung 3:

Die letzte Möglichkeit geht von sozial sicherem Verhalten des Jungen aus. Er instruiert sich, bevor er auf die Kindergruppe zugeht, selbst und macht sich Mut: „Ich probiere es einfach einmal. Mehr als nein sagen kann er nicht!” Dann geht er entschlossen auf die Kindergruppe zu und fragt: „Karl, hast du heute oder morgen nachmittag Lust, dich mit mir zu treffen?” - „Hm!” - „Wir könnten vielleicht zusammen ins Hallenbad schwimmen gehen, oder du besuchst mich zu Hause!” - „Ja, das ist eine gute Idee mit dem Schwimmen; heute kann ich aber nicht. Wir können uns morgen gerne treffen.” - „Prima, morgen um drei Uhr.” - „Ja!” - „Ich freue mich!”

Detektivbogen

Ich, ..., bin mein
eigener Detektiv:
Was habe ich diese Woche
alles geschafft?

	Ich habe heute min-destens einmal die 1.Regel angewendet:		Ich habe heute min-destens einmal die 2.Regel angewendet:	
Montag (19)	Nein	Ja	Nein	Ja
Dienstag (19)	Nein	Ja	Nein	Ja
Mittwoch (19)	Nein	Ja	Nein	Ja
Donnerstag (19)	Nein	Ja	Nein	Ja
Freitag (19)	Nein	Ja	Nein	Ja
Samstag (19)	Nein	Ja	Nein	Ja
Sonntag (19)	Nein	Ja	Nein	Ja

Zusatzregel:

5.3 Zweite Sitzung

5.3.1 Instruktionen und Beispiele

Auswertung des Detektivbogens

Die zweite Einzeltrainingsstunde beginnt mit der Auswertung des Detektivbogens. Der Therapeut notiert sich die Häufigkeiten der Ja-/Nein-Antworten pro Regel und bespricht mit dem Kind, in welchen Situationen es Probleme hatte.

Ein **Beispiel**: Mit einem Kind wurden folgende Regeln in den ersten Detektivbogen eingetragen: „Wenn ich etwas sage, dann rede ich laut und deutlich, damit mich der andere verstehen kann." Diese Regel konnte das betreffende Kind an drei Tagen mindestens einmal realisieren und viermal nicht. „Wenn ich mit jemandem zusammen bin, dann zappele ich nicht herum, und meine Hände sind ruhig." Diese Regel hielt das Kind an vier Tagen mindestens einmal ein und an drei Tagen nicht.

Ein anderes Kind arbeitete noch von sich aus mit der Möglichkeit der **Zusatzregel**. So war zum Beispiel über die verschiedenen Detektivbogen verteilt zu lesen: „13.1. war mit Mama Schlitten fahren. Mama ist später gegangen. Ich bin noch allein geblieben." Oder: „22.1. letztes Stück allein zur Schule gegangen." Dieses Kind berichtete jedesmal sehr stolz über seine Fortschritte und konnte mit Lob zu weiteren Aktivitäten ermutigt werden.

Selten kommt es vor, daß ein Kind die Selbstbeobachtungen nicht zuverlässig durchführt: Zum Beispiel aufgrund stark ausgeprägter Initiativelosigkeit oder Verträumtheit oder Vergeßlichkeit. Ab der zweiten Trainingswoche klappt dies besser.

Eine Regel, die dreimal oder mehr mit „Nein" angekreuzt wurde, wird noch einmal geübt und deshalb in den zweiten Detektivbogen eingetragen. Im anderen Fall wird in den Detektivbogen der zweiten Stunde eine neue Regel eingeschrieben. Sie wird den auf der Regelliste verbliebenen, nicht beherrschten Regeln entnommen. Im Einzelfall kann es sich um insgesamt zwei Regeln pro Detektivbogen handeln.

Hat ein Kind nur zwei oder drei Regeln als Defizit in der ersten Stunde angegeben, überlegt sich der Therapeut zuvor kindtypische, sozial unsichere Verhaltensweisen. Diese werden mit dem Kind besprochen und als Regeln formuliert.

Regeln für das Tokenprogramm

Die vom Therapeuten für den Detektivbogen gewählten Verhaltensweisen sollten nach Möglichkeit auch in der Trainingsstunde beobachtbar sein, damit das Tokenprogramm analog der ersten Stunde fortgeführt werden kann.

Dies wirkt sich positiv aus, weil das Kind leichter ein schon unter günstigen Bedingungen eingeübtes Verhalten auf den Alltag übertragen kann. Leider kann man nicht immer für die Sitzung und den Detektivbogen dieselbe Regel wählen. Manchmal muß das Kind im Alltag andere Verhaltensweisen üben als die, die in der Trainingsstunde auftreten. Solche Verhaltensweisen sind deshalb für ein Tokenprogramm ungeeignet, da sie in der Sitzung nicht beobachtbar sind. Handelt es sich bei den Regeln des Detektivbogens um keine in der Sitzung beobachtbaren Verhaltensweisen, dann kann man prinzipiell für die zweite Trainingsstunde auf die beiden Regeln der ersten Stunde zurückgreifen, zumal sich wiederholtes Üben eines Verhaltens günstig auswirkt. Um die Schwierigkeit für das Kind zu erhöhen, kann die notwendige Tokenzahl zum Eintauschen der „Spielminuten" erhöht werden; das heißt, alle zu vergebenden Token müssen erreicht werden.

- **Das Ziel der zweiten Einzeltrainingsstunde betrifft die Sensibilisierung der Wahrnehmung für zwischenmenschliche Situationen.** Es wird mit einer Serie von Gesichtsausdrücken realisiert; das Kind soll die Gesichter mit ihren verschiedenen Ausdrucksformen diskriminieren lernen.

Gesichtsausdrücke
Dabei wird in fünf Schwerpunkten vorgegangen:
1. Das Kind lernt, nonverbale Informationen zu deuten

„Du siehst hier sechs Gesichter, die immer etwas anderes zum Ausdruck bringen. Schaue sie dir einmal genau an. Zeige oder sage mir, was bei jedem Bild anders ist. Das heißt also, du sollst die Unterschiede von jedem Bild herausfinden. Sage mir zu jedem Bild, was ein Kind mit so einem Gesicht wohl fühlt und denkt."

2. Das Kind lernt, nonverbale Situationen zu ordnen bzw. eine Abfolge zu erkennen

> „Bringe die Gesichter in eine Reihenfolge und erzähle dazu eine Geschichte, die zu den Gesichtern paßt."

Bei 1 und 2 wird jeweils mit sechs Gesichtern der Serie ohne Gedanken und Selbstinstruktionen gearbeitet.

3. Das Kind lernt, verbale und nonverbale Informationen zu diskriminieren und zu ordnen

Das Kind erhält eine weitere Serie mit den gleichen sechs Gesichtern, jedoch mit den Gedanken und Selbstinstruktionen zu jedem Gesicht.

> „Hier sind noch einmal sechs Gesichter. Oben im Kopf stehen die Gedanken, die ein Kind mit so einem Gesicht denken könnte. Schaue dir die Gesichter genau an und lies die Gedanken. Sind es dieselben Gesichter wie ohne Gedanken? Lege die Gesichter mit den Gedanken in eine Reihenfolge und erzähle eine passende Geschichte dazu."

4. Das Kind lernt, zwischen Selbst- und Fremdbild zu diskriminieren

Der Therapeut hat sich eine auf das konkrete Problemverhalten des Kindes bezogene Geschichte vor der Trainingsstunde überlegt, die zu einer bestimmten Abfolge der Gesichter und Gedanken paßt. Er erzählt die Geschichte, zeigt jeweils das entsprechende Gesicht dazu und integriert in seine Geschichte die Gedanken und Selbstinstruktionen der Gesichter. Ein Beispiel:

> „In meiner Klasse ist ein Junge, den ich gerne mag. Ich wünsche mir, daß wir uns einmal treffen und zusammen spielen. Am liebsten bei mir zu Hause. Ich würde ihn gern einmal fragen. Aber ich traue mich nicht. Stop - so etwas darf ich erst gar nicht denken. Aber ich bin mir nicht sicher, ob

> ich ihn fragen soll. **Stop - Sofort.** Immer diese blöden Gedanken. **Aber ob ich das kann?** Ob ich ihn fragen kann? **Ich bin nicht sicher! Ich kann das nicht! Morgen vielleicht, nicht jetzt, nicht heute!** Wenn ich ehrlich bin, dann will ich mich jetzt drücken. Aber ich bin doch keine Flasche. **Ich kann es vielleicht doch?! Ich muß es nur wollen!!!** Denn eines ist sicher: **Wenn ich will, dann kann ich auch und deshalb bin ich sicher,** daß ich fragen kann. Ich werde mich mit ihm für heute oder morgen verabreden."

Vor allem muß man dabei dem Kind aufzeigen, daß mit einem bestimmten Gesicht auch spezifische Gedanken verbunden sein können und daß die Art und Abfolge von Gedanken auch ein Handlungsergebnis beeinflussen.

5. Das Kind lernt, einen Bezug zu seiner Realität herzustellen (Realitätstransfer)

> „Hast du so eine ähnliche Geschichte schon einmal erlebt und gedacht, daß du etwas nicht kannst? Erzähle!"

Fällt dem Kind keine Geschichte ein, dann spricht der Therapeut ein konkretes sozial unsicheres, ausweichendes Verhalten des Kindes an. Mit der Gesichterserie ohne Gedanken wird die Geschichte des Kindes konstruiert:

> „Wir wollen mit diesen verschiedenen Gesichtern deine Geschichte zusammenbasteln. Dabei schreibst du oder ich schreibe in den Kopf hinein, was du erlebt und dabei gedacht hast. Du mußt alle sechs Gesichter verwenden und zu deiner Geschichte ordnen. Gibt es ein Gesicht, das hier noch nicht vorhanden ist, dann kannst du es hier hineinmalen und zu deiner Geschichte dazunehmen."

Das folgende Beispiel zeigt, wie feinfühlig manche Kinder Gefühle und Gedanken mit den Gesichtsausdrücken in einen Handlungsablauf umsetzen können. Die Abfolge der Gesichter entspricht der im Materialteil (vgl. Abschnitt 5.3.2); das fünfte Gesicht ist jedoch von diesem Kind ergänzend eingeschoben worden. Der Inhalt der Geschichte bezieht sich auf die Wahrung berechtigter Interessen:

1. „Ich kann Arthur nicht sagen, daß er mit meiner Lok vorsichtiger umgehen soll."
2. „Ich versuche es einmal."
3. „Aber ich weiß nicht so recht! Ich kann das sicher doch nicht!"
4. „Auf einen Versuch kommt es an."
5. „Ich überlege es mir doch erst noch einmal."
6. „Jetzt versuche ich es einmal."
7. „Ich fühle mich jetzt ganz sicher. Ich werde ihm jetzt einfach sagen, daß er mit meiner Bahn vorsichtiger umgeht: 'Kannst du bitte mit meiner Bahn etwas besser umgehen. Die Loks sind gerade erst repariert!'"

Gedanken, um so dem Kind die Deutung der Gesichter zu erläutern. Das Kind wird sich normalerweise, obschon zurückhaltend und schlecht gelaunt, darauf einlassen.

Für **lernbehinderte** oder **sehr junge Kinder** kann die zweite Trainingsstunde von der zu bewältigenden Stoffülle her eine Überforderung sein. Es empfiehlt sich daher, im dritten Schwerpunkt ("Das Kind lernt, verbale und nonverbale Informationen zu diskriminieren und zu ordnen") vor dem Erzählen der Geschichte abzubrechen und in der nächsten Sitzung an dieser Stelle fortzufahren.

Trainingsmappe und Spielminuten
Die mindestens zwölf Arbeitsblätter und der Detektivbogen werden in die Mappe des Kindes geheftet. Die Token werden kontrolliert, und das Kind kann sie bei erreichter Mindestzahl gegen eine beliebige Tätigkeit eintauschen.

5.3.2 Materialien
(S. die folgenden Seiten)

Meistens können sich alle Kinder sehr gut in die Gesichter **eindenken**. Es kann vorkommen, daß ein Kind **Schwierigkeiten** hat, die Gesichtsausdrücke richtig zu deuten; bei den Einwänden vom Therapeuten kann es wütend reagieren und jede Aktivität verweigern (Weinen aus Wut), wenn es zu den „Sonntagskindern" gehört; denn diese sind es nicht gewöhnt, mit negativer Kritik umzugehen. Der Therapeut wartet dann, bis das Wut-Weinen nachläßt; er erzählt dann seine Geschichte zu den Gesichtern und

Arbeitsblätter: Gesichtsausdrücke

5.4   Dritte Sitzung

5.4.1   Instruktionen und Beispiele

Detektivbogen und Tokenprogramm

Zu Beginn der dritten Stunde werden der Detektivbogen ausgewertet (vgl. Abschnitt 5.3.1) und die für das Tokenprogramm notwendige Regel (oder zwei Regeln) ausgesucht. Es werden entweder Verhaltensweisen gewählt, die das Kind noch nicht gut realisieren kann oder bei bereits erlerntem Verhalten die Auftretenshäufigkeit durch ansteigende Tokenzahl erhöht. Dazu werden die Zeitabstände der Unterbrechungen auf ca. fünf Minuten verringert, so daß zwölf statt bisher sechs Token bei zwei Regeln verdient werden können. Zwei Drittel der möglichen Punkte sollten wieder zum Eintauschen vom Kind minimal erreicht werden, wobei die notwendige Punktzahl kindspezifisch geändert werden kann.

- **In der dritten Einzeltrainingsstunde werden die Erwartungen an Verhaltensweisen von bestimmten Personen reflektiert und es wird die eigene soziale Angst erneut bewußt gemacht.**

Superman und Micky Maus

Zur Umsetzung dieses Lernzieles geht man einerseits von der Angst und dem unsicheren Verhalten einer anderen Person und andererseits von der Angst des Kindes aus. Typisch für die Fremdperson soll sein, daß sie nach außen eine starke Person ohne Angst verkörpert. Der Therapeut hat aufzuzeigen, daß auch stark erscheinende Personen Angst haben, um so das Kind zu ermutigen, über die eigenen Ängste zu sprechen. Als Fremdperson kann eine bekannte Film-, Buch- oder Comicfigur sowie eine für das jeweilige Kind stark erscheinende Person, Puppe oder sonstige Figur gewählt werden, zum Beispiel für Jungen „Superman" und für Mädchen „Micky Maus". Konkret werden drei voneinander abhängige Spiele in der Stunde gespielt:

1. Das Superman- bzw. Micky Maus Spiel

Das Kind überlegt, wovor Superman (Micky Maus) Angst haben könnte. Dazu erhält es ein Arbeitsblatt mit der Abbildung der Person/Figur und der Frage: „Wovor hat Superman (Micky Maus) Angst?" Ebenfalls auf dem Blatt befindet sich die Instruktion. Das Kind soll, was ihm einfällt, auf das Blatt schreiben und/oder malen. Nachdem das Kind alles aufgeschrieben bzw. aufgemalt hat, darf es auch die Figur ausmalen.

Beispiele für die von den Kindern genannten Ängste der nach außen stark erscheinenden Fremdperson sind die folgenden:

> „Superman hat Angst vor dem Kryptonid, weil der Kryptonid stärker ist als er". „Er könnte davor Angst haben, daß einmal etwas kommt, was er nicht kann". „Er hat Angst, daß jemand stärker ist

als er und ihn verprügeln will". „Micky Maus hat Angst vor dem Hund". „Micky Maus hat Angst davor, daß seine Mutter ihn schlägt".

2. Das Was-habe-ich-Spiel

Bei diesem Spiel soll das Kind überlegen, wovor es selbst Angst hat und die einzelnen Dinge beziehungsweise Ereignisse sammeln. Dazu erhält es wieder ein Arbeitsblatt, auf dem die angstauslösenden Situationen festgehalten werden. Der Therapeut hat sich zu diesem Arbeitsblatt für jedes Kind einige Angstsituationen zusammengestellt. Falls das Kind keine oder für das Training nicht relevante Angstereignisse nennt, führt der Therapeut das Kind durch geschicktes Fragen und Erzählen zu typischen Situationen, die bei ihm im Alltag Angst auslösen (vgl. die kritische Situation 3 in Abschnitt 5.6).

Die Kinder sprechen im allgemeinen ohne Probleme und Hemmungen gegenüber dem Therapeuten von ihren Ängsten. Einige Ängste treten wiederholt - vor allem bei „deprivierten Kindern" - auf.

„Ich habe Angst davor, wenn ich etwas falsch gemacht habe, und meine Eltern schimpfen mich aus". „Ich habe Angst bei Fehlern vor einigen Lehrern". „Ich habe Angst bei Fehlern; dann schimpft meine Mutter".

Andere Kinder haben zwar keine Angst vor Strafen, aber davor, daß sie eine geforderte Leistung nicht erbringen können:

„Ich habe Angst vor einer Aufgabe: Hoffentlich kann ich das!"

Auch direkt auf Sozialkontakt bezogene Ängste treten auf:

„Ich habe Angst davor, daß jemand sich über mich lustig macht". „Ich habe Angst, wenn mich andere Kinder auslachen". „Ich habe Angst bei Klassenkameraden und fremden Erwachsenen meine Meinung zu sagen". „Ich habe Angst vor bösen Jungen und Mädchen, vor einigen Lehrern und fremden Menschen und vor einer neuen Umgebung". „Ich habe Angst vor anderen Kindern, die mich zanken wollen". „Wenn mich andere verprügeln, traue ich mich nicht, zurückzuschlagen".

Der Therapeut muß den Kindern im Gespräch über ihre Ängste deutlich machen, daß Angst vor etwas das eigene Verhalten und die eigenen Gedanken beeinflußt. Zum Beispiel führt die Angst vor anderen dazu, daß man sie nicht anschaut, daß man keine Freude zeigt, daß man keine Worte findet, um etwas zu erzählen, daß man nervös mit den Fingern spielt oder Fingernägel kaut ... . (Über das dritte, sich anschließende Spiel, das in Anlehnung an Ullrich de Muynck & Ullrich [1976 a-c] entwickelt wurde, kann dies dem Kind gut aufgezeigt werden).

3. Das Verlernen- und Erlernen-Spiel

Dieses Spiel folgt unmittelbar aus dem vorherigen Spiel. Auf dem dritten Arbeitsblatt, das dem Kind ausgehändigt wird, werden zuerst alle sozial unsicheren Verhaltensweisen sowie angstauslösenden Situationen und Dinge gesammelt und unter der Spalte „**Verlernen**" eingetragen. Hier kann sowohl auf das vorherige Arbeitsblatt als auch auf die Regelliste der ersten Stunde und den noch nicht gekonnten Zielverhaltensweisen Bezug genommen werden.

Anschließend wird zu den einzelnen Punkten das entsprechende Zielverhalten formuliert und unter „**Erlernen**" aufgeschrieben.

	VERlernen	ERlernen
Stephanie	1. Ich habe Angst davor, von der Mutter geschimpft zu werden.	1. Ich habe keine Angst vor dem Schimpfen, da ich mich anstrenge, keine Fehler zu machen.
	2. Ich erzähle der Mutter nichts. •	2. Ich kann der Mutter Δ schon etwas erzählen.
Markus	1. Ich schaue niemanden an.	1. Ich schaue dem anderen in die Augen.
	2. Ich habe vor Zeugnissen und Klassenarbeiten Angst.	2. Ich will keine Angst mehr vor Zeugnissen und Klassenarbeiten haben.
	3. Ich sage nur Ja oder • Nein, wenn ich mich mit jemandem unterhalte.	3. Wenn ich mit jemandem zu- Δ sammen bin, dann erzähle ich auch manchmal etwas, stelle Fragen oder bitte um etwas.
	4. Wenn ich etwas sage, • dann kann mich der andere oft nicht verstehen.	4. Wenn ich etwas sage, dann Δ rede ich laut und deutlich, damit mich der andere verstehen kann.

Abbildung 7: Beispiele für das Verlernen- und Erlernen-Spiel (• = bereits abgebautes und Δ = bereits erlerntes Verhalten).

Mit dem Kind werden Vorschläge gesammelt, was es tun kann, um das Zielverhalten zu realisieren. Ein oder zwei Verlern-/Erlern-Verhaltensweisen werden mit dem Kind zusammen ausgewählt und das Zielverhalten, als Regel formuliert, in einen dritten **Detektivbogen** eingetragen.

Anschließend tragen Therapeut und Kind die Verhaltensweisen aus den ersten Detektivbögen wie aus dem Tokenprogramm, die das Kind bereits erfolg- reich gelernt hat, in die „Verlern-Erlern-Liste" ein. Dieses Verhalten wird durch Markierungen hervorgehoben. Somit erhält das Kind eine **Rückmeldung** und gleichzeitig Kontrolle über sein eigenes Verhalten sowie eine Motivationshilfe.

5.4.2 Materialien
(S. die folgenden Seiten)

Das Superman-Spiel

Wovor hat
Superman Angst?
Schreibe oder male es hinein,
dann weißt und siehst Du es!

© Waechter, F.K.: Opa Hucke's Mitmach-Kabinett.
  Weinheim: Beltz & Gelberg, 1976

Das Was-habe-ich-Spiel

Jetzt weiß ich,
wovor Superman
Angst hat!
Und wovor habe
ich Angst?

(1) _____

_____

_____

(2) _____

_____

_____

Das Micky Maus-Spiel

Wovor hat
Micky Maus Angst?

Schreibe oder
male es hinein,
dann weißt und
siehst Du es!

Das Was-habe-ich-Spiel

Jetzt weiß ich,
wovor Micky Maus
Angst hat!
Und wovor habe
ich Angst?

(1) _____

_____

_____

(2) _____

_____

_____

Das Verlernen-Erlernen-Spiel

● = das habe ich schon <u>ver</u>lernt!

▲ = das habe ich schon <u>er</u>lernt!

Was ich VERlernen will:	Was ich ERlernen will:

Zwei Beispiele:

Ich spiele nachmittags immer allein. ——————▶	Ich will einen Klassenkameraden, den ich mag, fragen, ob wir uns einmal nachmittags treffen können.
Ich sage nur JA oder NEIN, wenn ich mich mit meinen Eltern unterhalte. ——————▶	Ich will meinen Eltern erzählen, was ich Lustiges oder Schönes erlebt habe oder was mich besonders bedrückt und traurig macht.

---

(1) Ich ...	(1) Ich will ...
(2)	(2)
(3)	(3)
(4)	(4)
(5)	(5)
(6)	(6)
(7)	(7)

5.5 Vierte Sitzung

5.5.1 Instruktionen und Beispiele

Detektivbogen und Tokenprogramm
Therapeut und Kind befassen sich zuerst mit der Auswertung des Detektivbogens. Das Verhalten, das das Kind gut zeigen kann, wird in der Verlern-/ Erlern-Liste entsprechend markiert, um dem Kind wiederum seinen Fortschritt zu dokumentieren und zu demonstrieren. Mit Hilfe der Verlern-Erlern-Liste werden dann ein oder zwei neue Regeln für den vierten Detektivbogen ausgesucht und darin eingetragen. Bei einer alten, bereits geübten, aber noch nicht gut beherrschten Verhaltensregel, wird die geforderte Auftretenshäufigkeit pro Tag erhöht.

Stellen die Regeln für den Detektivbogen nicht in der Trainingsstunde beobachtbare Verhaltensweisen dar, so werden für das Tokenprogramm der Stunde zwei gewählt, die in den Stunden vorher schon geübt wurden und zu einem 'hartnäckigen' defizitären Verhaltensbereich des Kindes gehören. Die Auftretenshäufigkeit beziehungsweise die Tokenzahl kann erhöht werden, so wie es in der dritten Einzeltrainingsstunde beschrieben wurde.

- In der vierten Einzeltrainingsstunde werden **Interaktionssequenzen,** die eine gesamte Interaktionssituation ausmachen, untersucht. **Das Kind soll lernen, Beurteilungskriterien an Verhalten von sicheren wie unsicheren Personen in Interaktionssituationen zu durchschauen.**

Comics
Dazu werden **comicähnliche Geschichten** herangezogen, wobei jede Geschichte aus sechs Bildern beziehungsweise Situationseindrücken besteht. Die Bilder sind so einfach gehalten wie möglich, um dem Kind größtmögliche Entfaltungsmöglichkeiten zu geben. Einzelheiten sollen von dem Kind (verbal oder gemalt) ausgestaltet werden. Die meisten Kinder fragen, warum die Personen keine Gesichter haben. Dann sagt man ihnen, daß sie am Ende die Gesichter aus der zweiten Stunde den Personen zuordnen sollen. Aufgrund der **Körperhaltung** und **Gestik der Interaktionspartner** sowie der **ausgefüllten Sprechblasen** eines Interaktionspartners soll das Kind den Zusammenhang des Geschehens erschließen. Dazu muß der Körperausdruck der Strichmännchen eindeutig sein, was in Gesprächen mit Kindern überprüft wurde. Aus den drei vorhandenen Comicgeschichten wird für ein Kind diejenige ausgesucht, die der Kindproblematik am nächsten kommt und sich mit der Videosituation der ersten Stunde nicht überschneidet.

Manche Personen der Geschichten haben noch keinen Namen. Das Kind gibt dann einer solchen Person einen Namen. Bei einer Person sind die Sprech- und Gedankenblasen nicht ausgefüllt. Es ist der Interaktionspartner mit sozial unsicherem Verhalten. Das Kind hat die folgende Aufgabe:

> „Du siehst hier kleine Bilder, die zusammen eine Geschichte ergeben. Wie heißt die Geschichte? Woran kannst du erkennen, was gesprochen und was gedacht ist? Fällt dir bei dieser Bildergeschichte etwas auf? Ja, bei einer Person sind die Sprech- und Gedankenblasen nicht ausgefüllt. Schau dir die Personen einmal genau an, zum Beispiel, wie sie dastehen, laufen, ihre Hände und Arme halten. Lies dir auch dazu den Text durch. Du sollst nun herausfinden, was das Kind sagt, bei dem nichts in den Sprech- und Gedankenblasen steht. Schreib du es hinein."
> Hat das Kind Schreibprobleme, übernimmt diese Aufgabe der Therapeut.

Bei jedem Vorschlag des Kindes zu einem Bild wird die Richtigkeit der Aussage überprüft. Der Therapeut diskutiert mit dem Kind die Beurteilungskriterien, die es veranlaßten, diesen Sprech-/Gedankenvorschlag zu machen:

> „Warum glaubst du, sagt das Kind das? Gibt es irgend etwas, woran du ablesen kannst, was das Kind sagen oder fühlen könnte?" Es werden dazu die folgenden Aspekte betrachtet:
> - die **Kopfstellung** (gesenkt, geradeaus, zur Seite, Blickkontakt vermeidend/suchend),
> - die **Arme** und **Hände** (lässig hängend, versteckend, eng an den Körper angelegt),
> - die **Beine** (engbeinig/breitbeinig, lässig/verkrampft stehend) und
> - die **Körperrichtung** (zu-/abgewandt).

Auf diese Weise lernt das Kind verschiedene Kriterien kennen, die die Körperhaltung betreffen und Sicherheit oder Unsicherheit signalisieren. Auch der

Zusammenhang von Gestik und verbalem Ausdrucksverhalten kann dem Kind auf diese Weise verdeutlicht werden. Einfühlungsvermögen sowie Rollenübernahmefähigkeit muß ein Kind zeigen, um die Anforderungen erfüllen zu können.

Ohne Ausnahme sprechen alle Kinder gut auf diese Aufgabe an, und in der Regel gestaltet jedes Kind „seine" Comicgeschichte mit mehr oder weniger hilfegebenden Fragen und Hinweisen. Eine Geschichte soll beispielhaft wiedergegeben werden (das Fettgedruckte sind die vom Kind ausgefüllten Sprechblasen):

Was hat Ralf nur?

1. Bild: Da kommt Ralf!
   Da ist Dieter.

2. Bild: Guten Tag, Ralf!
   Tag, Dieter!

3. Bild: Was hat er nur?
   **Wenn er mich doch fragen würde,
   ob ich mit ihm spiele.**

4. Bild: Komisch, jetzt geht er einfach weiter,
   ohne etwas zu sagen.
   **Na, er fragt ja sowieso nicht.
   Dann gehe ich halt wieder.**

5. Bild: Es hat ihm doch keiner etwas getan,
   oder?
   Schade, jetzt bin ich wieder allein.

6. Bild: Dann spiel' ich eben mit jemand
   anderem!

Hat das Kind die Comicgeschichte fertiggestellt, die Interaktionsabläufe begründet und mit dem Therapeuten die Beurteilungskriterien hinsichtlich der Gestik erarbeitet, wird die **Mimik** der Interaktionspartner bestimmt: „**Was glaubst du, machen die Personen für ein Gesicht in den einzelnen Bildern?**" Dazu nimmt das Kind die Gesichter aus der zweiten Trainingsstunde aus seiner Mappe und ordnet sie sowohl dem sozial sicheren als auch unsicheren Kind in den einzelnen Bildern zu.

Fehlt ein Gesichtsausdruck, zum Beispiel der des sozial sicheren Kindes, dann **malt** ihn das Trainingskind in ein „leeres" Gesicht. Es ist wichtig, daß die Kinder auf diese Weise alle relevanten Signalquellen (Gestik, Mimik, Verbalverhalten) eines Interaktionspartners in ihrer Zusammenwirkung erfahren, und zwar bezogen auf sozial unsicheres wie kompetentes Verhalten.

Um einen **Realitätstransfer** zu ermöglichen, wird dem Kind eine **Selbsteinschätzung** abverlangt: „Wenn du dich selbst ehrlich betrachtest, **welche Person** bist du dann am ehesten in der Geschichte?" Das Kind soll seine Angaben begründen und der Therapeut mit ihm darüber sprechen.

Rollenspiel

Im folgenden Rollenspiel spielt das Kind die Person, die es am ehesten zu sein glaubt. Die Comicgeschichte wird dabei in der vorgegebenen Weise gespielt. Für ein zweites Rollenspiel mit modifiziertem Verhalten des sozial unsicheren Kindes werden die veränderte Gestik, Mimik und das Sprachverhalten mit dem Kind abgesprochen. Es sollen dazu verschiedene Möglichkeiten sozial kompetenten Verhaltens diskutiert werden. Dadurch lernt das Kind Alternativen zu sozial unsicherem Verhalten kennen und übt mindestens einmal kompetentes Interaktionsverhalten. Die Kinder nehmen die eingesetzten Rollenspiele gut auf; neben dem Üben von sozial kompetentem Verhalten und der Übertragung in den Alltag lockern sie die Atmosphäre auf und schaffen eine auf Vertrauen begründete enge Beziehung zwischen Therapeut und Kind.

Spielminuten

Die Überprüfung der Tokenzahl und der verdiente Eintausch gegen die Spieltätigkeit schließen die vierte und letzte Einzeltrainingsstunde ab.

Trainingskinder und Sitzungsanzahl

Bei den sogenannten „deprivierten Kindern" erscheint das sozial unsichere Verhalten als schwerwiegendere Problematik als bei den „Sonntagskindern". Dies kann zwei Gründe haben: Einmal kann es an den Sozialisationsbedingungen liegen, nämlich der Unkontrollierbarkeit im Sinne einer Vernachlässigung sowie der Unvorhersagbarkeit, und einmal an der verzögerten Art, in der die Kinder auf das Training ansprechen. Deshalb ist es ratsam, das Einzeltraining bei diesen Kindern zu verlängern (um ca. zwei bis drei Stunden). Prinzipiell können die Inhalte einer Trainingsstunde auf zwei bis drei verteilt werden. Es können auch von den vorhandenen Inhalten - es liegen sechs Videosituationen und drei Comicgeschichten vor - mehrere für das Kind relevante Inhalte ausgewählt und bearbeitet werden.

5.5.2 Materialien

Arbeitsblätter: Comicgeschichten

Was hat Ralf nur?

5.6 Kritische Therapiesituationen

Das Therapeutenverhalten kann sowohl im Einzel- als auch im Gruppenkontakt in dreifacher Weise zum Problem werden, und zwar beim:
- **Setzen von Anforderungen** (Regeln setzen, dem Kind Verpflichtungen abverlangen);
- **Umgang mit dem Material** (Therapievertrag, Verstärkungslisten, Rollenspielvorlagen, Bilder, Geschichten, Comics etc.);
- **Lenken von Kommunikationsabläufen**, also (ungeübte, lenkende) Strategien des Therapeuten, die das Kind unnötig verängstigen, passiv oder hilflos machen.

Solche Schwierigkeiten können in unterschiedlicher Form über den gesamten Verlauf des Trainings auftreten, wobei die Probleme unterschiedlich ausfallen können, je nach der Form der Beziehungsgestaltung. In der folgenden Tabelle werden kritische Therapiesituationen aus dem Einzeltraining aufgeführt, die häufiger von uns beobachtet wurden. Diese Tabelle enthält im unteren Teil auch entsprechende Lösungsvorschläge.

Tabelle 2 verdeutlicht, daß die Konflikte beziehungsweise Schwierigkeiten von verschiedenen Situationen im Therapieverlauf abhängen. Beim Erstkontakt mit sozial unsicheren Kindern muß der Therapeut die Funktion der Sitzungen, die inhaltliche wie zeitliche Ausgestaltung erläutern. Um **Passivität** bei den Kinder zu vermeiden, sollte attraktives Material eingesetzt werden, mit dem sich das Kind, auch ohne umfassende verbale Äußerungen, auseinandersetzen kann. Solche Materialien sind die von uns empfohlenen aus dem Einzeltraining, die oft noch kindspezifisch ausgestaltet werden müssen. Der Therapeut sollte ausdrücken, daß und warum er es wertvoll findet, die Meinung des Kindes zu kennen. Im Umgang mit den attraktiven Materialien ergeben sich bei dieser Gruppe von Kindern in der Regel keine weiteren Probleme.

Die häufig zu beobachtende **angstvolle, angespannte Haltung** der Kinder kann Schwierigkeiten bereiten. Sie drückt sich zum Beispiel darin aus, daß die Kinder sich nicht im Raum bewegen oder anfangs nicht die Jacke ausziehen wollen. Eine gute Möglichkeit, sozial unsicheren Kindern zur Entspannung zu verhelfen, besteht darin, eine **bildgetragene Kurzentspannung** zu Beginn jeder Trainingsstunde anzubieten. Wir empfehlen hierzu die in unserem „Training mit aggressiven Kindern" vorgestellte **Kapitän-Nemo-Geschichte** (vgl. Petermann & Petermann 1988, S. 77-79 und S. 83-85). Die Geschichte kann unverändert übernommen werden und sollte vor jeder Stunde im Einzel- und Gruppentraining ungefähr fünf Minuten durchgeführt werden.

Oft tritt bei sozial unsicheren Kindern auch der Effekt auf, daß sie dem Therapeuten **nach dem Munde reden.** In diesen Fällen und bei gezielter Problemvermeidung muß der Therapeut nachdrücklicher als üblich das Kind mit den Therapieinhalten konfrontieren.

Tabelle 2 stellt weitere Möglichkeiten des Therapeuten zusammen. Insgesamt kann der Therapeut durch folgende Verhaltensweisen unsichere Kinder beeinflussen:

a) Reizdiskrimination
Signale beziehungsweise Symbole absprechen und einsetzen, so daß das Kind durch Blicke, Nennen des Namens, Körperkontakt, das Erinnern an eine Instruktionskarte oder den Verweis auf eine Regelkarte beeinflußt wird.

b) Verstärkung
Token-Gabe beziehungsweise -Entzug.

c) Reaktionsunterbrechung und mit dem Kind unerwartetes Verhalten praktizieren
Humorvolles Reagieren und Ablenken mit anderen Aktivitäten und Aufträgen (inkompatibles = unvereinbares Verhalten).

d) Rückmeldungsverhalten
Ausdrücken von Gefühlen des Kindes und Feedback über sozial unsichere oder kompetente Verhaltensweisen.

e) Helferverhalten
Beruhigendes Einwirken, das nicht gleichbedeutend ist mit Einreden;
verständnisvolle, akzeptierende Haltung (verbal und nonverbal) und
positive Aufforderung zu einem Regelverhalten.

f) Problemklärendes und -lösendes Verhalten
Alternativverhalten und Aufklärung über Folgen.

Tabelle 2: Übersicht über kritische Therapiesituationen und Lösungsmöglichkeiten im Einzeltraining.

Therapeutenverhalten				
		Anforderungen setzen	Umgang mit dem Material	Lenken von Kommunikationsabläufen
Kindverhalten	ERST-KONTAKT	**Situation 1:** Kind trennt sich nicht von der Mutter	**Situation 2:** Passives Verhalten gegenüber dem Material	**Situation 3:** Angstvolle, gespannte Haltung (sich nicht bewegen, Jacke nicht ausziehen)
Möglichkeiten des Therapeuten	ERST-KONTAKT	**Zu 1:** a) Der Therapeut zeigt im Beisein der Mutter das Zimmer b) In Abwesenheit der Mutter wird dem Kind genau erzählt, was es im Training erwartet; das Kind darf sich nach 10 oder 15 Minuten vergewissern, daß die Mutter vor der Tür wartet c) Dem Kind werden Kompetenzen übertragen und ihm damit Sicherheit vermittelt	**Zu 2:** a) Humorvoll reagieren, z.B. „Der Superman beißt nicht!" b) Positive Aufforderungen c) Nonverbaler Umgang mit dem Material, z.B. malen	**Zu 3:** a) Positive Aufforderung b) Nachfragen, ob das Kind friert; Gefühle des Kindes ausdrücken c) Abmachen, daß das Kind z.B. in der zweiten Hälfte der Stunde die Jacke auszieht (Regel, Tokenprogramm) d) Evtl. Bewegungsspiele im Raum (z.B. einem Flötenton mit geschlossenen Augen folgen)
Kindverhalten	FOLGE-KONTAKT	**Situation 4:** Kind zeigt Funkstille	**Situation 5:** Verspannt-ängstliche Haltung; sich nicht äußern	**Situation 6:** Dem Therapeuten nach dem Munde reden
Möglichkeiten des Therapeuten	FOLGE-KONTAKT	**Zu 4:** a) Geduld zeigen b) Gefühle des Kindes ausdrücken c) Auf ausgehandelte Regeln verweisen d) Hilfestellung geben e) Regelverweis und Hilfestellung mit dem Tokenprogramm koppeln	**Zu 5:** a) s. Situation 3 b) Der Therapeut rät z.B. beim Superman-Spiel, wovor das Kind Angst haben könnte; es braucht nur JA oder NEIN zu sagen; umgekehrt soll auch das Kind die möglichen Ängste des Therapeuten erraten	**Zu 6:** a) Im Rollenspiel sozial kompetentes Verhalten vom Kind fordern; auftretende Defizite im wiederholten Rollenspiel bearbeiten b) Über geschickten Materialeinsatz das Kind aus der Reserve locken

5.7 Einsatz des Mikro-Computers im Einzeltraining

In diesem Abschnitt wollen wir einige Gründe anführen, warum und wie man neue Technologien innerhalb eines Verhaltenstrainings nutzen kann. Der Computer ist dabei **keine** Lernmaschine, die den Therapeuten ersetzen soll, sondern ein Material, das genauso behandelt werden sollte wie Arbeitsmaterialien, Fotos oder die Videogeschichten.

5.7.1 Gründe für den Einsatz des Mikro-Computers

Nach den Ergebnissen von Walter (1986) stellt sich heraus, daß im Einzeltraining mit sozial unsicheren Kindern durch den Einsatz des Mikro-Computers folgende positive Effekte erzielt werden können:

- Die Materialien des Trainings können durch den Mikro-Computer so aufbereitet werden, daß das Kind medienunterstützt die Materialien mitgestalten kann; es wird dadurch stark einbezogen und persönlich angesprochen.
- Häufig erkennen die Kinder leicht(er) die Problemsituation, da ihre Aufmerksamkeit erhöht ist.
- Durch die Mitgestaltungsmöglichkeiten und den „Reiz" der Technik entwickeln die Kinder schnell Spaß an den Trainingsmaterialien, was wiederum ihre Mitarbeit steigert.
- Das aktive Einbeziehen der Kinder ermöglicht es ihnen, sich gut mit den Materialien und den dargestellten Problemen zu identifizieren.

Selbstverständlich kann man den Mikro-Computer nicht in allen Sitzungen des Einzeltrainings einsetzen. Von den zu bearbeitenden Themen und von seinem motivierenden Effekt her betrachtet, eignet er sich vor allem für die erste und zweite Sitzung. Eine solche Einschränkung verhindert auch, daß der Computer zum Spielzeug wird, daß er um seiner Selbst willen zum Einsatz kommt. Eine solche Handhabung grenzt auch deutlich unsere Arbeitsweise von Computerspielen ab. Der Mikro-Computer versetzt eine große Zahl von Kindern und Jugendlichen

in die Lage, Kompetenzen zu entwickeln, mit denen sie sich von Erwachsenen abgrenzen können. Bekanntlich fehlt es den meisten sozial unsicheren Kindern an solchen Erfolgserlebnissen.

5.7.2 Beispiele für den praktischen Einsatz des Mikro-Computers

Walter (1986) beschreibt vier Einsatzmöglichkeiten, die im weiteren unterschiedlich ausführlich illustriert werden sollen.

- Darbietung der „Eingangsmaterialien" (Vertrag, Regelliste) und des Detektivbogens;
- Illustration der Foto- beziehungsweise Videogeschichten durch den Mikro-Computer;
- Bearbeitung der „Gesichtsausdrücke" und
- Mikro-Computer als Verstärkungsmöglichkeit (Videospiele als Belohnung in den freien Spielminuten am Ende jeder Sitzung).

Der erste und letzte Punkt braucht nicht erläutert zu werden, da das Vorgehen sich nicht von dem unterscheidet, das bereits beschrieben wurde.

Die Problemsituationen (**Foto-/Videogeschichten**) wurden von Walter (1986)* durch gemischte Text/Graphik/Ton-Programme umgesetzt; diese Programme werden teilweise durch Tonkassetten unterstützt, die an bestimmten Stellen vom Kind auf „Aufforderung" des Computers gestartet werden. In den Programmen können die Kinder ihren eigenen Namen eingeben, womit sie selbst als handelnde Person in die Geschichte integriert werden. Die Kinder werden durch solche Schritte stärker einbezogen und können sich besser mit der Vorlage identifizieren. Die Problemgeschichte wird durch (sehr einfache) Figuren graphisch umgesetzt.

Am Beispiel der Problemgeschichte „Die Beleidigung" kann die Schrittfolge auf dem Bildschirm illustriert werden:

---

* Leser, die sich für die Software interessieren, sollten direkt mit Dipl.-Psych. Hans-Jörg Walter, Asthmazentrum Jugenddorf Buchenhöhe, 8240 Berchtesgaden, Kontakt aufnehmen.

Bild 1: Titel „Die Beleidigung"

Bild 2: Graphik?? Hemd? Hose? ...

Bild 3: Frage an das Kind: „Hallo, wie heißt Du?"
(Anweisung: Drücke große Taste!)

Bild 4: „Tippe Deinen Namen ein!"
(Es wird zum Beispiel der Name „Otto" über die Tastatur eingegeben.)

Bild 5: Graphik: Hallo, Otto!

Bild 6: Text: Situationsbeschreibung
(Eingabe des Namens des zweiten Kindes; zum Beispiel „Lise")

Bild 7: Graphik: Lise

Bild 8: Text: Problemerörterung mit persönlicher Ansprache des Kindes

Bild 9: Graphik: Lise Problemerörterung: Lise überlegt, welches T-Shirt sie heute anzieht!

Bild 10: Graphik und Text: T-Shirt, das die Farbe wechselt.

Bild 11: Ansprechen des Kindes (Otto)

Bild 12: Graphik: Ein Gesicht wird dargestellt.
Text: „Hallo, ich bin Lise. Ich werde mein neues T-Shirt anziehen. Es paßt zu meinen Haaren".

Bild 13: Text: Situationsbeschreibung

Bild 14: Graphik: Zwei bewegliche Figuren, die die Situation darstellen.
Text: „Wie siehst Du denn aus? So ein T-Shirt würde ich nie anziehen!"

Bild 15: Graphik und Text: Was kann sie tun?

Bild 16: Graphik und Text: Darstellung von Lösung 1

Bild 17: Graphik und Text: Darstellung von Lösung 2

Bild 18: Graphik: Ein „freundliches" Gesicht wird gezeigt.
Text: (Ansprechen des Kindes)

Bild 18a: „Wie fandest Du meine Lösungen?"

Bild 18b: „Hast Du noch andere Ideen?"

Bild 18c: Verabschieden des Kindes.

Für die zweite Einzeltrainingssitzung liegt eine Serie von Gesichtsausdrücken vor, wobei die Besonderheit des Vorgehens darin liegt, daß das Kind die Gesichter aus ihren Hauptelementen zusammensetzen kann. Das Kind kann durch Druck auf eine Taste ein Element entweder löschen oder hinzufügen. Nach unseren Beobachtungen wirkt diese Form der Mitgestaltung motivierend.

Das Material des Mikro-Computers entspricht dem in diesem Buch abgedruckten völlig. Um zu zeigen, wie man das Material einsetzen kann, wird abschließend ein Protokoll abgedruckt. Es verdeutlicht, wie ein Kind die Gesichterfolge auf dem Bildschirm des Computers beschreibt.

Protokoll einer Sitzung mit Computereinsatz

Gesicht 1:

Kind (K): „Schaut nach links. Denkt: Hoffentlich nimmt die mich nicht dran. Der sitzt gerade in der Schule".

Therapeut (T): „Was fühlt er?"

K: „Habe Hausaufgaben nicht gemacht. Er denkt das mehr."

T: „Was fühlt er?"

K: „Er hat so richtiges Herzklopfen. So wie er aussieht, so wie ich aussehe."

T: „Du bist das Kind?"

K: „Natürlich".

Gesicht 2:

K: „Der guckt jetzt genau in die Augen. Ich gucke jetzt genau jemandem in die Augen und denke: Was habe ich jetzt bloß wieder angestellt?"

T: „Was fühlt er dabei?"

K: „Ich atme manchmal schnell, manchmal langsamer. Verschieden abwechselnd."

T: „Hast du dabei Bauchweh?"

K: „Nein."

T: „Manche bekommen dabei Bauchweh. Was fühlst du dabei?"

K: „Manchmal kribbelt es bei mir."

T: „Wo?"

K: „Hier unten, unten im Bauch. Auch wenn ich mit dem Auto irgendwo runterfahre."

Gesicht 3:

K: „Der schielt. Der schaut da so rüber. Der möchte nicht so auffällig sein. Es denkt dabei: Hoffentlich falle ich nicht auf."

T: „Und fühlen?"

K: „Ich fühle überhaupt nichts dabei."

T: „Du fühlst vielleicht nichts dabei, aber der andere

da. Wenn er dich so anschaut, was fühlt er dabei? (Pause) Jetzt ist das ein Mitschüler von dir. Der guckt dich so an, steht vor dir und guckt so."

K: „Ich weiß nichts."

T: „Kannst du es noch ein bißchen beschreiben, das Bild?"

K: „Die Augen gucken links nach oben, der Mund ist nicht fröhlich aber auch nicht traurig, so mittel."

T: „Was ist mit den Augenbrauen?"

K: „Die sind so runter."

T: „Was könnte das heißen?"

K: „Er möchte nichts gefragt werden, möchte allein bleiben."

Gesicht 4:

K: „Die Augen sind total groß. Der Mund: halb fröhlich, halb traurig."

T: „So sieht er aus, der Mund. Mach' es 'mal selber. (Er macht es.) Gar nicht so einfach. Was denkt er?"

K: „Da passiert was. Da muß sofort Hilfe geholt werden."

T: „Und fühlen?"

K: „Bauchkribbeln."

Gesicht 5:

T: „Was ist denn jetzt?"

K: „Jetzt lacht er. Er ist fröhlich."

T: „Was hat sich denn verändert?"

K: „Nur der Mund."

T: „Was denkt er denn?"

K: „Mensch, ein lustiger Film."

T: „Und fühlen?"

K: „Er fühlt mehr das Innere."

T: „Aus Freude?"

K: „Ja, aus Freude."

Gesicht 6:

T: „Was hat sich verändert?"

K: „Backen, Augenbrauen. Er guckt jetzt ganz genau gerade aus. Meiner Meinung nach lacht er ganz laut. Also mit den Backen (zeigt es)."

T: „Was denkt er denn?"

K: „Oh Gott, das gleiche: Mensch ist das lustig."

T: „Und fühlen?"

K: „Der Bauch bewegt sich, hoch und runter."

5.8 Training mit Kindergarten- und Vorschulkindern

5.8.1 Ziele und praktisches Vorgehen

In den letzten Jahren ist ein zunehmendes Interesse der Verhaltenstherapie an sozial unsicheren Kindern im Kindergarten- und Vorschulalter zu beobachten (vgl. Brack 1986; Hersen & van Hasselt 1987; Petermann & Sauerborn 1989). Einzelne Trainings zum Abbau von Gehemmtheit und Schüchternheit existieren im englischen Sprachraum schon lange (vgl. Furman et al. 1980; Strain & Kerr 1982; Strain et al. 1977).

Auch in unserer Arbeitsgruppe gelang es, unser Vorgehen auf vier- bis sechsjährige Kinder zu übertragen (vgl. Iommelli 1982; Petermann & Sauerborn 1989). Bei dieser Altersgruppe tritt allerdings besonders häufig eine Verknüpfung zwischen einer verzögerten Sprachentwicklung oder Sprachproblemen und sozial unsicherem Verhalten auf. Dies zwang uns nicht nur, unser Vorgehen sprachunabhängig zu verändern, sondern erforderte darüber hinaus auch, daß wir bei Regel- und Instruktionskarten Sprachprobleme zum Gegenstand machen mußten (vgl. Abschnitt 5.8.4). Solche Bemühungen berücksichtigen, daß diese Kinder undeutlich, unruhig und häufig sehr wenig sprechen. Oft beherrschen diese Kinder auch andere, altersgemäße Fertigkeiten nicht und wirken in alltäglichen Dingen sehr unselbständig. In Extremfällen müßte man möglicherweise Fördermaßnahmen einem Verhaltenstraining vorschalten, um die mangelnde Selbständigkeit zu verringern (vgl. U. Petermann 1986b).

Obwohl die Trainingsziele prinzipiell denen entsprechen, die wir bei Acht- bis Zwölfjährigen empfehlen, sollen einige, eher allgemein gehaltene Ziele für **jüngere Kinder** genannt werden. Dies wären:

1. Überwinden von Sprechängsten;
2. beruhigen durch Selbstinstruktionen;
3. sich in bedrohliche Situationen eindenken und verschiedene Lösungen und deren Konsequenzen erkennen;
4. aktives Suchen und Erproben von unterschiedlichen Lösungen im Rollenspiel;
5. genau aussprechen, was man will, damit

der andere sich vorstellen kann, um was es geht;

6. erzählen von eigenen Erlebnissen, wobei auch angstbesetzte und bedrohliche Situationen ausgehalten und gemeistert werden müssen.

Diese sechs Ziele haben einen steigenden Schwierigkeitsgrad; sie sind für das Kind entsprechend schwierig erreichbar. Daher kann schon dann von einem Erfolg gesprochen werden, wenn einige dieser Ziele umgesetzt werden können. Alle Ziele können anhand von bild- und symbolgetragenen Materialien bearbeitet werden, von denen einige im übernächsten Abschnitt dargestellt sind.

Beim praktischen Vorgehen wird dabei immer wieder auf **Modellernen**, **Selbstinstruktionen** und das **Rollenspiel** zurückgegriffen. Die Kinder sollen sich durch **zeichnerische Darstellung** der verschiedenen Lösungen eines Konfliktes ihren eigenen Problemen nähern. Selbstgemalte Bilder bewirken, daß sich Vorschulkinder intensiv mit den Problemen auseinandersetzen, vorzeigbare Ergebnisse ihrer Bemühungen besitzen und zugleich eine bleibende Gedächtnisstütze für mögliche Lösungen eines Konfliktes in Händen halten. Vom Kind gezeichnete und entsprechend als positiv hervorgehobene Lösungen können einen hohen Selbstverpflichtungscharakter besitzen, der darin besteht, aktives Sozialverhalten im Alltag zu erproben.

Die Ziele und das praktische Vorgehen der Elternberatung sind von der Altersgruppe der Kinder weitgehend unabhängig (vgl. hierzu Kapitel 7). Jedoch sollte die von uns empfohlene minimale Anzahl von Beratungssitzungen nicht unterschritten werden. Gleiches gilt für die Kinderarbeit: Für das Einzeltraining sind mindestens sechs, für das Gruppentraining acht bis zehn Sitzungen mit dem Kind bzw. der Kindergruppe erforderlich.

5.8.2 Einsatz von Puppen

In der **ersten Stunde des Einzeltrainings** sollte der Therapeut vier- bis sechsjährigen unsicheren Kindern ihr auffälliges Verhalten mit Hilfe von Puppen illustrieren, die bestimmte Handlungen verdeutlichen. Sauerborn (1988) schlägt dafür die nachfolgend abgebildeten Puppen vor. Die Fotos zeigen jeweils den Kopf einer „Mädchen- und Jungenpuppe", die man problemlos nach der Vorlage und mit entsprechenden Materialien aus einem Bastel- oder Spielwarengeschäft selbst herstellen kann. Auf der übernächsten Seite werden drei Motive in der angegebenen Abfolge abgedruckt:

- eine **„traurige** Puppe"** zur Widerspiegelung des Problemverhaltens,
- eine **„Mutmacherpuppe"** zum Aufzeigen möglicher Problemlösungsstrategien und
- eine **„lachende** Puppe"**, die den Erfolg symbolisiert, wenn die Kinder das Modellverhalten der Mutmacherpuppe imitieren.

Das Puppenspiel gliedert sich in zwei Spielszenen, die nachfolgend geschildert werden sollen:

Erste Spielsequenz

Der Trainer gibt folgende Geschichte vor:

„Ach, Tina, jetzt sitze ich schon seit zehn Minuten vor meinem Puzzlespiel und schaffe es wieder einmal nicht, die einzelnen Teilchen passend zusammenzufügen. Ich kann das einfach nicht, und es geht auch viel zu langsam vorwärts. Aber wenn ich jetzt aufgebe und Mutti schon wieder störe, wird sie bestimmt böse werden. Ach, am liebsten bin ich bei Mutti. Aber sie hat nicht immer Zeit für mich. Sie sagt, sie kann sich nicht rund um die Uhr mit mir beschäftigen, weil sie eine Menge anderer Dinge zu erledigen hat. Tja Tina, so ist das, und jetzt sitze ich hier vor meinem Puzzle und schaffe es mal wieder nicht."

Das Kind erzählt dann die Inhalte dieser Spielszene nach, wobei die Gefühlslage der verwendeten **traurigen Puppe** benannt werden soll. In der Regel identifiziert sich das Kind schnell mit der traurigen Puppe.

In der zweiten Spielsequenz kommt zusätzlich die **Mutmacherpuppe** zum Einsatz.

Zweite Spielsequenz

Der Trainer setzt die Geschichte wie folgt fort:

„Na..., ich beobachte schon eine Weile, wie du hier so mutlos vor deinem Puzzlespiel sitzt. Ich denke, das Puzzle ist auch noch viel zu schwer für dich, zu viele Einzelteile, die zusammengesetzt werden müssen. Das würde ich auch nicht schaffen. Vielleicht solltest du zunächst einmal mit einem kleineren Puzzle anfangen. Das ist dann besser zu schaffen und macht gleich viel mehr Spaß. Du könntest das fertige Puzzle später auf Pappe aufkleben, dann hast du hinterher ein richtiges Bild, das du in deinem Kinderzimmer aufhängen kannst. Du, Tina, probier' das doch mal aus. Du schaffst das bestimmt. Du mußt dir nur ganz fest sagen: 'Ich will es und ich kann es auch', dann schaffst du es sicher."

Puppentausch: Die traurige wird gegen die lachende Puppe ausgetauscht.

Lachende Puppe:

„Mensch Mutmacherpuppe, das ist eine prima Idee. Wenn ich aus dem Puzzle ein richtiges Bild machen kann, dann hab' ich gleich viel mehr Lust dazu. Und - weißt du was? Das Bild schenke ich hinterher der Mutti, da wird die Augen machen. Sie freut sich bestimmt riesig und wird stolz auf mich sein. Ich fange gleich damit an."

An diese Präsentation schließt sich wiederum eine Diskussion der Geschichte mit dem Kind an, die dann in eine Rollenspielphase übergeführt wird (vgl. auch die Instruktionen in Abschnitt 5.2.1). In der Regel verläuft eine solche Phase wie folgt:

Das Kind wählt für das erste Rollenspiel die Puppe mit dem traurigen Gesichtsausdruck. Mit ihr imitiert es das zuvor im Puppenspiel gezeigte Modellverhalten der mutlosen Puppe, die bei der Anforderung resigniert. Meist ist das Kind emotional stark beteiligt und drückt dies in Gestik, Mimik sowie Sprechweise aus. In der zweiten Spielsequenz wechselt das Kind die Puppen: Es spielt jetzt mit der lachenden Puppe und realisiert zunächst die Problemlösung der Mutmacherpuppe. Es bezieht dabei auch die Strategien mit ein, die es sich zuvor gemeinsam mit dem Trainer ausgedacht und als besonders effektive Problemlösung bewertet hat.

5.8.3 Bild- und Fotomaterialien

Sicherlich ist das unter Abschnitt 5.1 bis 5.5 vorgestellte Training sehr sprachgebunden; man kann jedoch jede in Worte gefaßte Aussage durch ein oder mehrere Symbole ausdrücken. Bei einer solchen symbol- oder bildgetragenen Darstellung ist darauf zu achten, daß das Material attraktiv, altersgemäß und vor allem gut einprägsam gestaltet ist. So kann ein **Therapievertrag** - zunächst einmal nur für das Einzeltraining formuliert - so gestaltet werden, daß für jede Sitzung ein Bild (Symbol) verwendet wird. Das Kind kann einen solchen Vertrag (vgl. das nachfolgend abgedruckte Beispiel) bunt ausmalen und „signieren". Bei all diesen Übertragungen in eine sprachunabhängige Form muß dem Kind klar sein, was mit diesen Übungen bezweckt werden soll. Genaue Erklärungen und Anweisungen durch den Trainer sind erforderlich.

Das abgedruckte Muster eines Therapievertrages verdeutlich den Aufbau des Trainings für **Kindergartenkinder,** wie er von Sauerborn (1988) überprüft wurde. Bei dem Vorgehen wurden die **Videosituationen** durch das **Puppenspiel** ersetzt. Die Folge der **Gesichtsausdrücke (zweite Sitzung)** wurde von Sauerborn so umgestaltet, daß

- man je nach dem Differenzierungsvermögen und Alter des Kindes die Anzahl der Gesichter reduziert; auf jeden Fall läßt man das erste „STOP"-Gesicht weg; auch auf das fünfte Gesicht kann man verzichten;
- die „Gedanken" durch die Farbenfolge der Verkehrsampel ersetzt werden, die den Kindergartenkindern bekannt ist.

Bei der Symbolik der Verkehrsampel ist wie folgt zu verfahren:

- Ein Gesicht mit einer **roten Ampel** (Gesicht zwei; vgl. Abschnitt 5.3.2) bedeutet: „Dieses Kind macht ein ängstliches Gesicht, weil es sich nicht traut; deshalb sagt es: 'STOP! Ich trau' mich jetzt'."

- Ein Gesicht mit einer **gelben Ampel** (Gesicht drei und vier) verdeutlicht: „Hier hat es doch wieder etwas Angst! Es traut sich noch nicht so richtig!"
- Ein Gesicht mit einer **grünen Ampel** (Gesicht sechs) drückt aus: „Da macht es ein freundliches Gesicht, es lacht. Es freut sich jetzt, weil es sich doch traut und sicher fühlt."

Die Gesichterfolge wird mit einer kleinen Geschichte des Therapeuten eingeleitet, die lauten kann:

> „Eigentlich gehe ich ganz gerne in den Kindergarten, manchmal spiele ich dort auch mit anderen Kindern, aber so eine richtige Freundin habe ich eigentlich nicht. Die Ulla finde ich sehr nett. Ich würde sie so gerne einmal am Nachmittag treffen. Wir könnten dann zusammen zum Spielplatz gehen."

Das weitere Vorgehen entspricht dem bereits in Abschnitt 5.3 ausgeführten.

Für die **dritte** und **vierte Stunde** empfiehlt Sauerborn (1988) den Einsatz von **Fotogeschichten.** Diese Geschichten entsprechen im wesentlichen den Video- beziehungsweise Fotogeschichten des Originaltrainings (1. Einzeltrainingsstunde, vgl. Abschnitt 5.2.2). Schon in einer früheren Arbeit von Iommelli (1982) zeigte es sich, daß diese Geschichten gemäß den (noch darzustellenden) Rollenspielvorlagen des Gruppentrainings aufgebaut sein sollten.

Diese Geschichten bestehen aus einem kurzen Text, der den Kindern vorgelesen oder in einfachen Worten erzählt wird und eine soziale Situation mit Gleichaltrigen beschreibt. Für jedes Bild beziehungsweise darauf gezeigte Problem werden zwei Lösungen angeboten: Bei der einen reagiert das Kind sicher und kompetent, bei der anderen mit Vermeidungsverhalten. Es liegen sechs Fotogeschichten vor, wobei einmal ein Junge und einmal ein Mädchen Ansprechpartner sind. Es ist aber unbedingt vonnöten, diese Geschichten geschlechtsbezogen einzusetzen.

Ergänzend können auch die Videogeschichten aus diesem Buch angewendet werden, wobei diese nach dem Muster der folgenden Fotogeschichten aufbereitet werden müssen. Besonders sind hierfür zum Beispiel die Videogeschichten Nr. 3 („Die Beleidigung") und Nr. 6 („Eine Verabredung") geeignet.

Die **Fotogeschichten,** die der Arbeit von Sauerborn (1988) entnommen sind, besitzen folgende Themen:

- „Das kann ich nicht!"
- „Er hat mir mein Spielzeug weggenommen!"

Vertrag (Vorschulkinder)

- „Soll ich mitspielen?"/ „Ich will jetzt auf dem Karussell fahren!"
- „Sie lassen mich nicht mitspielen!"
- „Würde mir Julia doch einmal ihre Puppe leihen!"
- „Sie geben mir mein Spielzeug nicht zurück."

Die Inhalte der Fotogeschichten dienen dem Diskriminationslernen, indem die Geschichten und ihre Lösungen nacherzählt, gemalt und ihre Konsequenzen unterschieden werden. Welche unterstützenden Fragen gestellt werden können, sind Abschnitt 5.2.1 zu entnehmen. Daran anschließend werden die Inhalte der Fotogeschichten mit Hand- oder Fingerpuppen gespielt. Diese Geschichten - ebenso wie die Videogeschichten - können auch in einem sich anschließenden Gruppentraining mit Kindergarten- und Vorschulkindern eingesetzt werden. Wir gehen in diesem Buch aus Platzgründen nicht genauer auf das Vorgehen ein (vgl. aber dazu die Instruktionen des Gruppentrainings in den Abschnitten 6.3 bis 6.8).

Das kann ich nicht !

- Heute sollen wir im Kindergarten einen Herbstbaum malen.
  Meine Freundin Bianca ist schon fast fertig mit ihrem Bild. Sie hat einen wunderschönen Baum mit vielen bunten Blättern gemalt. Mir gelingt das einfach nicht!

1. Ach könnte ich doch auch so schön malen wie Bianca! Sie hat immer so tolle Ideen. Ich habe schon viele Blätter verbraucht, weil meine Bäume so häßlich wurden. Jetzt habe ich keine Lust mehr, ich geb's auf.

2. Auch wenn ich nicht so schön malen kann wie Bianca, werde ich es jetzt weiter versuchen. Ich will mir viel Mühe geben, dann werde ich es schon schaffen.

Er hat mir mein Spielzeug weggenommen!

- Gerade bin ich von der Toilette zurückgekommen und sehe, daß Marco sich inzwischen meinen Kran genommen hat. Das ist gemein, er darf mir doch nicht einfach meine Spielsachen wegnehmen.

1. Was mache ich jetzt nur?
   Marco wird meinen Kran sicher nicht so leicht wieder hergeben wollen. Schade, ich hatte gerade so schön damit gespielt.
   Na, dann muß ich mir wohl etwas anderes zum Spielen suchen.

2. Ich gehe jetzt gleich zu Marco hin und bitte ihn, mir meinen Kran zurückzugeben. Er kann mir schließlich nicht einfach meine Sachen wegnehmen. Er hätte mich wenigstens vorher fragen können!

Soll ich mitspielen?

- Auf dem Karussell haben Bianca, Jan und Eva viel Spaß. Ich beobachte sie schon eine ganze Weile. Sie gehen mit mir in den Kindergarten, aber ich kenne sie noch nicht so gut. Ob ich mal zu ihnen hingehen soll?

1. Nein, ich traue mich nicht, sie anzusprechen. Schließlich habe ich noch nie mit ihnen gespielt. Traurig gehe ich nach Hause und bin wieder einmal alleine.

2. Eigentlich sind Bianca, Jan und Eva im Kindergarten immer ganz nett. Manchmal lächeln sie mich an. Ich frage sie jetzt einfach mal, ob ich mitspielen darf. Sie haben sicher nichts dagegen.

Ich will jetzt auf dem Karussell fahren!

- Auf dem Karussell haben Bianca, Jan und Eva viel Spaß. Ich beobachte sie schon eine ganze Weile und würde jetzt auch gerne Karussell fahren. Aber sie beachten mich überhaupt nicht!

1. Jetzt gehe ich zu ihnen hin und schnauze sie einmal ordentlich an. Denen werde ich es schon zeigen! Schließlich waren sie lange genug auf dem Karussell.

2. Vielleicht haben die drei noch gar nicht bemerkt, daß ich hier schon längere Zeit stehe und sie beobachte. Ich werde sie einfach einmal ansprechen und fragen, ob ich mit ihnen zusammen Karussell fahren darf. Wenn ich sie freundlich darum bitte, haben sie sicher nichts dagegen.

Sie lassen mich nicht mitspielen!

• Bianca und Julia machen ein Brettspiel, das mir auch viel Spaß macht. Ich würde es gerne mit ihnen zusammen spielen, aber sie wollen mich nicht mitmachen lassen.

1. Das ist nicht nett von Bianca und Julia. Nun muß ich wieder einmal alleine spielen.
   Traurig gehe ich in die Kuschelecke und verstecke mich hinter dem Regal, damit die anderen nicht sehen, daß ich weine.

2. Schade, daß Bianca und Julia mich nicht mitspielen lassen. Aber das ist kein Grund, traurig zu sein.
   Schließlich gibt es noch andere Kinder, mit denen man schön spielen kann.
   Ich frage jetzt mal den Mario, ob er Lust hat, mit den Legos etwas zu bauen.

Würde mir Julia doch einmal ihre Puppe leihen!

• Zum Geburtstag hat Julia eine wunderschöne Puppe mit langem Haar bekommen. Sie kann mit den Augenlidern wackeln und sogar sprechen.
Ich würde so gerne einmal mit der Puppe spielen.

1. Ich frage Julia lieber erst gar nicht, ob sie mir die Puppe leiht. Sicher mag sie ihre schöne Puppe nicht hergeben. Traurig schaue ich zu, wie Julia ihr Puppenkind füttert.

2. Ich frage Julia einfach mal, ob sie mir die Puppe für kurze Zeit leiht. Fragen kostet ja schließlich nichts! Ich werde ihr versprechen, ganz vorsichtig mit der Puppe umzugehen, dann hat sie sicher nichts dagegen.

Sie geben mir mein Spielzeug nicht zurück!

- Julia und Bianca wollten gerne mit meinem Arztköfferchen spielen. Ich habe es ihnen geliehen, aber nur für eine halbe Stunde! Nun spielen sie schon seit einer ganzen Stunde damit; dabei brauche ich den Arztkoffer doch jetzt selbst, weil ich mit Ralf und Sabrina Krankenhaus spielen will.

1. Ich traue mich nicht, mein Köfferchen zurückzufordern, vielleicht sind Bianca und Julia dann böse auf mich. Gegen die komme ich ja doch nicht an.

2. Wir haben abgemacht, daß ich den Arztkoffer nach einer halben Stunde zurückbekomme.
   Die beiden scheinen das wohl vergessen zu haben. Ich werde jetzt gleich zu ihnen hingehen und sie um mein Arztköfferchen bitten!

In der **fünften Sitzung** finden neu gestaltete Materialien aus der vierten Stunde des Originaltrainings Verwendung (vgl. Abschnitt 5.5). Es handelt sich um zwei Geschichten mit je verschiedenen Bildtafeln: Eine Geschichte wird vom Therapeuten für das Kind ausgewählt. Durch die Analyse der Interaktionssequenzen sollen die Kinder Zusammenhänge bei der Entstehung sicheren/unsicheren Verhaltens erkennen. „Interaktionspartner" sind Comicfiguren, die für Vier- bis Sechsjährige attraktiv sind. Bei diesen Comicfiguren lassen sich Ausdrucksmerkmale wie Gestik, Mimik und Körperhaltung durch einfache zeichnerische Mittel und immer wiederkehrende Gestaltungsformen gut darstellen.

Die Figuren bestehen aus dem „**Antennentiger**" und den „**Zauberlingen**". Der Antennentiger verkörpert den unsicheren und ängstlichen Spielgefährten. Seine Antennen signalisieren, daß er Dinge genau registriert. Er möchte gerne stark und mutig wie ein Tiger sein; er traut sich aber nicht. Der Antennentiger möchte mit den Zauberlingen spielen. Die Zauberlinge sind an ihren Hüten zu erkennen. Sie können nur unter bestimmten Voraussetzungen Dinge „herbeizaubern" (zum Beispiel ein gemeinsames Spiel, das Spaß macht). Es hängt vom Verhalten des Antennentigers ab, ob er mit den Zauberlingen in Kontakt kommt und mit ihnen spielen kann.

Die im folgenden abgedruckten Materialien soll das Kind farbig ausgestalten. Die farbige Gestaltung des Materials kann den Anreizwert steigern. Die Ausdrucksmerkmale (Gestik, Mimik und Körperhaltung als die zentralen Signale) müssen neben Form und Farbe stark hervorgehoben werden, da sie die wesentlichen Beurteilungskriterien repräsentieren, von denen ausgehend das Kind auf die Gedanken und Gefühle der jeweiligen Interaktionspartner und damit auch auf die Art ihrer Interaktionsprozesse schließen kann. Durch solche Signale sind zwar notwendige, aber noch keine hinreichenden Bedingungen dafür geschaffen, daß das Kind das Gesamtgeschehen der Bildergeschichte erschließt. Hierfür ist es vielmehr notwendig, dem Kind die einzelnen Bildtafeln in einer strukturierten Abfolge vorzulegen und es darauf hinzuweisen, daß der Zusammenhang zwischen den einzelnen Sequenzen und damit das Gesamtgeschehen nur bei Beachtung dieser Abfolge erfaßt werden kann. Eine solche Instruktion muß in ein Spiel eingebettet werden, wobei man das Vorgehen wie folgt einführen kann:

„Du siehst hier Bildtafeln mit verschiedenen Figuren, die wir Antennentiger und Zauberlinge nennen.

Du siehst, daß keine Bildtafel genauso ausschaut wie eine andere. Auf jeder Bildtafel geschieht etwas neues und alle zusammen ergeben eine kleine Geschichte. Du sollst nun herausfinden, was in der Geschichte passiert. Stell' dir einmal vor, du hast die Aufgabe, anderen Kindern in deinem Alter mit diesen Bildern eine Geschichte zu erzählen.

Damit du das auch schaffst, mußt du dir die Bildtafeln in dieser Reihenfolge ... ganz genau anschauen. - Schau' dir jetzt das erste Bild an. Wieviele Figuren sind darauf zu sehen und was machen Sie? Es ist ganz wichtig, daß du darauf achtest, was sie machen und wie sie dabei aussehen, das heißt, wie sieht ihr Gesicht aus: traurig, fröhlich, böse...? Wie stehen sie da, wie gehen oder laufen sie und wie halten sie ihre Hände und Arme? Daran kannst du nämlich erkennen, wie sie sich fühlen, ob sie zum Beispiel ängstlich oder freundlich sind; du merkst auch, was sie denken oder sich gar wünschen."

Auf diese Weise müssen alle Tafeln einer Bilderfolge bearbeitet werden, wobei die Erklärungen des Therapeuten sich der Fähigkeit und Motivation des Kindes anpassen müssen. Zuerst wird die Bilderfolge mit einem sozial unsicheren Ausgang und anschließend mit einem sicheren bearbeitet.

Das weitere Vorgehen entspricht dem Originaltraining (vgl. Abschnitt 5.5.1).

Insgesamt liegen zwei Bilderfolgen vor, die auf den nächsten Seiten abgedruckt sind:

- „Was hat der Antennentiger nur?" (= Kontaktaufnahme zu einem anderen Kind; sozial unsicherer Ausgang: S. 134, 135; sozial sicherer Ausgang: S. 134, 136)
- „Spitzhuts Meinung/Rundhuts Meinung!" (= die eigene Meinung angemessen durchsetzen; unkooperativer Ausgang: S. 137, 138; kooperativer Ausgang: S. 137, 138 oben, 139)

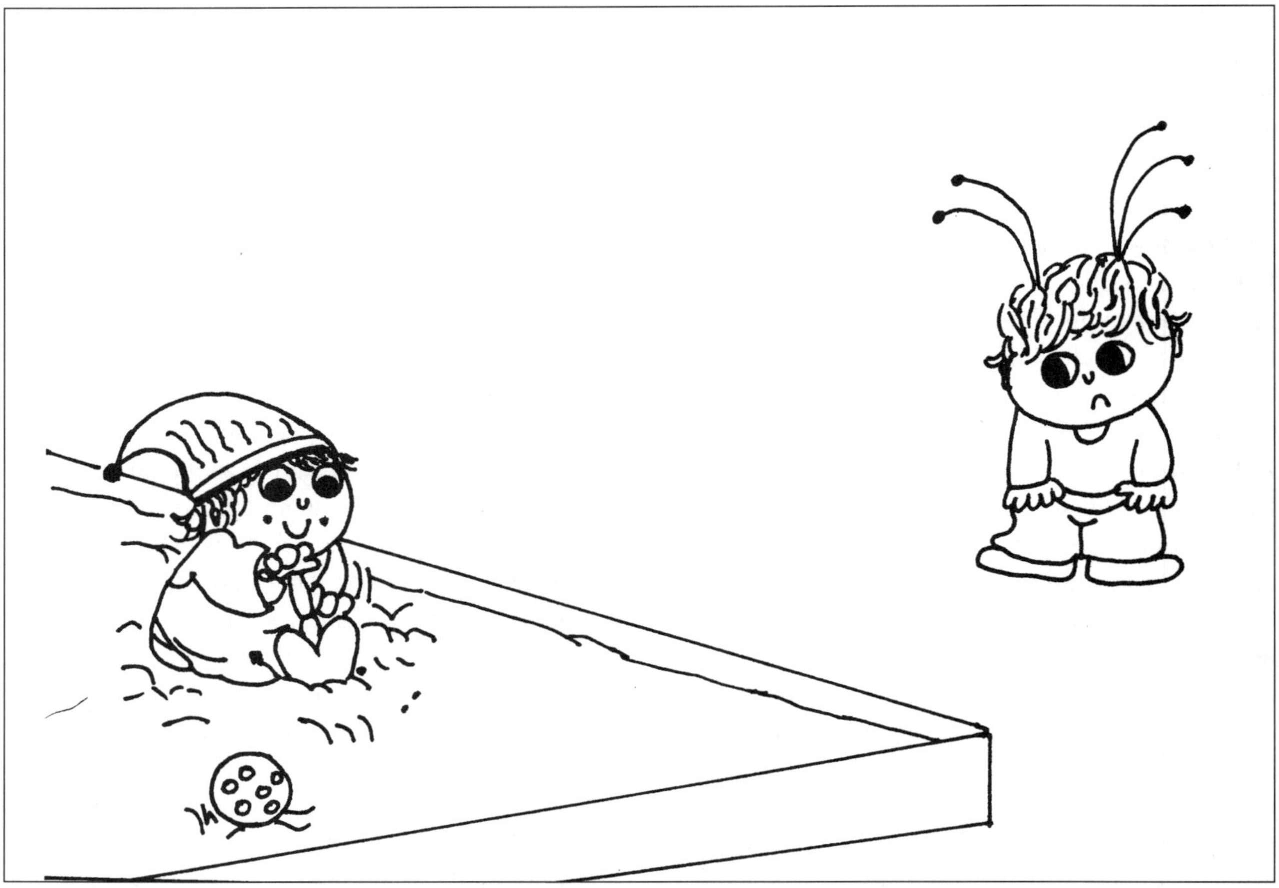

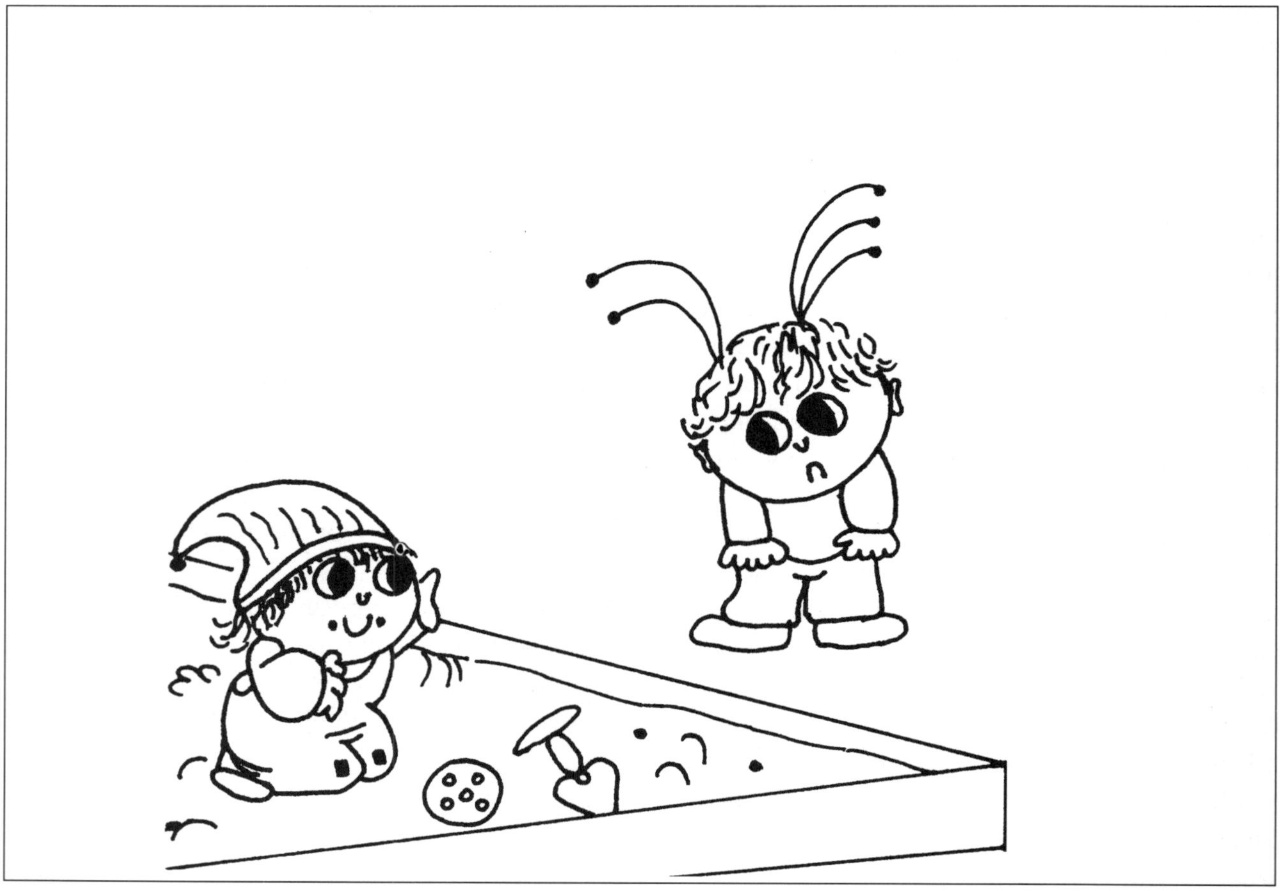

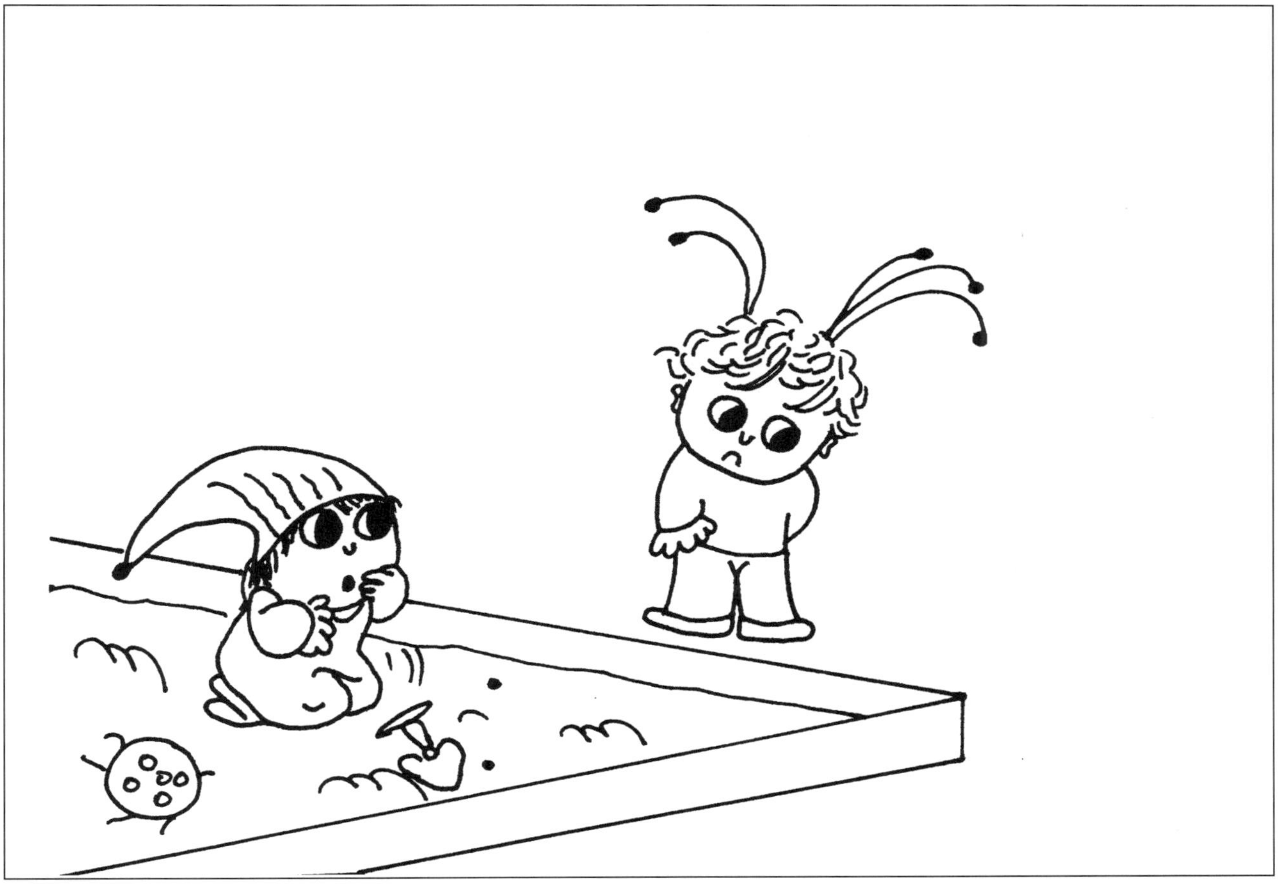

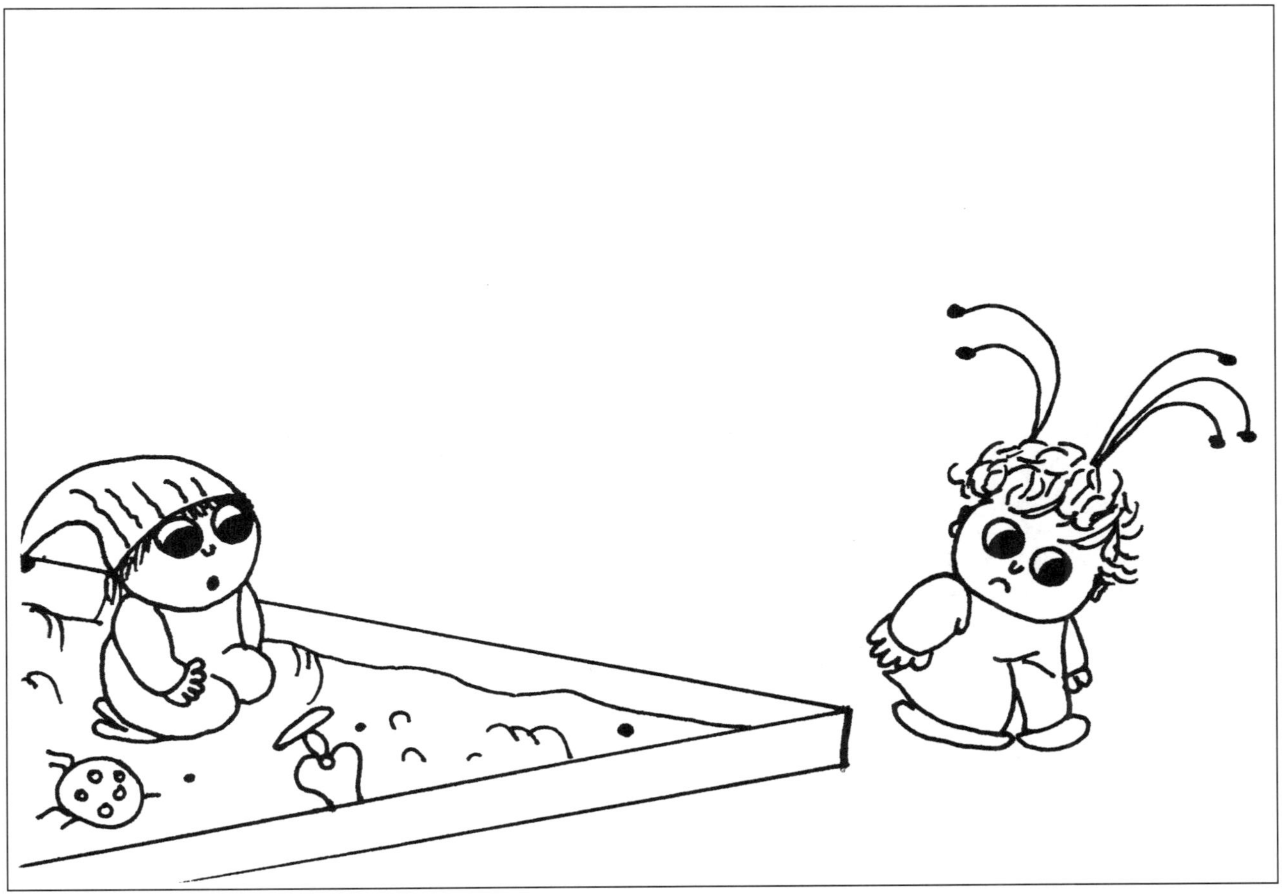

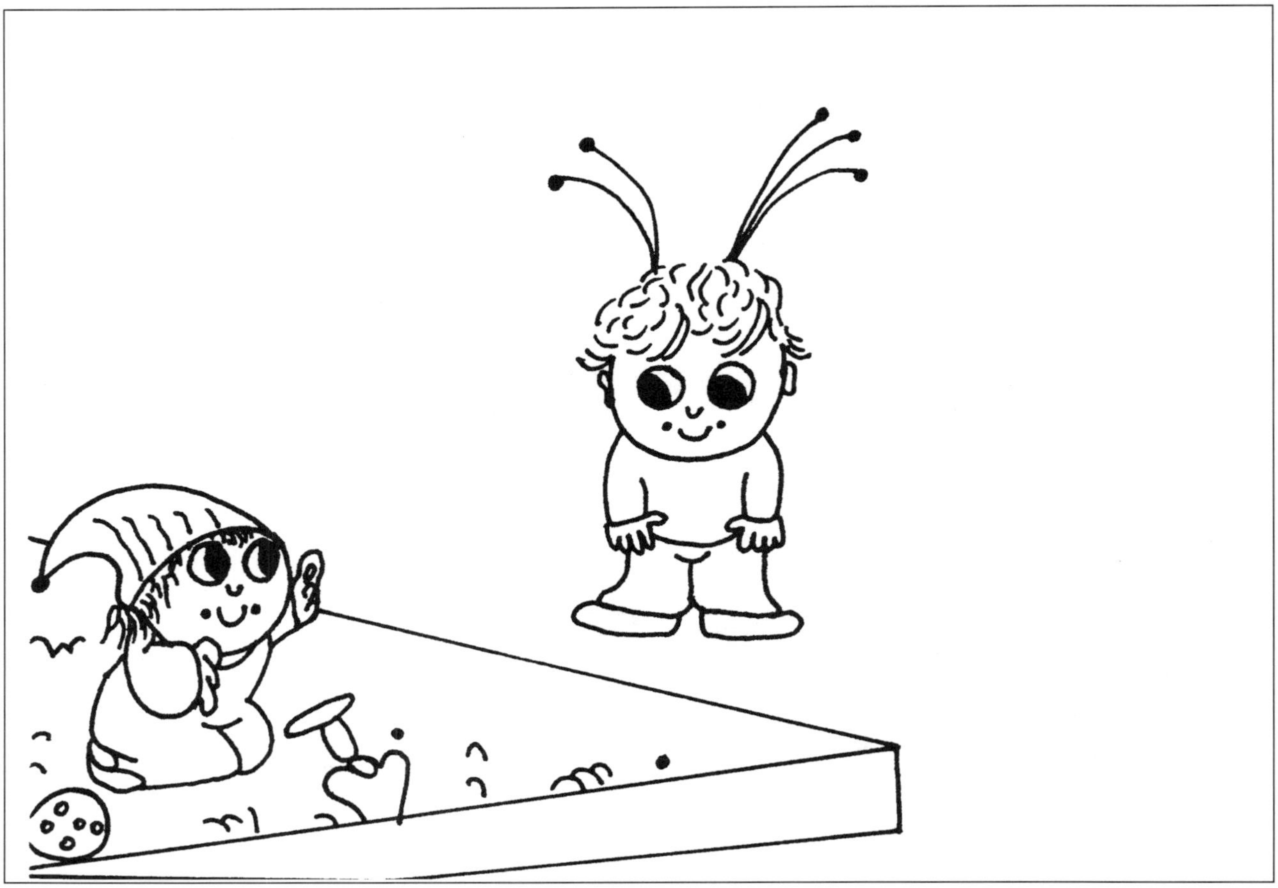

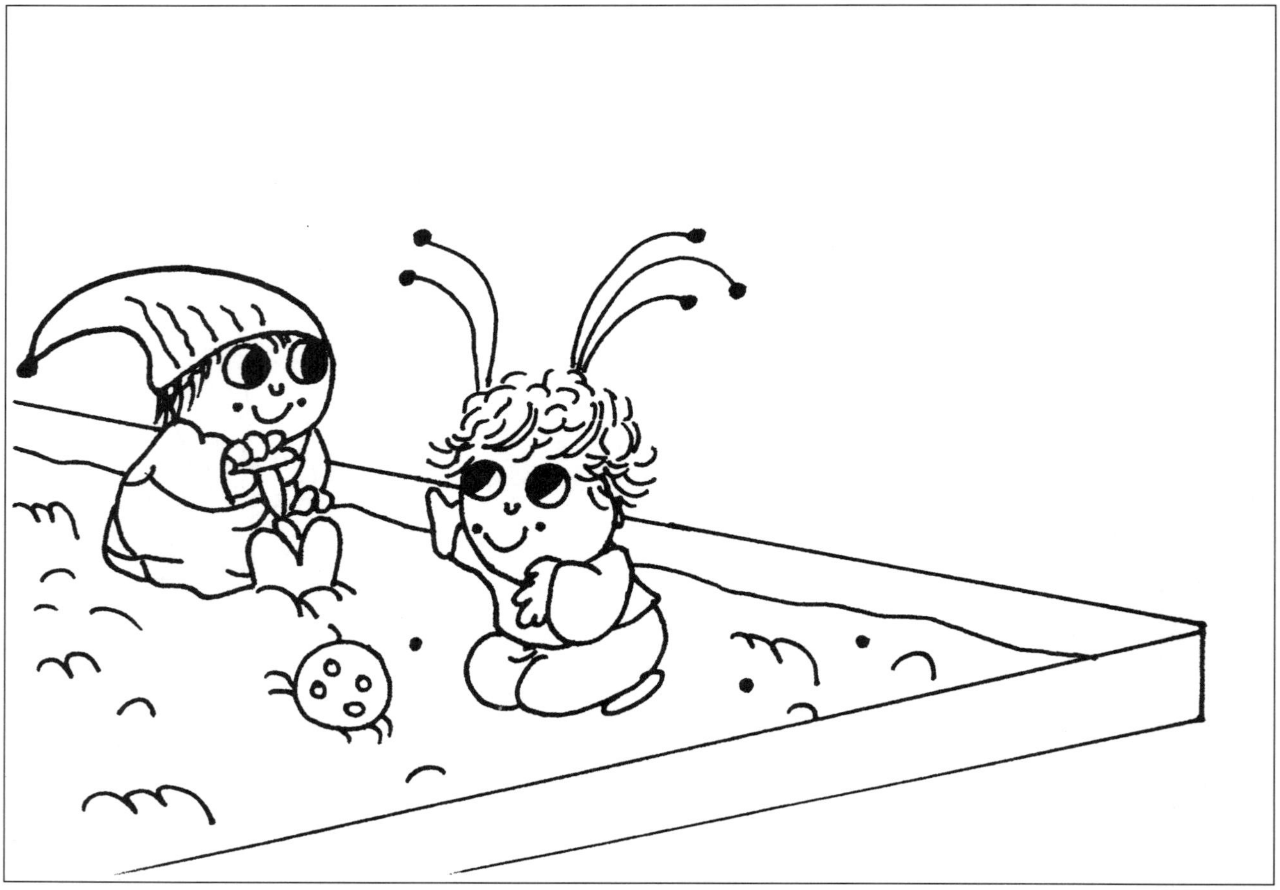

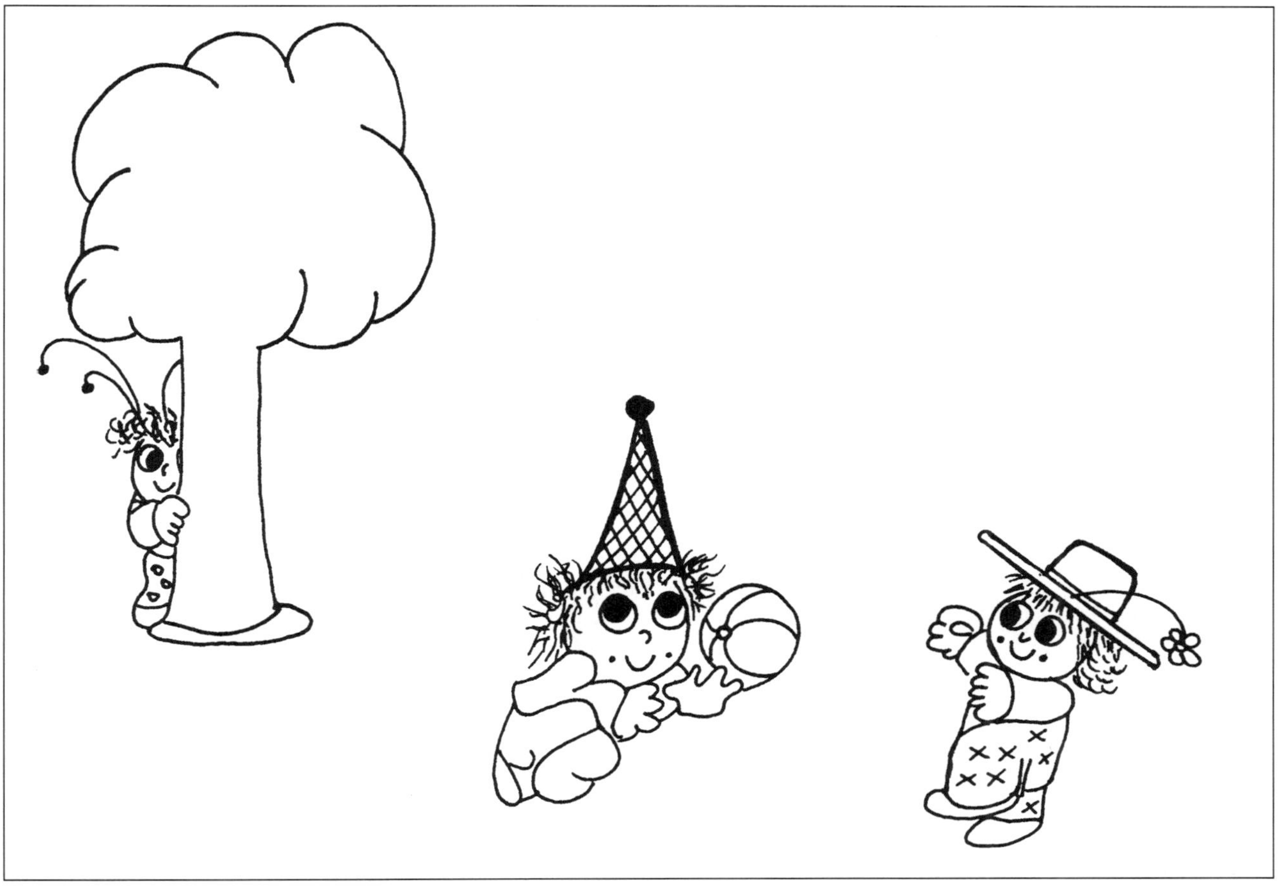

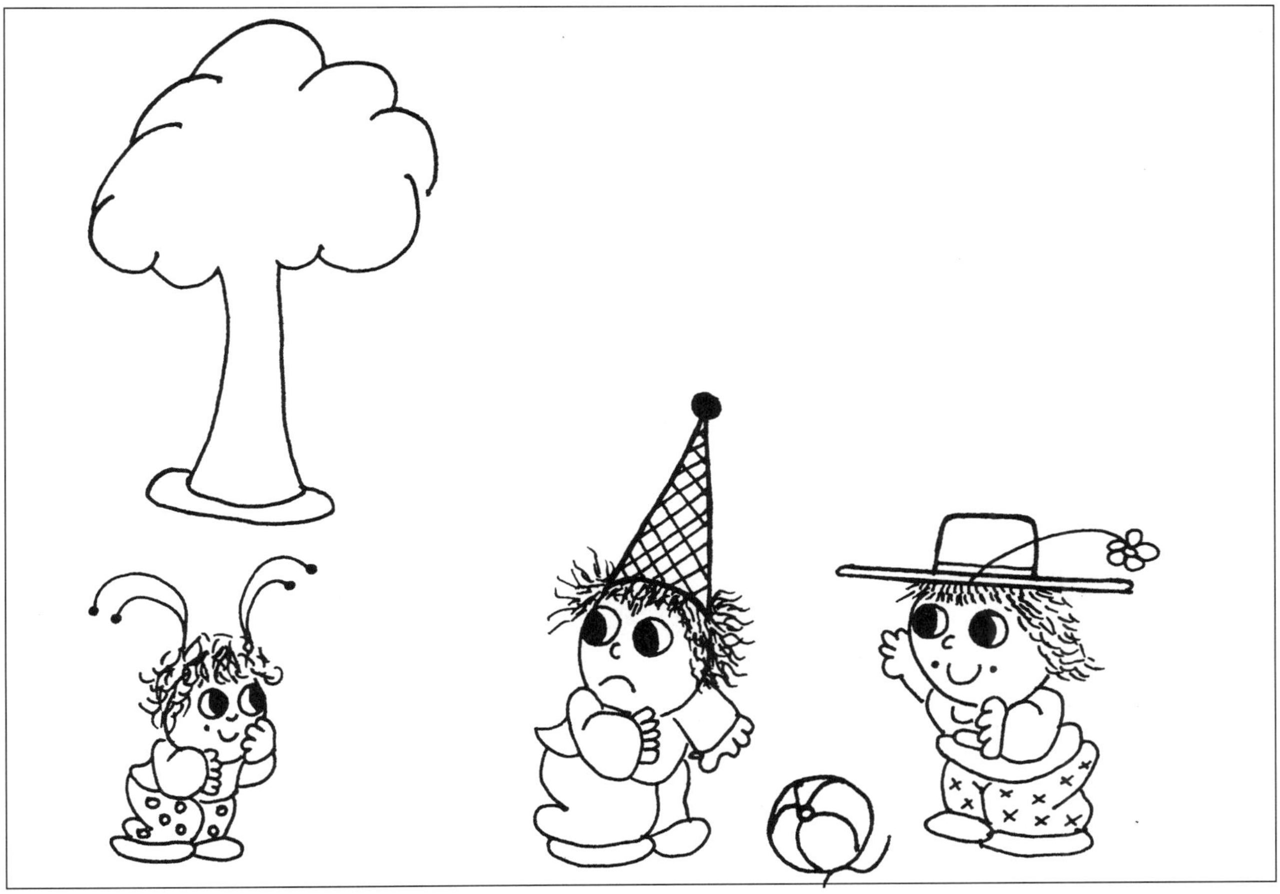

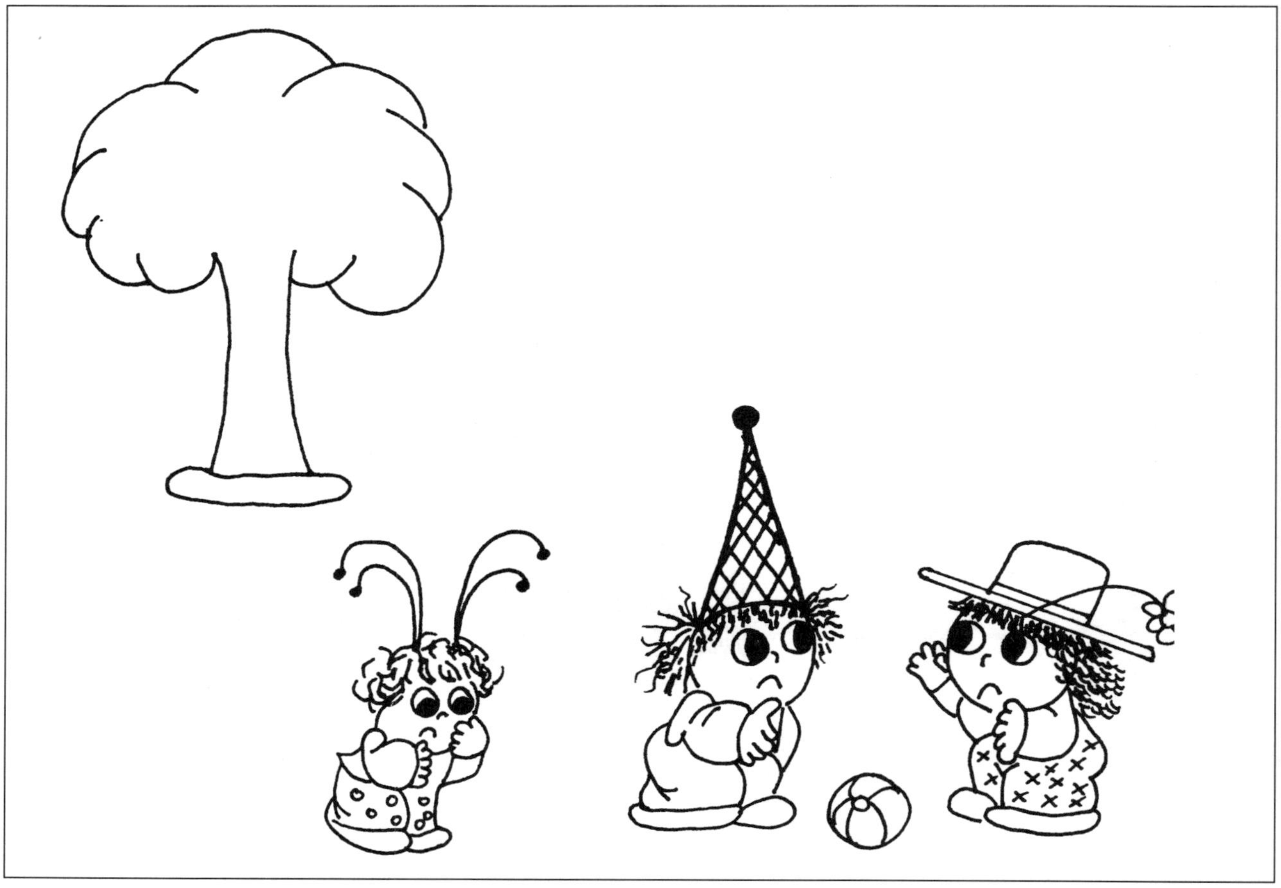

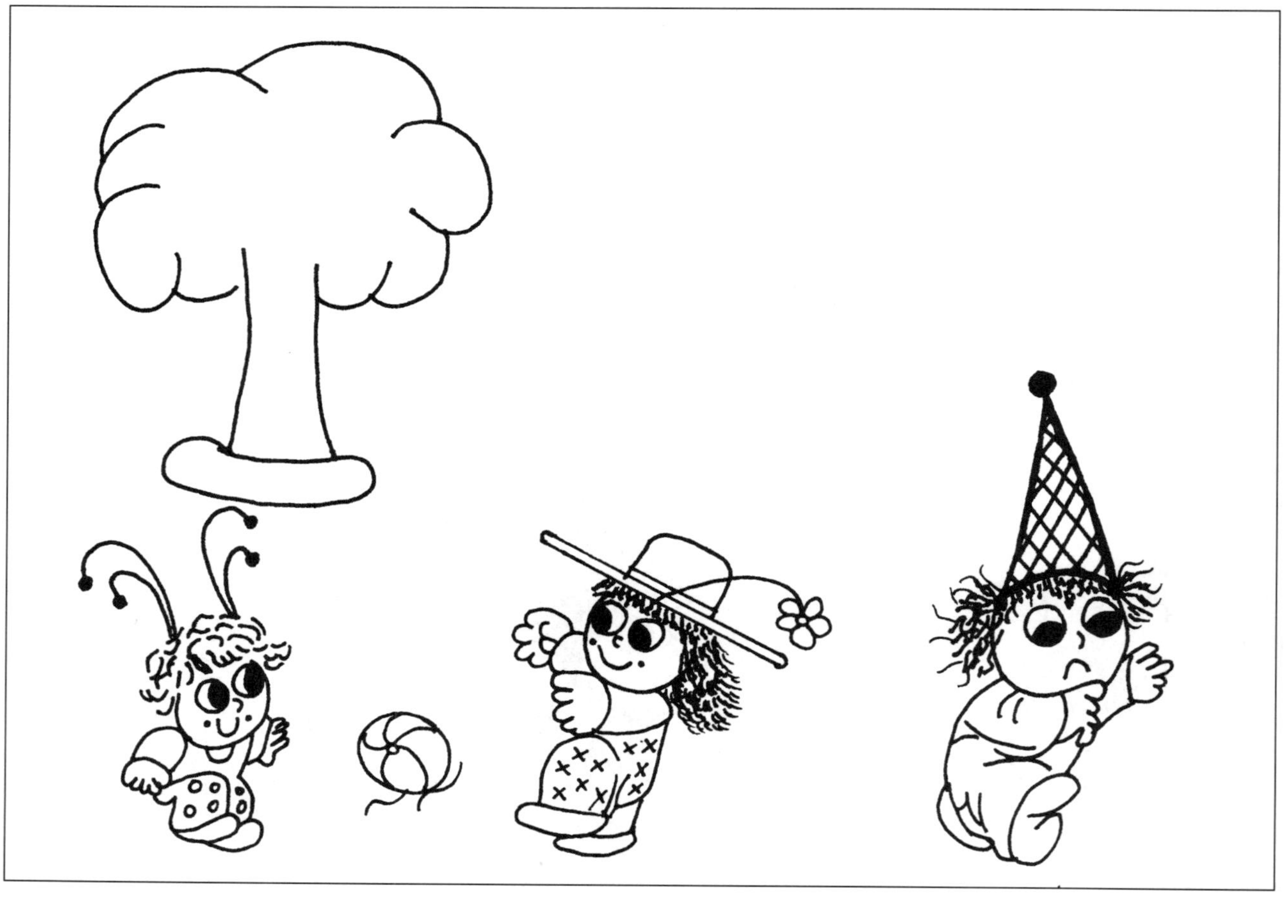

Die **sechste** und letzte Sitzung des **Einzeltrainings** entspricht der **dritten Stunde** des **Originaltrainings** (vgl. Abschnitt 5.4). Diese Umstellung erschien für die Altersgruppe notwendig, da jüngere Kinder nur nach eingehender Vorbereitung über eigene soziale Ängste und Unsicherheiten reden können. Um mögliche Problembereiche herauszukristallisieren, werden die Ängste einer stark erscheinenden Person festgehalten.

Als „Identifikationspersonen" für diese Altersgruppe eignen sich neben „Superman" und „Micky Maus" auch „Pipi Langstrumpf" oder „Heidi". Das weitere Vorgehen entspricht dem Originaltraining.

Die letzte Stunde ist zweifellos die anspruchsvollste des Einzeltrainings. Dies in mehrfacher Weise: Manche Kinder haben sehr große Probleme, Ängste der „Identifikationsperson" zu nennen und es gelingt nur mühsam, das Thema zu bearbeiten. Andere Kinder kommen sofort zu ihren eigenen Ängsten (zum Beispiel der Angst davor, in ein Kinderheim zu kommen) und können einen wenig erfahrenen Therapeuten überfordern. Werden solche persönlichen Ängste in verschiedener Hinsicht thematisiert, sollte der Therapeut flexibel mit dem von uns empfohlenen Vorgehen verfahren, da auf jeden Fall vom Kind angesprochene Ängste bearbeitet werden müssen.

5.8.4 Regel- und Instruktionskarten

Die Regelkarten können sowohl im Einzel- als auch im Gruppentraining eingesetzt werden; sie sollten auf zunehmend schwierigere Situationen bezogen werden. Die Inhalte der Karten werden mit den Symbolen auf bunten Karton geklebt und gut sichtbar vor dem Kind aufgestellt. Einige dieser durch gut einprägsame **Symbole** dargestellten Regeln können ebenso als Selbstinstruktionen dienen. Sie werden mit dem Kind zusammen zu Selbstinstruktionskärtchen „umgebastelt". Sie haben Hosentaschenformat, so daß das Kind sie auch mitnehmen kann. Solche Selbstinstruktionen geben gezielte Hilfen zur **Aufgabenbewältigung** und **Strategiebildung**. Unter dem Begriff „Strategiebildung" wird eine Ordnung von allgemein gültigen Lösungsschritten verstanden. Die für eine allgemeine Strategie notwendigen Schritte werden durch lustige Figuren verdeutlicht. Die vier Figuren der Regeln für Strategiebildung gehören in folgender Weise zusammen: Die ersten drei bilden eine Abfolge von Lösungsschritten, und die ersten beiden können mit der vierten Figur kombiniert werden.

Die nachfolgenden Regeln beziehen sich auf fünf Bereiche:

1. das Sprachverhalten,
2. das Rückzugsverhalten,
3. das Erbitten von Hilfe,
4. die Aufgabenbewältigung und
5. allgemeine Schritte der Strategiebildung.

1. Regeln zum Sprachverhalten

ICH SPRECHE DEUTLICH !

ICH ANTWORTE, WENN ICH GEFRAGT WERDE !

2. Regeln, die das Rückzugsverhalten ansprechen

ICH WEINE NICHT GLEICH, WENN ICH ETWAS NICHT KANN !

sondern

ICH PROBIERE ES SO, WIE ICH ES KANN !

3. Regeln, die Hilfe bringen

ICH FRAGE, WENN ICH ETWAS NICHT VERSTANDEN HABE !

WENN ICH HILFE BRAUCHE, BITTE ICH DARUM !

4. Regeln zur Aufgabenbewältigung

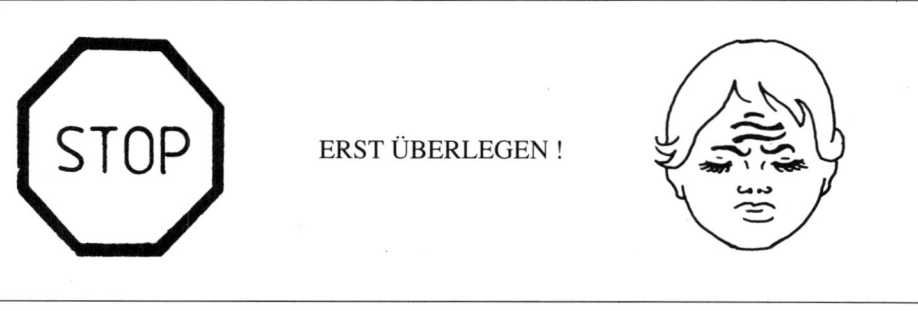

5. Regeln für Strategiebildung

ICH LAUFE NICHT EINFACH WEG

ICH PROBIERE ES !

ICH DENKE NACH, WAS ICH TUN KÖNNTE.

WENN ICH NICHT SAGE, WAS ICH WILL, KANN ES NIEMAND WISSEN !

6 Gruppentraining mit sozial unsicheren Kindern

6.1 Rahmenbedingungen

In **strukturierten** Gruppensitzungen sind mit dem geringstmöglichen Zeitaufwand bestimmte Lernziele zu erreichen. Charakteristisch für strukturierte Gruppensitzungen ist, daß außer der exakten Angabe der Ziele für jede Trainingsstunde auch das Vorgehen und die Materialien - nach einem Konzept geordnet - vorgegeben sind. Für das Gelingen einer Gruppensitzung lassen sich neben der Strukturiertheit folgende Variablen benennen:

- Wird eine Gruppe zusammengestellt, darf man annehmen, daß zwischen den Mitgliedern nur minimale Sympathie besteht; dem kann mit einer **Kennenlernphase** in Form freier Spielaktivitäten begegnet werden.
- Eine Erleichterung für die Kindergruppe und den Therapeuten ist eine Beschränkung der **Gruppengröße** auf drei bis vier Kinder (auch mit einem Co-Therapeuten).
- Unsere praktischen Erfahrungen und verschiedene Literaturberichte (vgl. zum Beispiel Fiedler 1986; Upper & Ross 1985) legen nahe, die **Anzahl der Gruppensitzungen** auf nicht weniger als sechs und nicht mehr als zwölf festzulegen (ohne Sitzungen zum Kennenlernen).
- Es zeigte sich auch, daß **homogen** und **heterogen zusammengestellte Gruppen** gleich gute Erfolge aufwiesen (vgl. Upper & Ross 1985). **Heterogenität** bezieht sich dabei auf die Variablen „**Alter**", „**Geschlecht**" und „**Symptomatik**". Inwieweit man Kinder mit unterschiedlichen Symptombildern (aggressives und sozial unsicheres Verhalten) in einer Gruppe integrieren kann, läßt sich zur Zeit noch nicht endgültig klären (vgl. den nächsten Punkt); die Integration von Kindern in einer Gruppe, die **verschiedene Formen** sozial unsicheren Verhaltens aufweisen, kann sich jedoch aufgrund der unterschiedlichen Verhaltenskompetenzen sehr vorteilhaft auf die in den Sitzungen ablaufenden Gruppenprozesse auswirken. **Homogen** müssen die **Lernvoraussetzungen** bei den Kindern sein. Das bedeutet: vergleichbare kognitive Bedingungen sowie ein ähnlich erfolgreich abgeschlossenes Einzeltraining.

- Effektive **Kombinationen** des Unsicherheits- und Aggressionstrainings empfehlen wir bei angstmotiviert aggressiven Kindern. Solche Kinder könnten, nach Abschluß eines Einzeltrainings für aggressive Kinder, an einem Gruppentraining für sozial unsichere Kinder teilnehmen.
- Die zentrale Bedeutung von **gleichaltrigen Vorbildern** in Kindergruppen ist ebenfalls zu unterstreichen (vgl. Petermann & Petermann 1988). So zeigte sich, daß der Erlebnis- beziehungsweise Erfolgsbericht eines Kindes in einer Gruppe die Gesamtgruppe positiv stimuliert. Wird ein Verhaltenstraining im Heim- oder Hortsektor durchgeführt, dann sind Kinder mit einem optimalen Sozialverhalten leicht in die Gruppe der Trainingskinder integrierbar (Modellkinder). Es ist jedoch in einer Beratungsstelle selten möglich, solche gleichaltrigen Vorbilder zu gewinnen. Daher mag es sinnvoll sein, auf solche Kinder zu verzichten und in jeder Stunde ein anderes Trainingskind zum „Helfer" des Therapeuten zu erklären (Therapiehelfer). Dieser „Helfer" soll bestimmte Aufgaben mit dem Therapeuten gemeinsam den anderen Kindern vorstellen.

Zugleich handelt es sich bei diesem Vorgehen um eine Form der **Kompetenzübertragung**. Sie ist erstens für die Beziehungsgestaltung zwischen Therapeut und Kind wertvoll. Zweitens signalisiert sie dem Kind, daß man ihm etwas zutraut. Und drittens bringt sie Kontrollierbarkeitserfahrungen mit sich.

- Eine bislang weitgehend vernachlässigte Variable bezieht sich auf das soziale **Setting** des Trainings. Hierunter fallen Varianten der Sitzordnung, also die Tatsache, ob die Kinder an einem Tisch auf Stühlen sitzen oder am Boden. Entscheidende Variablen sind auch: Wie groß ist der Raum, wie weit kann der Raum genutzt werden und inwieweit werden die Kinder durch Spielsachen und ähnliches im Raum abgelenkt.

- Eine weitere zentrale Variable der Gruppensitzungen ergibt sich selbstverständlich aus den gestellten Aufgaben (=**Rollenspiele**), die die Kinder zu bewältigen haben. Die Inhalte der Rollenspiele müssen auf die Probleme der Kinder bezogen sein; sie wirken dann motivierend.

Bei der Durchführung des Gruppentrainings ist davon auszugehen, daß die Gruppenfähigkeit aufgrund der Verhaltensdefizite bei sozial unsicheren Kindern minimal ausgeprägt ist und sich nur langsam entwickeln wird. Diesem Problem soll durch den schrittweisen Aufbau des Trainings entgegengewirkt werden. Zur Kennzeichnung des formalen Aufbaues können vier Phasen unterschieden werden:

1. Kennenlernphase,
2. Erlernphase,
3. Belastungsphase und
4. Transferphase.

In der **Kennenlernphase**, die keine Therapiephase im eigentlichen Sinne darstellt, geht es darum, daß die Kinder lernen, sich in einer Gruppe zurechtzufinden. Die Kinder sollen in freien Spielsituationen einen minimalen Konsens untereinander aushandeln. Für diese Phase sind im allgemeinen bei der angegebenen Altersgruppe drei bis vier Stunden notwendig.

Die **Erlernphase** impliziert, daß sich ein Zusammengehörigkeitsgefühl in der Gruppe entwickelt hat; dieses bildet eine entscheidende Voraussetzung für die aktive therapeutische Arbeit. In dieser Phase erfährt die Kindergruppe anhand zielgerichteter therapeutischer Maßnahmen (gelenkte Rollenspiele) verschiedene Interaktionsstile.

In der dritten, sogenannten **Belastungsphase** geht es darum, daß in der Kindergruppe komplexere Problemsituationen durch den Therapeuten eingebracht werden und die Kinder lernen, mit diesen Problemen umzugehen. Von Therapeutenseite werden bestimmte Strukturierungshilfen gegeben, so daß die Probleme bewältigbar erscheinen; der gesamte Lösungsweg wird - im Gegensatz zur Erlernphase - vom Therapeuten nicht mehr vorgegeben.

In der vierten und letzten Phase, der sogenannten **Transferphase**, übertragen die Kinder die eingeübte Problemlösefähigkeit zunehmend auf Alltagssituationen, und zwar mit Hilfe kindspezifischer Instruktionskarten. In dieser Phase sollen die Kinder auch Erlebnisse aus dem Alltag in die Therapiesituation mit einbringen und eigenständig nach Lösungen suchen. Schließlich werden realitätsnahe Aufgaben simuliert.

Für die Realisierung der Phasen 2 bis 4 sollen mindestens je zwei Gruppentrainingssitzungen vorgesehen werden.

6.2 Ziele und praktisches Vorgehen

Das Gruppentraining ist so aufgebaut, daß es vor allem **Modellernen** und **Verhaltensübungen** kombiniert, was sich gegenüber anderen Behandlungsarten als vorteilhaft erwiesen hat (vgl. Hersen et al. 1977; Hersen & van Hasselt 1987). Kognitive Elemente sind immer in Form von Selbstbeobachtung, Vorsatzbildung und Selbstinstruktionen eingestreut. Die Verhaltensübungen erfolgen in Rollenspielen, wobei die Inhalte aus kurzen Situationsbeschreibungen bestehen, die durch je ein Bild (Foto/ Cartoon) verdeutlicht sind. Durch die bildlichen Darstellungen werden die Situationsbeschreibungen für die Kinder attraktiv und fördern die **verbale** und **nonverbale Reizdiskrimination**. Entsprechend müssen Situationsbeschreibung und Bild Hinweise auf relevante Umwelt-, Personen- und Verhaltensreize geben, wie zum Beispiel Orts-, Zeit- und Gegenstandsangaben, klar erkennbare und mit Merkmalen versehene Interaktionspartner sowie Verhaltensabläufe.

Solche Situationen wurden einem unveröffentlichten Manuskript von Fischer et al. (1980) entnommen, für Kinder umgestaltet und ausführlich formuliert sowie mit Bildern versehen. Obwohl die Situationsbeschreibungen einem Testinventar entnommen wurden, beschränken sich ihre Anwendungsmöglichkeiten nicht auf diagnostische Fragestellungen, da sie unmittelbar therapeutisch einsetzbar sind, wie wir schon in unserem Training mit aggressiven Kindern illustriert haben.

Um den zusammengestellten Situationsbeschreibungen ihren intuitiven Charakter zu rauben, soll kurz auf ihre Ableitung eingegangen werden. So muß bei der **Gewinnung der Situationen** darauf geachtet werden, daß die ausgewählten Situationen alle wichtigen Verhaltensweisen sozial unsicherer Kinder abdecken. Zur Prüfung dieser Repräsentativität kann man die in der therapeutischen Praxis gesammelten Situationsbeschreibungen in einer sogenannten „**Situations-Verhaltens-Matrix**" (vgl. Tyler-Matrix; Tyler 1973) einordnen. Diese Matrix weist im vorliegenden Fall in den Spalten sechs beobachtbare Verhaltensbereiche und in den Zeilen fünf unterschiedliche Interaktionspartner auf. Die **Verhaltensbereiche** beziehen sich auf:

1. **Soziale Hervorhebung ertragen:** Angst vor Zuschauern, Sprechangst, sich genieren beim Gelobtwerden.
2. **Gefühle zeigen, Meinungen und Kritik äußern:** gemeint sind Sachkritik, Kritik an Verhaltensweisen anderer Personen, eigene Motive und Erwartungen ausdrücken, Fragen stellen.
3. **Kritik annehmen und angemessen verarbeiten:** bezüglich Sachverhalte, eigener Verhaltensweisen.
4. **Durchsetzen gegenüber Anforderungen:** Ablehnen, nein sagen.
5. **Durchsetzen eigener Ansprüche/Erkennen der Ansprüche anderer:** berechtigte Forderungen stellen, Auskunft einholen, um Unterstützung bitten, Bedürfnisse anderer erkennen und achten, andere unterstützen.
6. **Kontakt aufnehmen/anknüpfen:** bezüglich Gespräche, Aktivitäten.

Tabelle 3: Situations-Verhaltens-Matrix der Video- und Rollenspielsituationen.
Anmerkung: R = Rollenspielsituation (vgl. Foto-/Cartoongeschichten)
  V = Videosituation (vgl. Abschnitt 5.2.2)

Beobachtbare Verhaltensbereiche

Interaktionspartner	Soziale Hervorhebung	Gefühle zeigen, Meinungen, Kritik äußern	Kritik annehmen und angemessen verarbeiten	Durchsetzen gegenüber Anforderungen	Durchsetzen eigener Ansprüche/Erkennen der Ansprüche anderer	Kontakt aufnehmen/anknüpfen
Vertraute Personen		(1R) (2V)		(4V)		
Bekannte Personen		(7R)	(3V)		(2R) (5V)	(6V)
Personengruppen	(1V)	(6R)				
Fremde Personen						(3R)
Positionsinhaber	(5R)		(4R)			

Die **Interaktionspartner** von Kindern sind:

1. **Vertraute Personen:** Familie (Eltern, Geschwister, Verwandte), Freunde.
2. **Bekannte Personen:** Klassenkameraden, Spielkameraden, Erwachsene oder Kinder aus der Nachbarschaft.
3. **Gruppen von Personen:** Klasse, Clique, Bande.
4. **Fremde Personen:** Amtspersonen (zum Beispiel Polizisten), Verkäufer(in), sonstige Personen im alltäglichen, öffentlichen Leben.
5. **Positionsinhaber:** Lehrer, Arzt, Pfarrer und ähnliche.

Die Situations-Verhaltens-Matrix ist insofern **hierarchisch** aufgebaut, als die Verhaltensbereiche in Abhängigkeit von den Interaktionspartnern unterschiedliche Schwierigkeitsgrade repräsentieren.

Die Kategorien „soziale Hervorhebung ertragen", „Gefühle zeigen, Meinungen und Kritik äußern" sowie „annehmen", „Durchsetzen eigener Ansprüche" und „Kontaktaufnahme" nehmen im Schwierigkeitsgrad von vertrauten Personen bis zu fremden Personen und Positionsinhabern zu. Lediglich bei der Kategorie „Durchsetzen gegenüber Anforderungen" verläuft die Hierarchie nicht eindeutig: Es dürfte sowohl bei vertrauten Personen als auch bei Positionsinhabern schwer sein, sich gegenüber Anforderungen durchzusetzen (vgl. Ullrich de Muynck & Ullrich 1976 a).

Zur Illustration ist die Situations-Verhaltens-Matrix (vgl. Tab. 3) wiedergegeben, in die sowohl die Videosituationen des Einzeltrainings als auch die Situationen für die Verhaltensübungen des Gruppentrainings eingetragen sind. Da jede Spalte beziehungsweise Zeile mit wenigstens einer Situation besetzt ist, können die ausgewählten Situationen (mit den auf die Altersgruppe bezogenen Zielen) als annähernd inhaltlich valide bezeichnet werden.

Die Ziele des Gruppentrainings sind aus der Situations-Verhaltens-Matrix abgeleitet. Sie beziehen sich auf die verschiedenen Verhaltensbereiche und sind hinsichtlich ihres Schwierigkeitsgrades hierarchisch angeordnet. Die Hierarchie wird über die Interaktionspartner definiert. Einige Ziele lassen sich aus den Ausführungen zur sozialen Kompetenz bei Ullrich de Muynck & Ullrich (1976 a) ableiten; andere findet man in Untersuchungen zu sozial isoliertem Verhalten wieder (Asendorpf 1990).

Das „Geben von Verstärkung" zum Beispiel, von Keller & Carlson (1974) als wichtige soziale Fertigkeit verstanden, wird durch das erste Lernziel „positive Gefühle und Freude zeigen" repräsentiert.

Abbildung 8 stellt die Ziele des Gruppentrainings im Überblick dar.

Die Ziele lassen sich vor allem durch Verhaltensübung, Modell- und Diskriminationslernen erreichen. Um die sozial kompetenten Verhaltensweisen aus den unterschiedlichen Bereichen zu üben, werden Rollenspiele durchgeführt. Die Rollenspiele sind nach den von uns (1991a, S. 116) definierten **Strukturmerkmalen** konzipiert. Dies bedeutet, ein Rollenspiel gliedert sich zumindest in die Komponenten „Rollenspielphase" und „Reflexionsphase". Eine „revidierte Rollenspielphase" schließt sich unter Umständen an. Der notwendige „Realitätstransfer" erfolgt überwiegend über eine entsprechende Regeldefinition und deren Übernahme in den „Detektivbogen". Zugleich wird damit im Gruppentraining die **Selbstbeobachtung** und Selbstkontrolle fortgeführt. Individuell gestaltete **Instruktionskärtchen** mit kindspezifischen Selbstverbalisationsanweisungen tragen ebenfalls zum weiteren Aufbau von Selbstkontrollmechanismen bei (vgl. Petermann & Petermann 1991 a, S. 125).

Neben der gezielten Verhaltensübung in den thematisch ausgearbeiteten und vorgegebenen Rollenspielen sollen die Kinder **eigene Dokumente** in den Sitzungen erstellen. Ein Beispiel für ein solches von den Kindern selbst erstelltes Dokument bildet das **Hörspiel**, das die Kinder zu einem Rollenspiel oder einer Aufgabe mit Hilfe eines Kassettenrekorders aufnehmen. Durch diese kurzen Hörspielstücke (ca. 3 bis 5 Minuten lang) erhalten die Kinder ein unmittelbares, selbstgesetztes Feedback über ihr Verhalten, was sich in verschiedener Weise als günstig erweist: So trägt allein schon die Tatsache, sich eigenständig für eine Problematik und die Art der Bewältigungsform zu entscheiden, zur Entwicklung von selbstverantwortlichem Verhalten bei.

Nachdem die Kinder das Hörspiel mit einem Kassettenrekorder aufgenommen haben, besitzen sie einen greifbaren Beweis, daß sie sich an eine Aufgabe herangewagt und diese bewältigt haben. Über dieses Tondokument können die Kinder die Darstellung der Problematik kritisch einschätzen und sozial kompetentes Verhalten benennen, wobei sie verschiedene Problemlösungen unterscheiden.

ZIELE DES GRUPPENTRAININGS

1. Trainingsstunde

VERHALTENSBEREICH:
Positive Gefühle, Freude
zeigen

INTERAKTIONSPARTNER:
Vertraute Personen

2. Trainingsstunde

VERHALTENSBEREICH:
Durchsetzen eigener Ansprüche/
Erkennen der Ansprüche anderer

INTERAKTIONSPARTNER:
Bekannte Personen

3. Trainingsstunde

VERHALTENSBEREICH:
Kontakt aufnehmen können; Kritik annehmen und angemessen verarbeiten

INTERAKTIONSPARTNER:
Fremde Personen
Positionsinhaber

4. Trainingsstunde

VERHALTENSBEREICH:
Sich angemessen selbstbehaupten

INTERAKTIONSPARTNER:
Vertraute Personen

5. Trainingsstunde

VERHALTENSBEREICH:
Umgang mit sozialer Hervorhebung;
Gefühle zeigen, Meinungen, Kritik äußern

INTERAKTIONSPARTNER:
Positionsinhaber
Personengruppen

6. Trainingsstunde

VERHALTENSBEREICH:
Gefühle zeigen, Meinungen, Kritik äußern

INTERAKTIONSPARTNER:
Bekannte Personen

Abbildung 8: Überblick über die Ziele des Gruppentrainings.

6.3 Erste Sitzung

6.3.1 Instruktionen und Beispiele

Zu Beginn des Gruppentrainings muß den Kindern erklärt werden, daß sie zusammen Aufgaben zu bewältigen haben. Es ist sehr wichtig, klarzustellen, was das für Aufgaben sind, damit keine schulische Atmosphäre entstehen kann. Auch der Grobablauf des gesamten Gruppentrainings wird den Kindern noch einmal vor Augen geführt. Dies in der folgenden Weise:

„Einstimmung"
„Es gibt im Leben viele Aufgaben, die nichts mit Schulaufgaben zu tun haben. Man kann sie Lebensaufgaben nennen.
Zum Beispiel ist es eine Aufgabe, mit anderen Kindern Kontakt zu bekommen, das heißt, zu sprechen und zu spielen; seine Meinung zu sagen, ohne daß gleich Streit entsteht; sich das Fingernägelkauen abzugewöhnen; den anderen verstehen zu lernen; den anderen anschauen zu lernen." (Es werden kindspezifische Beispiele genannt).
„Jeder von uns hat Aufgaben, die er sehr gut bewältigen kann und solche, mit denen er nicht gut oder gar nicht fertig wird.
Dazu kommt, daß jedem eine andere Aufgabe liegt. Hier in der Gruppe ist das auch so; zum Beispiel vermag Oliver einen anderen direkt anzuschauen, was Jens nicht gelingt; dafür aber kann Jens einen anderen erzählen und ausreden lassen und ihm zuhören, wozu Oliver hingegen nicht immer die Geduld aufbringt." (In dieser Art wird für jedes Kind in der Gruppe fortgefahren).
„Wenn wir zusammen Aufgaben üben und jeder etwas anderes gut kann, dann ist jedem die Möglichkeit gegeben, von dem anderen etwas zu lernen.
Bei den nächsten Treffen wird unsere Aufgabe sein, Geschichten zu spielen, darüber zu sprechen und noch einmal die Geschichten zu spielen, dann aber vielleicht mit einer anderen Lösung und jeder mit einer anderen Spielerrolle.
Am Ende eines jeden Treffens werden wir wieder Regeln in den Detektivbogen eintragen. Und ihr überlegt, ob ihr sie geschafft habt oder nicht."

Nach dieser „Einstimmung" wird mit den **Verhaltensübungen** begonnen.

- **Das Ziel dieser ersten Stunde ist: Lernen, Gefühle zu zeigen.** Es geht konkret um das Gefühl der Freude, das die meisten sozial unsicheren Kinder nicht zeigen können. Bei dem zu trainierenden Verhalten wird eine Geburtstagsgeschichte (**„Das Geburtstagsgeschenk"**) mit dem Problem des Beschenkens, Bedankens und Freudezeigens gewählt.

1. Rollenspielphase

Alle Kinder erhalten ein Blatt mit der gleichen Geschichte. Sie wird gemeinsam gelesen; das heißt, ein Kind oder der Therapeut liest die Geschichte vor. Zuvor fordert der Therapeut die Kinder auf, aufmerksam zu sein. Anschließend wird besprochen, was alles in der Geschichte passiert und auf dem Bild zu sehen ist. Das Bild soll sehr genau von den Kindern betrachtet und beschrieben werden. Zuletzt werden die Lösungen gelesen und besprochen. Das Rollenspiel wird in dieser Sitzung mit Puppen durchgeführt (Vater-, Mutter-, Kinderpuppen, Puppenstube mit Einrichtungsgegenständen). Dieses Vorgehen erleichtert besonders gehemmten und jüngeren Kindern den Einstieg 'in einer Gruppe' und kann als Vorbereitung zum Rollenspiel betrachtet werden. Zuerst wird die Geschichte mit der unerwünschten, dann mit der erwünschten Lösung gespielt. Jedes Kind spielt den Beschenkten in der unsicheren wie in der sicheren Rolle, so daß sechs bis acht kurze Puppenspiele ablaufen.

2. Reflexionsphase

Es wird systematisch nach den Spielerfahrungen der Kinder gefragt:

- „Wie ist es dir als Schenkendem ergangen? Was hast du gedacht oder gefühlt?"
- „Was hast du als Beschenkter gedacht oder gefühlt?" (Jeweils auf den ersten und zweiten Ausgang der Geschichte bezogen fragen).
- „Woran kann man Freude erkennen?" (Die Antworten der Kinder sind für alle sichtbar an eine Wandzeitung oder Wandtafel zu schreiben. Mögliche Antworten können sein: lachen, freundlich anschauen, das Geschenk genau ansehen, sagen, daß es gefällt ...).

- „Wie kann man Freude zeigen?"
  (Zusammenhang herstellen, daß dies die gleichen Verhaltensweisen sind, an denen man Freude erkennen kann).
- „Kann der Schenkende danach fragen, ob sich der Beschenkte freut?"
- „Welcher Ausgang der Geschichte war der bessere? Warum?"
- „Welche Möglichkeiten hätte der Beschenkte noch gehabt, um seine Freude zu zeigen?"

Die Kinder weisen in der Regel darauf hin, daß durch „sich bedanken", „lächeln" und „dabei sich angukken" und ein „fröhliches Gesicht machen", Freude gezeigt werden kann.

3. Revidierte Rollenspielphase
Die Kinder sollen einen oder zwei Vorschläge, was der Beschenkte noch hätte machen können, um Freude zu zeigen, in die Geschichte einbauen und mit Rollentausch spielen. So übt jedes Kind noch einmal sozial kompetentes Verhalten und erlebt aber auch die Rolle des Schenkenden. Ob dies als Puppen- oder Rollenspiel durchgeführt wird, hängt vom Verlauf der Sitzung und von den Kindern ab.

Detektivbogen
Den Ausklang der Stunde bilden eine Regel und der Detektivbogen: „Es gibt jeden Tag mindestens einmal eine Gelegenheit, bei der man Freude zeigen kann oder sagen kann, daß einem etwas gut gefällt. Zum Beispiel der Mutter sagen, daß das Essen gut geschmeckt hat; dem Freund sagen, daß man es toll findet, wie gut er schwimmen kann; sich freuen und es zeigen, daß man in der Schule gut gelesen hat und

am Nachmittag einen schönen Drachen gebastelt hat usw. Ihr sollt wieder als euer eigener Detektiv jeden Tag beobachten, ob ihr mindestens einmal am Tag Freude gezeigt habt. Jeder entscheidet sich, bei welcher Gelegenheit er Freude zeigen will. Schreibt dies mit einem Stichwort dazu."

> ## Ich habe heute Freude gezeigt !

Die Regel wird an eine Wandzeitung oder Wandtafel geschrieben; die Kinder übertragen sie mit ihrem Stichwort in ihren Detektivbogen.

Je nach Gruppenzusammensetzung unterscheidet sich der **Verlauf** der ersten Gruppensitzung. Zum Beispiel kann es vorkommen, daß ein Kind sehr viel redet und ein anderes Kind sich in diesen Fällen zurückzieht. Auch können dann alle Gespräche auf den Therapeuten bezogen sein und die meisten Aktivitäten über ihn laufen. Jüngere Kindergruppen (8- bis 9-Jährige) und Gruppen mit nur einem „deprivierten Kind" können sich von Anfang an besser auf sich konzentrieren und problemlos sowie mit großer Begeisterung die Geschichte in Rollenspiele umsetzen.

6.3.2 Materialien

Als Rollenspielvorlage dient eine in geschlechtsspezifischen Fassungen vorliegende Situationsbeschreibung. Zudem sind Puppen und eine Puppenstube mit Einrichtungsgegenständen für diese Sitzung erforderlich. Die Ergebnisse der Rollenspiele sollen auf einer Tafel oder Wandzeitung notiert werden.

Das Geburtstagsgeschenk

An meinem Geburtstag darf ich nachmittags einige Freunde nach Hause einladen. Von allen bekomme ich ein kleines Geschenk. Auch von meinem Freund Ulf. Ich packe es aus. Ich stelle fest, daß Ulf mir ein schönes Motorradheft geschenkt hat. Dies freut mich sehr, da ich mir so etwas schon lange gewünscht habe.

1. Ich sage Ulf, wie sehr ich mich über sein Geschenk freue und daß ich mir so etwas schon lange gewünscht habe.

2. Ich lächele still vor mich hin und lege das Geschenk zu den anderen.

Das Geburtstagsgeschenk

An meinem Geburtstag darf ich nachmittags einige Freunde nach Hause einladen. Von allen bekomme ich ein kleines Geschenk. Auch von meiner Freundin Uschi. Ich packe es aus. Ich stelle fest, daß Uschi mir schönes und kostbares Briefpapier geschenkt hat. Dies freut mich sehr, da ich mir so etwas schon lange gewünscht habe.

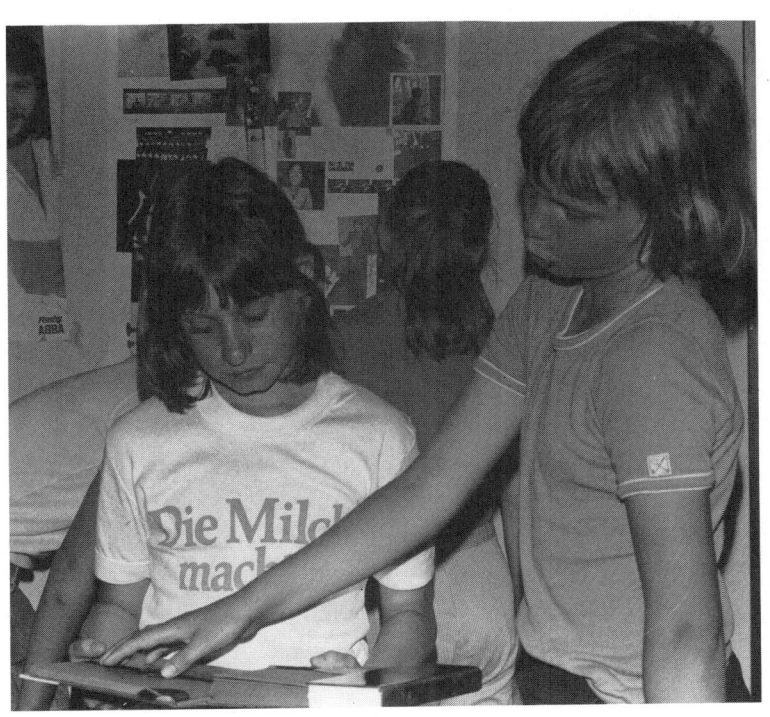

1. Ich sage Uschi, wie sehr ich mich über ihr Geschenk freue und daß ich mir so etwas schon lange gewünscht habe.

2. Ich lächele still vor mich hin und lege das Geschenk zu den anderen.

6.4 Zweite Sitzung

6.4.1 Instruktionen und Beispiele

Detektivbogen auswerten

Zu Beginn der zweiten Gruppentrainingsstunde geht der Therapeut noch einmal kurz auf das Thema der ersten Stunde ein. Daran knüpft er die Auswertung des Detektivbogens an. Die Kinder berichten in der Gruppe über ihre Erfahrungen mit der Regel. Sie werden angeleitet, sich gegenseitig zu bekräftigen oder Hilfestellung zu geben, wenn ein Kind die Regel nicht häufig realisieren konnte oder Probleme dabei auftraten. Der Therapeut protokolliert die Häufigkeiten der Ja-/Nein-Antworten. Die Regel wird noch einmal in den Bogen der zweiten Stunde eingetragen; jedoch wird die Häufigkeit, wie oft das Verhalten am Tag gezeigt werden soll, auf zwei-, drei- oder mehrmal erhöht.

- **Das Ziel der zweiten Trainingsstunde lautet: Durchsetzen eigener Ansprüche beziehungsweise Erkennen der Ansprüche anderer**.

  Das Lernziel wird mit Hilfe einer Geschichte („**Hausaufgaben erfragen**") bearbeitet, die sich auf verschiedene soziale Fertigkeiten bezieht: Ein Kind, das wegen Krankheit nicht in der Schule war, muß einen Klassenkameraden auf der Straße ansprechen; das gleiche Kind muß seinen Anspruch auf Information deutlich machen, nämlich erfragen, welche Hausaufgaben aufgegeben wurden; der Mitspieler muß diesen Anspruch erkennen.

1. Rollenspielphase

Alle Kinder erhalten wieder die gleiche Geschichte und werden gebeten, sehr aufmerksam zu sein. Sie wird vorgelesen und besprochen, das Bild genau betrachtet und beschrieben und die Lösungen der Geschichte werden erarbeitet. Kleine Requisiten wie Mantel, Mütze, Arztschild und ähnliches werden beschafft. Der Therapeut verteilt die Spielerrollen, wobei zuerst die Geschichte mit dem unerwünschten und dann die mit dem erwünschten Ausgang gespielt wird. Jedes Kinderpaar spielt mit Rollentausch. Die Kinderpaare wechseln beim Spielen ab, nachdem ein Ausgang von jedem Kind einmal erlebt wurde.

2. Reflexionsphase

Folgende Fragen werden mit den Kindern angegangen:

- „Wie kann man zeigen, daß man etwas will?"
  (Zum Beispiel durch Anschauen; jemanden ansprechen, den Namen des anderen nennen oder eine Frage stellen; grüßen; stehenbleiben, lächeln und ähnliches).
- „Woran kann man erkennen, daß der andere etwas will?"
  (Bei der Beantwortung dieser Frage muß den Kindern klar werden, daß es sich um die gleichen Verhaltensweisen handelt, wie bei der vorherigen Frage, jedoch aus unterschiedlicher Perspektive betrachtet).
- „Warum zeigt jemand nicht, daß er etwas will?"
  (Zum Beispiel, weil er zu schüchtern ist; sich nicht traut; Angst hat, daß der andere nicht darauf eingeht oder ablehnt; Angst hat, daß es Streit gibt; nicht die richtigen Worte findet ...).
- „Wie kann ein anderer helfen?"
  (Zum Beispiel: Geduld haben und warten; fragen, ob der andere etwas will; freundlich sein ...).
- „Wie kann man sich selbst helfen?"
  Zum Beispiel, sich selbst Mut zusprechen: „Ich kann, wenn ich will"; sich sagen: „Ich probiere es einfach"; einen ersten Satz überlegen; sich für das nächste Mal überlegen, wie man es machen kann).

Der Therapeut schreibt die Antworten der Kinder auf. Die gesammelten Antworten werden für die Kinder fotokopiert.

Am Ende der Reflexionsphase sollen die Kinder noch einen anderen Ausgang der Geschichte suchen. Zum Beispiel kann der Mitschüler den kranken Schüler auf der Straße ansprechen und ihm die Hausaufgaben sagen.

3. Revidierte Rollenspielphase

Die Kinder spielen - mit Rollentausch - die Geschichte mit dem Ausgang, den sie sich selbst überlegen.

Detektivbogen

Zu dem Ziel der zweiten Sitzung sollen die Kinder am Ende eine zweite Regel in ihren Detektivbogen schreiben:

Ich habe erkannt, daß ein anderer etwas von mir will, und ich bin nicht aus dem Weg gegangen!

Die **Erfahrungen** mit der zweiten Gruppensitzung zeigen, daß die Kindergruppen untereinander sehr intensiv (und nicht mehr nur auf den Therapeuten bezogen) die Probleme diskutieren. Bei einander sympathischen Kindern kann es sich ereignen, daß sich diese zu gut aufeinander einspielen, was die Möglichkeit der Verhaltenseinübung einschränkt, da die schwierigen Situationen nicht als solche wahrgenommen werden. Eventuell könnte aus diesem Grund ab der dritten Gruppentrainingsstunde ein weiteres Kind in die Gruppe miteinbezogen werden. Es kann jedoch für den Aufbau von intensiven Freundschaften bedeutsam sein, daß sich an der Gruppenzusammensetzung nichts ändert. Hier ist auf die Kinder abgestimmt zu entscheiden. Prinzipiell bereitet die Integration eines neuen Kindes in eine bestehende Gruppe mehr oder weniger Schwierigkeiten (was jedoch im Einzelfall auch wünschenswert sein kann).

6.4.2 Materialien

Es werden einige Requisiten benötigt (Mantel, Mütze, Arztschild u.ä.).

Hausaufgaben erfragen

Ich hatte eine Erkältung und mußte zwei Tage zu Hause im Bett bleiben. Am Tag, bevor ich wieder in die Schule gehe, muß ich noch den Arzt aufsuchen. Ich treffe auf dem Weg dorthin zufällig einen Klassenkameraden/eine Klassenkameradin. Da mir heute noch niemand die Hausaufgaben mitgeteilt hat und wann die nächste Klassenarbeit geschrieben wird, könnte ich ihn/sie fragen.

1. Obwohl er/sie freundlich grüßt, bleibe ich beim Gruß nicht stehen und traue mich nicht zu fragen, sondern gehe verlegen weiter.

2. Ich bleibe stehen, grüße ihn/sie und frage nach Hausaufgaben und Klassenarbeiten.

6.5 Dritte Sitzung

6.5.1 Instruktionen und Beispiele

Detektivbogen auswerten
Auch die dritte Trainingsstunde wird mit der Auswertung des Detektivbogens begonnen. Hierbei wird verfahren wie in der zweiten Stunde. Wenn an zwei Tagen der Woche eine Regel nicht eingehalten wurde, dann wird die alte Regel nochmals in den neuen Detektivbogen übernommen. Bei der zweiten Regel „Ich habe erkannt, daß ein anderer etwas von mir will, und ich bin nicht aus dem Weg gegangen" kann es vorkommen, daß solche Situationen nicht auftreten. Eventuell muß noch einmal mit den Kindern abgeklärt werden, wann sich solche Situationen ereignen können und um was es dabei gehen kann.

- **Die dritte Gruppentrainingsstunde hat die Kontaktaufnahme bei fremden Personen zum Inhalt.** Um das Ziel zu erreichen, wird eine Situationsbeschreibung mit dem Thema „**Fragen auf der Straße**" eingesetzt.

1. Rollenspielphase
Die Kinder erhalten ein Blatt mit der Geschichte, dem Bild und den Lösungen. Sie werden aufgefordert, gut aufzupassen. Danach wird die Geschichte gemeinsam gelesen, das Bild betrachtet und beschrieben. Um die erwünschte und unerwünschte Lösung noch besser voneinander abzuheben, fragt der Therapeut: „Was ist beim Spielen der Geschichte mit diesem Ausgang wichtig?" Bei der unerwünschten Lösung ist herauszufinden, wie das Sich-Genieren aussieht beziehungsweise zum Ausdruck gebracht werden kann. Das Verhalten bezieht sich vor allem auf nonverbale Verhaltensanteile. Vor dem Ansprechen einer fremden Person handelt es sich zum Beispiel um:

- langes Warten, bis der Mut zum Ansprechen gefunden wird;
- Gedanken mit unsicheren Verhaltensinhalten und
- unsicheres Umherschauen.

Für die **Phase** des Ansprechens sind entscheidend:
- verklemmte, steife Körperhaltung,
- nervös spielende Finger sowie
- gesenkter Kopf und kein Blickkontakt.

Das sichere Verhalten bei der erwünschten Lösung muß ebenso besprochen werden:
- darüber nachdenken, wie man den ersten Satz formuliert,
- gezielt eine Person zum Auskunft-Einholen aussuchen,
- auf diese ohne Zögern zugehen und direkt ansprechen,
- gelockerte Körperhaltung und ruhige Hände haben, ebenso Blickkontakt zur anderen Person aufnehmen sowie
- laut und deutlich sprechen.

Nachdem über die unterschiedlichen Verhaltensweisen Klarheit besteht, wird die Geschichte mit den verschiedenen Ausgängen sowie mit Rollentausch - wie mehrfach schon beschrieben - gespielt.

2. Reflexionsphase
Nach dem Spiel wird besprochen, woran man erkennen kann, ob ein Mensch „vertrauenswürdig" ist. Dazu sollen die Kinder angeben, in welcher Reihenfolge sie die folgenden Personen ansprechen würden:

- altersgleiches Kind,
- jüngerer Mann von ca. 20 Jahren,
- jüngere Frau mit kleinem Kind an der Hand,
- Mann von ca. 40 Jahren,
- Frau von ca. 40 Jahren,
- Opa beziehungsweise alter Mann
- Oma beziehungsweise alte Frau und
- Polizist.

Die Kinder sollen ihre **Rangreihe begründen**. Eine solche Begründung fällt den Kindern spontan relativ leicht. Die Kindergruppen weisen in der Regel der jüngeren Frau mit kleinem Kind an der Hand und dem Polizisten eine besonders vertrauenswürdige Stellung zu.

Daran anschließend faßt der Therapeut noch einmal die Kriterien zusammen, warum welche Personen bevorzugt angesprochen werden sollen. Für die Durchführung der Reflexionsphase eignet sich gut eine Wandtafel beziehungsweise -zeitung.

Eine zweite Geschichte

Statt einer revidieren Rollenspielphase wird eine zweite Geschichte („**Der Deutschaufsatz**") bearbeitet. Sie beinhaltet eine Schulsituation, in der der Lehrer den Deutschaufsatz eines Kindes kritisiert.

- **Das Ziel lautet: Kritik annehmen und angemessen verarbeiten.** Dazu wird die Geschichte in bekannter Weise angegangen. Die anschließende Diskussion konzentriert sich auf die Fragenbereiche:

- „Was ist kritisieren?"
- „Was könnte der Lehrer als Kritik gesagt haben?"
- „Stellt euch vor, ihr wärt der Schüler, der kritisiert wird! Was würdet ihr bei so einer Kritik fühlen und denken?"
- „Habt ihr so etwas ähnliches zu Hause oder in der Schule schon einmal erlebt?"

Detektivbogen

Die Thematik der zweiten Geschichte wird für eine Regel in dem Detektivbogen genutzt. Als neue Regel wird den Kindern vorgeschlagen:

> Wenn man mir sagt, daß ich etwas falsch gemacht habe,
> dann werde ich nicht wütend,
> aber auch nicht traurig.
> Ich probiere es noch einmal!

Den Kindern muß mit Beispielen verdeutlicht werden, bei welchen möglichen Gelegenheiten sie Kritik erfahren können und wie bei welcher Situation am angemessensten reagiert werden kann. Jedes Kind wählt für sich eine Gelegenheit aus, die in seinem Alltag auftritt. Das Verhalten darauf wird ebenfalls kindspezifisch konkretisiert. Erfahrungsgemäß können die Kinder diese Problemstellung gut bewältigen.

Es muß immer überprüft werden, ob ein Kind für den Detektivbogen nur eine Regel erhalten sollte, damit es nicht überfordert ist. Ebenso ist zu klären, ob die bisherigen Regeln schon ausreichend geübt wurden. Erst wenn die Kinder im Verhalten sicher genug sind, sollte eine Regel gewechselt werden. Eventuell muß für den Detektivbogen auf die Regel, die sich auf die Thematik der Sitzung bezieht, verzichtet werden. In einem solchen Fall liegen dann später einige nicht eingeübte Regeln vor. Aus diesen kann der Therapeut im weiteren Verlauf des Trainings - jeweils eine spezifische für ein Kind – auswählen.

6.5.2 Materialien

Fragen auf der Straße

Am Nachmittag fahre ich in die Stadt, um einen Klassenkameraden/eine Klassenkameradin zu besuchen. Ich kenne die Anschrift genau; wo die Straße sich befindet, weiß ich jedoch nicht ganz genau.

1. Ich geniere mich sehr, eine fremde Person zu fragen, welchen Weg ich nehmen muß. Ich stottere dabei und spreche sehr leise. Am liebsten würde ich wieder nach Hause fahren.

2. Es macht mir nichts aus, eine fremde Person, zum Beispiel eine fremde Frau mit Kindern oder andere Kinder, anzusprechen und zu fragen, wie ich am besten zu der Straße komme.

(Material für die revidierte Rollenspielphase)

Der Deutschaufsatz

Wir hatten als Hausaufgabe einen Deutschaufsatz zu schreiben. Ich glaube, daß er mir gut gelungen ist. Mein Lehrer sieht manche Aufsätze durch, so auch meinen. Er kritisiert meinen Aufsatz aber sehr.

1. Ich bin sehr niedergeschlagen und glaube, daß ich überhaupt keine Aufsätze schreiben kann.

2. Es macht mir nichts aus, daß der Lehrer meinen Aufsatz kritisiert, denn ich weiß, daß ich auch schon gute Aufsätze geschrieben habe, die mein Lehrer lobte.

6.6 Vierte Sitzung

6.6.1 Instruktionen und Beispiele

Detektivbogen auswerten
Die Stunde beginnt mit dem Erfahrungsaustausch über die Regel und dem Protokollieren der Häufigkeiten der Antworten (vgl. die Abschnitte 6.4.1 und 6.5.1).

- **Das Ziel der vierten Stunde bezieht sich auf angemessenes Selbstbehauptungsverhalten.** Es wird eine Videofilmsituation herangezogen, die keines der Kinder kennt, zum Beispiel „**Der ungelegene Besuch**".

1. Rollenspielphase
Nach der Aufforderung, aufmerksam zu sein, wird die Problemsituation sowie die erste Lösung angesehen. Diese Lösung ist eine sozial unerwünschte. Der Junge, der unerwartet und ungelegen Besuch erhält, setzt falsche Reize, indem er zweideutige Aussagen macht sowie zu langsam und unentschlossen reagiert.

Nach dem Ansehen des Films sollen die Kinder genau beschreiben, was passiert ist. Hierbei kann es notwendig werden, die Problemsituation oder die Lösung noch einmal anzusehen. Wichtig ist die **Analyse** darüber, was der Junge, der ungelegen Besuch erhält, falsch gemacht hat.

Anschließend erhalten die Kinder **zwei Aufgaben** gleichzeitig. Die erste Aufgabe ist, einen besseren Ausgang der Geschichte zu finden und diese als **Hörspiel** zu gestalten. Die zweite Aufgabe beinhaltet die **Auflage** für die Kinder, jeden etwas sagen zu lassen und jede Idee zu berücksichtigen beziehungsweise angemessen zu bewerten. Haben sich die Kinder über einen Ausgang der Geschichte geeinigt, bestimmen sie die Rollen und spielen die Geschichte als Hörspiel. Dieses wird mit einem Kassettenrekorder von den Kindern aufgenommen. Auch das Gespräch der Kinder vor dem Spiel über die Geschichte und den Ausgang hält der Therapeut mit dem Kassettenrekorder fest.

Der Einsatz der Videoaufnahmen bietet für die Kindergruppen einen Anreiz, der sich in einer ausgeprägten Motivation niederschlägt. Auch das eigenständige Aufnehmen des Hörspiels spornt die Kinder zu einer besonders aktiven Teilnahme an.

2. Reflexionsphase
In dieser Phase wird über beide Aufgaben reflektiert. Der Therapeut fragt die Kinder, ob sie die zweite Aufgabe bewältigt haben oder nicht. Treten Meinungsdifferenzen bei den Kindern untereinander oder bei den Kindern und dem Therapeuten auf, so werden diese überprüft, indem der entsprechende Ausschnitt der Aufnahme gemeinsam abgehört wird. Anschließend wird das „Hörspiel" – die erste Aufgabe – zusammen verfolgt und besprochen.

3. Revidierte Rollenspielphase
Die Kinder werden angeregt, ihr Hörspiel sowie den Ausgang kritisch zu beurteilen. Der Therapeut kann durch provokative (zum Beispiel entgegengesetzte) Behauptungen eine Diskussion forcieren. Dies ist besonders dann angezeigt, wenn die Gruppe zu harmonisch verläuft, und die Kinder sich zu sozial angepaßt verhalten. Sind die Kinder mit dem Hörspiel oder dem Lösungsweg für die Konfliktsituation unzufrieden, so ergibt sich in der Regel von selbst eine kritische Diskussion und Revision des Hörspiels beziehungsweise des Ausganges der Geschichte. Die Problemgeschichte wird mit gleichem oder verändertem Ausgang sowie selbstbestimmten Rollen noch einmal gespielt und auf Kassette aufgenommen. Abschließend werden beide Hörspiele noch einmal angehört und vergleichend gegenübergestellt.

Die Kinder haben am Ende der dritten Stunde die Aufforderung/Erlaubnis erhalten, ihre liebste Puppe, ihren Teddy, eine Spielfigur oder ähnliches mitzubringen. Sie stellen sich gegenseitig kurz ihr Spielzeug vor.

Sodann wird mit den Puppen und Teddys das Schneckenspiel zur Unterstützung des Empathieverständnisses gespielt. Der Therapeut erzählt von einer Puppe/einem Teddy eine Geschichte, die das Kind in „Puppengestik und -mimik" umsetzt:

> „Die Puppe ist traurig, weil sie glaubt, daß die anderen sie nicht mögen und deshalb nicht mitreden und mitspielen lassen. Sie kriecht deshalb wie eine Schnecke in ihr Schneckenhaus. Die anderen Puppen und Teddys müssen herausfinden, was der Grund des Rückzuges ist und die Puppe aus dem Schneckenhaus hervorlocken."

Detektivbogen

Den Abschluß der vierten Stunde bildet wieder das Regeleintragen in den Detektivbogen. Jedes Kind sucht sich eine Regel aus, die es bereits im Einzel- oder Gruppentraining zu realisieren versuchte, aber noch nicht gut einhalten kann. Individuell kann die Auftretenshäufigkeit der Regel pro Tag erhöht werden.

Solche wiederholten Übungen sind sehr sinnvoll, da sie auf den Alltag übertragenes Verhalten stabilisieren.

Der **Verlauf** dieser Gruppentrainingssitzung ist meist problemlos und positiv. Ab dieser Stunde kann bei einzelnen Gruppen beobachtet werden, daß die Kinder sich als Gruppe verstehen und auch außerhalb der Gruppensitzungen in Kontakt sind.

6.6.2 Materialien

Eine bislang von den Kindern unbearbeitete Videosituation zu dem Training wird eingesetzt (Petermann & Petermann: Verhaltensgestörte Kinder. Essen: Elvikom 1986; vgl. Abschnitt 5.1). Zudem sind Puppen beziehungsweise Teddys, die die Kinder mitbringen sollen, für das „Schneckenspiel" notwendig. Als technische Geräte werden ein Video- und Kassettenrekorder benötigt.

6.7 Fünfte Sitzung

6.7.1 Instruktionen und Beispiele

Detektivbogen auswerten

Am Sitzungsbeginn steht immer das Ritual, den Detektivbogen auszuwerten (vgl. dazu die Abschnitte 6.4.1 und 6.5.1).

- **Mit sozialer Hervorhebung umgehen können einerseits - und Gefühle zeigen, Meinungen sowie Kritik äußern andererseits - sind die Ziele dieser Stunde.**

Ein Experiment

Damit die Kinder nachvollziehen können, was mit sozialer Hervorhebung gemeint ist, wird eine **Experimentierphase** durchgeführt. Der Therapeut liest eine Geschichte vor. Unverhofft unterbricht er das Vorlesen und fragt eines der Kinder nach dem Inhalt, nach einem Zusammenhang oder ähnlichem. Nach der Antwort des Kindes fährt er mit Lesen fort.

Die dazu ausgewählte Geschichte soll **nicht zu lang** und **nicht zu leicht** sein für die Kinder. Sie kann illustriert sein. Wir benutzten die illustrierte Geschichte „Die vorgezeigten Dinge" aus dem Kinderbuch „Eine Stadt geht über Land" (Weinheim: Beltz & Gelberg 1980). Es kann jede andere Geschichte herangezogen werden, die die oben genannten Bedingungen erfüllt.

Die Experimentierphase wird auf Kassette aufgenommen; ebenso das Gespräch mit den Kindern darüber. Es muß gefragt werden, ob das aufgerufene Kind aufgeregt war, ob ihm die Antwort leicht- oder schwergefallen ist, was es gedacht/gefühlt hat im Falle eines Fehlers.

Selbstkontrolle

Daran anknüpfend wird die Geschichte „**Aufgerufen werden in der Schule**" gemeinsam gelesen, das Bild beschrieben und die Lösungen besprochen und bewertet. Es muß auf die sitzende Körperhaltung, auf die Kopfhaltung und Blickrichtung sowie auf die Gefühle, Gedanken, eventuellen Selbstverbalisationen und die Art der Antworten eingegangen werden. **Selbstinstruktionsvorschläge** zur Überwindung der Aufgeregtheit („Ich weiß ja die Antwort") und zur Antwortart („Ich spreche laut, deutlich und in vollständigen Sätzen") erarbeiten die Kinder mit Hilfe entsprechender Fragen des Therapeuten. Der Therapeut regt die Kinder an, ähnliche **Erfahrungen mit sozialer Hervorhebung** zu berichten, um so einen **Bezug zur Erlebniswelt** der Kinder herzustellen.

Zur weiteren Unterstützung der **Selbstkontrolle** der Kinder und der Übung der **Selbstverbalisation** erhält jedes Kind eine **individuelle Instruktionskarte** in Hosentaschengröße. Auf jedem Kärtchen sind kleine, aufmunternde Abziehbilder. Jedes Kind liest seine Instruktion leise und behält sie für sich. Dadurch hat jedes Kind ein kleines **Geheimnis** mit dem Therapeuten und eine „Schwäche" bleibt der Gruppe verborgen. Dies wirkt sich günstig auf die Anwendung der Selbstinstruktion aus. Jedes Kind wird persönlich aufgefordert, sich die Selbstinstruktion zu geben und ihr nachzukommen. Es können zum Beispiel folgende Instruktionen formuliert werden:

- „Ich mache mir Mut und rede dehalb laut und immer, wenn mir etwas einfällt. Denn: Jeder Gedanke ist wichtig!"
- „Wenn ich mit anderen zusammen bin, beobachte ich sie genau und höre gut zu. Dann weiß ich besser, was der andere fühlt und denkt."
- „Ich, Stephanie, habe meine **eigenen** Gedanken. Diese Gedanken sage ich, wenn ich mit anderen zusammen bin."
- „Wenn mir etwas einfällt, dann sage ich es von mir aus, aber laut und deutlich!"
- „Ich überlege mir gut, **was** ich sage und **wie** ich etwas sage, damit ich dem anderen nicht weh tue."

1. Rollenspielphase

- Zur Übung der Verhaltensweisen des **zweiten Zieles,** nämlich **Gefühle zeigen, Meinungen und Kritik äußern,** sollen sich die Kinder in die Situation versetzen, mit ihren Klassenkameraden und Kameradinnen in der Schulpause zu diskutieren. Dazu lesen und betrachten sie die Geschichte „Diskutieren mit anderen".

Es wird besprochen, woran man erkennen kann, daß ein anderer schüchtern ist und Angst hat, seine Meinung zu sagen (still sein, verlegen lächeln, auf den Boden schauen, sich absondern, rot werden beim Angesprochen-Werden). Anschließend wird das wünschenswerte Verhalten festgestellt und konkretisiert. Die Kinder spielen **nur** die **erwünschte Lösung.** Zum Spielen müssen sie sich vorher ein **Thema aussuchen** und darüber einigen.

2. Reflexionsphase
Das Rollenspiel sowie die Themenfindungsphase vorher werden auf Kassette aufgenommen. Beim gemeinsamen Abhören der Kassette ist festzuhalten, wer in welcher Art seine Meinung vertreten hat und **welchen Anteil** er an der Gesamtdiskussion hatte. Einem Kind, das seine Meinung oder Kritik nur schwer äußern kann, werden Argumentationshilfen während des Spiels oder nachträglich gegeben (je nach Situation). Bei Argumentationshilfen während des Spiels nimmt der Therapeut die Rolle des Kindes für kurze Zeit ein, indem er sich hinter das Kind stellt und teilweise für dieses argumentiert.

Das Aussuchen des Themas für das Rollenspiel stellt den interessantesten Teil dar; jeder soll Vorschläge machen, worüber er gern diskutieren möchte. Die Vorschläge müssen aufgeführt und begründet werden. Die Kinder befinden sich dadurch in einer **„Life-Situation":** Diskutieren mit anderen.

Die individuellen Interessen und Hobbys der Kinder können bei dieser Gelegenheit gut mitgeteilt werden; das Einbringen der eigenen Person in das Geschehen macht den meisten Kindern Spaß; sprachliche Ausdrucksfähigkeit, zuhören und darauf reagieren, werden geübt, was für alle Kinder von Bedeutung ist.

Detektivbogen
Der Detektivbogen leitet das Ende der Stunde ein. Die Kinder sollen zu Hause ihre Instruktion vom Instruktionskärtchen in den Detektivbogen übertragen, für jeden Tag die Regeleinhaltung überprüfen und jeweils mit einem Stichwort die Gelegenheit, bei der sie die Instruktion angewendet haben, angeben.

6.7.2 Materialien

Es liegen zwei Materialien vor. Das Ziel „Mit sozialer Hervorhebung umgehen lernen" wird anhand des Materials „Aufgerufen werden in der Schule" bearbeitet. „Gefühle zeigen, Meinungen und Kritik äußern" wird mit der Vorlage „Diskutieren mit anderen" angegangen. Als technisches Gerät ist ein Kassettenrekorder nötig.

Aufgerufen werden in der Schule

Wir haben gerade im Deutschunterricht eine Geschichte im Lesebuch gelesen. Der Lehrer ruft mich auf, seine Frage zu beantworten. Ich habe genau gehört, was der Lehrer gefragt hat und habe auch aufmerksam mitgelesen, so daß ich die Antwort weiß.

1. Ich bin sehr aufgeregt, daß mich der Lehrer aufgerufen hat. Ich kann die Antwort nicht sofort sagen. Als ich die Antwort nach wiederholten Fragen des Lehrers gebe, spreche ich sehr leise.

2. Nachdem mich der Lehrer aufgerufen hat, bin ich zwar etwas aufgeregt, aber ich weiß ja die Antwort auf die Frage und gebe sie sofort, laut und deutlich.

Diskutieren mit anderen

In der Pause stehe ich manchmal mit meinen Klassenkameraden und Klassenkameradinnen zusammen. Wir reden dann über verschiedene Dinge, die uns interessieren, zum Beispiel über Bücher, Musik, Tiere, die Lehrer, Hausaufgaben, eine Fernsehsendung ... .

1. Ich bin meistens still. Wenn ich sogar eine andere Meinung habe, dann sage ich erst recht nichts.

2. Ich äußere dann immer meine eigene Meinung, auch wenn die anderen eine ganz andere Meinung haben.

6.8 Sechste Sitzung

6.8.1 Instruktionen und Beispiele

Detektivbogen auswerten und abschließender Auftrag

Die Sitzung beginnt mit der individuellen Auswertung des Detektivbogens (vgl. die Abschnitte 6.4.1 und 6.5.1). Da dies die letzte Gruppentrainingssitzung ist, erhalten die Kinder den Auftrag, weiterhin zu versuchen, an ihre Instruktion zu denken und sich danach zu verhalten. Dazu soll das Kind mindestens einmal am Tag (zum Beispiel morgens nach dem Aufstehen, abends vor dem Schlafengehen oder in einer sonstigen ruhigen Minute) die Instruktionskarte lesen und darüber nachdenken.

- **Diese Trainingsstunde greift noch einmal das Ziel auf: Gefühle zeigen, Meinungen und Kritik äußern.** Es geht speziell darum, positive Kritik auszusprechen, das heißt, einen anderen zu loben, ihn anzuerkennen.

1. Rollenspielphase

Es wird dazu die Geschichte „**Volleyballspiel**" beziehungsweise „**Fußballspiel**" herangezogen und in bekannter Weise vorgegangen. Im Anschluß werden weitere Ereignisse und Situationen gesammelt, die Anlaß geben, Lob, Freude und Anerkennung zu zeigen.

Die Kinder sprechen in eigener Regie die gesammelten Ereignisse auf Kassette. Sie sollen eines der gesammelten Ereignisse auswählen und eine **Geschichte** dazu **überlegen**. Ist die Geschichte mit den Rollen ausgestaltet, wählen die Kinder ihre Rollen und spielen ihre Geschichte. Sind die Kinder mit dieser Aufgabe **überfordert**, dann werden gemeinsam Ideen gesucht, wie die vorgegebene Geschichte gespielt werden kann: Zum Beispiel als Puppenspiel oder wenn die Kinder selbst spielen, mit einem Stoffball; besteht sogar die Möglichkeit, nach draußen zu gehen, dann sollte dies genutzt werden; es muß sich auch nicht um ein Volley- beziehungsweise Fußballspiel handeln.

Erfahrung

Oft imitieren die Kinder die vorgegebene Situation; dann darf jeder einmal einen guten Wurf, Schuß oder ähnliches ausführen, um darauf von einem anderen gelobt und bewundert zu werden. Es kommt vor, daß ein Kind nur wenig Freude und Anerkennung für die Leistung eines anderen aufbringen kann. Dies ist zum Beispiel dann der Fall, wenn es bisher erst mühsam gelernt hat, Freude über sich selbst beziehungsweise seine eigene Leistung zu empfinden; deshalb fällt es dem Kind schwer, die Bemühungen eines anderen anzuerkennen. Auch der eigene Leistungsanspruch kann eine Rolle spielen; das heißt, das Kind ärgert sich, daß es nicht selbst den entscheidenden Schuß zustande gebracht hat, und ist deshalb ebenfalls unfähig, Freude zu zeigen.

Rollenspiel „Life"

Nach dem Rollenspiel wird den Kindern eine Aufgabe gestellt, die der Realität möglichst nahekommt: „Stellt euch vor, ihr trefft euch nachmittags zum Spielen bei einem von euch zu Hause. Ihr fragt euch, was ihr zusammen spielen sollt. Hier sind einige Spielsachen, aus denen ihr etwas aussuchen könnt." Zur Verfügung gestellt werden den Kindern Spiele und Spielsachen, die das Spielen zu zweit, zu dritt usw. ermöglichen und Kooperationsverhalten abverlangen, aber auch Spiele, mit denen sich die Kinder einzeln beschäftigen können. Die Kinder sollen bei dieser Aufgabe Empathie-, Kommunikations-, Entscheidungs- und Handlungsfähigkeit realisieren.

2. Reflexionsphase

Nach ungefähr zehn Minuten wird das Spiel der Kinder unterbrochen. Die Reflexion des Kindverhaltens wird mit einem **Videofeedback** oder - falls diese Bedingung nicht vorhanden ist - mit einem Feedback mit einer Tonaufnahme ermöglicht. Sie beginnt mit dem **Rollenspiel**. Die zentralen Fragen nach dem Ansehen/Anhören des Rollenspiels sind:

> Haben es die Kinder geschafft, einem anderen Freude und Anerkennung zu zeigen?
> Haben sie sich dabei geniert? Warum? Wie sah das Verhalten nonverbal und verbal aus? Unter Umständen spielt eines der Kinder oder der Therapeut die Geschichte mit dem Zielverhalten vor.

Das Videofeedback schließt auch die **realitätsnahe Aufgabe** mit ein. Der **Entscheidungsprozeß** (wie einigen sich die Kinder?), der **Handlungsprozeß** (haben sie zusammen und kooperativ gespielt?) und die **Emotionen** (war jeder mit dem Spiel zufrieden, hat es jedem Spaß gemacht?) sind zu besprechen und offenzulegen. Der Therapeut teilt den Kindern konkrete Beobachtungen mit; wird das angestrebte Ziel nicht erreicht, werden Alternativverhaltensweisen gemeinsam formuliert.

Das Videofeedback beeindruckt alle Kinder; ein Kind kann aufgrund des wiederholten Beobachtens bestimmter Verhaltensweisen differentiell positiv und negativ verstärkt werden.

Abschied

Das Ende der sechsten Gruppentrainingsstunde bedeutet auch das **Ende des gesamten Trainings**, und daß die Kinder sich nicht wiedersehen, wenn sie keine Eigeninitiative entwickeln. Die Gruppenatmosphäre, die gegen Ende dieser Stunde entsteht, läßt sich durch zwei Momente charakterisieren: Zum einen sind die Kinder froh, daß die Zeit der Anforderungen, des regelmäßigen und regelgeleiteten Tref-

fens vorüber ist; zum anderen sind sie - je nach entstandenem Zusammengehörigkeitsgefühl in der Gruppe - traurig, daß dies die letzte Gruppensitzung ist. Das Zusammengehörigkeitsgefühl kann sich zum Beispiel darin ausdrücken, daß Süßigkeiten mitgebracht und verteilt werden; das Gefühl der Traurigkeit in Tränen in den Augen beim Verabschieden oder dem zögernden Verlassen der Beratungsstelle.

Der Therapeut muß überlegen, ob er mit den Kindern ein Abschiedsfest zu einem separaten Termin vereinbart. Bei der Vorbereitung dieses Festes müssen die Kinder mit entsprechenden Aufgaben miteinbezogen werden.

6.8.2 Materialien

Als Rollenspielvorlage dient eine in geschlechtsspezifischen Fassungen vorliegende Situationsbeschreibung. Kassetten- und Videorekorder werden benötigt.

Fußballspiel

Einige Klassenkameraden und ich treffen sich manchmal nachmittags zum Fußball spielen. Wir sind meistens so viele, daß wir zwei Mannschaften bilden können. Einmal hat ein Klassenkamerad in der letzten Minute durch einen entscheidenden Schuß unserer Mannschaft zum Sieg verholfen.

1. Obwohl ich mich sehr über unseren Sieg und den Klassenkameraden, der den entscheidenden Schuß gemacht hat, freue, schaffe ich es nicht, zu ihm zu gehen und es ihm zu sagen.

2. Ich gehe nach dem Spiel sofort auf ihn zu, um ihm zu sagen, daß ich seinen Schuß ganz toll fand.

Volleyballspiel

Einige Klassenkameradinnen und ich treffen sich manchmal nachmittags zum Volleyball spielen. Wir sind meistens so viele, daß wir zwei Mannschaften bilden können. Auch ohne ein Netz kann man spielen und Spaß haben. Einmal hat eine Klassenkameradin in der letzten Minute unserer Mannschaft zum Sieg verholfen.

1. Obwohl ich mich sehr über unseren Sieg und die Klassenkameradin freue, schaffe ich es nicht, zu ihr zu gehen und es ihr zu sagen.

2. Ich gehe nach dem Spiel sofort auf sie zu, um ihr zu sagen, daß ich es toll fand, wie sie den Ball noch bekommen hat.

6.9 Kritische Therapiesituationen

Die folgenden Überlegungen schließen an die Systematik des Abschnittes 5.6 an, in dem kritische Situationen aus dem Einzelkontakt behandelt wurden. Auch im Gruppenkontakt läßt sich das Therapeutenverhalten, von dem man besondere Schwierigkeiten erwarten kann, durch die Aspekte „Anforderungen setzen", „Umgang mit dem Material" und „Lenken von Kommunikationsabläufen" umschreiben. Aus dieser Sachlage resultieren einige der in Tabelle 4 angegebenen Probleme.

So haben zum Beispiel in der Gruppensituation unsichere Kinder starke Befürchtungen, ihren Gruppenstatus zu verlieren. Das Benennen von Ängsten wird als Schwäche angesehen und in **Gesprächen tabuisiert**. Nur durch die schrittweise Heranführung an solche bedrohlichen Situationen und durch gelenkte, vorstrukturierte Rollenspiele lassen sich diese sozialen Ängste vermeiden oder reduzieren.

Das Lenken von Kommunikationsabläufen durch den Therapeuten kann jedoch auch zur Folge haben, daß die Gruppenkontakte in eine zu **harmonische Eingestimmtheit** der Mitglieder münden. Diese vom Alltag abgeschirmte Lernerfahrung wird nur unzureichende Therapiewirkungen im Sinne einer Generalisierung haben können. An diesem Punkt muß der Therapeut die Kinder mit neuen und schwierigeren Aufgaben konfrontieren und eventuell die Zusammensetzung der Gruppe durch ein neu hinzukommendes Kind ändern (vgl. dazu Abschnitt 6.4.1).

Als weitere Lösungsmöglichkeiten bieten sich grundlegende, bereits in Abschnitt 5.6 dargestellte lerntheoretische Prinzipien an. Zudem ist zu beachten, daß im Ablauf einer Sitzung die Gruppenaktivitäten wechseln sollen, um zum Beispiel motorische Anspannung auszugleichen. Geeignet sind Rollenspiele, Pantomime und begrenzt Bewegungsspiele.

Tabelle 4: Übersicht über kritische Therapiesituationen und Lösungsmöglichkeiten im Gruppentraining.

Therapeutenverhalten				
		Anforderungen setzen	Umgang mit dem Material	Lenken von Kommunika-tionsabläufen
Kindver-halten	ERST-KONTAKT	**Situation 1:** Beziehungs-loses Neben-einandersitzen und Einwort-sätze	**Situation 2:** Verspannt-ängstliche Haltung	**Situation 3:** Beziehungsloses Nebeneinander-sitzen und Ein-wortsätze
Möglich-keiten des Thera-peuten	ERST-KONTAKT	**Zu 1:** a) Der Therapeut verhält sich mo-dellhaft b) Konkretes Be-sprechen von Ver-halten im Rollen-spiel c) Der Therapeut hilft dem Kind in seiner Rolle d) Therapeut und Kind spielen im Rollenspiel zusam-men	**Zu 2:** a) Humorvoll reagieren b) Positive Auf-forderungen ge-nerell und zum Regeleinhalten c) Nonverbaler Umgang mit dem Material, z.B. Pantomime	**Zu 3:** siehe Situation 1
Kindver-halten	FOLGE-KONTAKT	**Situation 4:** —	**Situation 5:** —	**Situation 6:** Zu harmonisches Eingestimmt sein der Gruppenmit-glieder
Möglich-keiten des Thera-peuten	FOLGE-KONTAKT	**Zu 4:** —	**Zu 5:** —	**Zu 6:** Konfrontation und Provoka-tion des Kindes mit unerwartetem Verhalten des Therapeuten im Rollenspiel

7 Elternberatung

7.1 Einleitung

Viele Untersuchungen weisen die Eltern eines therapiebedürftigen Kindes als nützliche und sinnvolle Mittler und Therapiehelfer aus (vgl. Heekerens 1987; Peterander 1987; Ross & Petermann 1987). Kindbezogene Interventionsmaßnahmen sollten wenigstens von Elterngesprächen flankiert werden; als noch differenzierter gilt eine Elternberatung mit konkreten Verhaltensratschlägen und -übungen. Auf die generelle Notwendigkeit einer familienbezogenen Intervention soll im folgenden genauer eingegangen werden.

Einerseits ist das Familiengefüge an der Herausbildung bestimmter Verhaltensformen der Kinder beteiligt. So ist es zum Beispiel seit langem bekannt, daß sozial ängstliche (sozial unsichere) Mütter auch ebensolche Kinder haben (Nickel 1973). In der therapeutischen Praxis kann man bei dieser Symptomverstrickung feststellen, daß eine Mutter **die** problematischen Verhaltensweisen ihres Kindes nicht erkennt, die sie **selbst** aufweist (wie die Vermeidung von Augenkontakt). *Andererseits* erhalten Kinder in bestimmten Familienkonstellationen spezifische Problemverhaltensweisen aufrecht. Zum Beispiel unterläuft ein Kind berechtigte Forderungen seiner Mutter, indem es zu weinen beginnt, worauf die Mutter nachgiebiges Verhalten zeigt.

Bei den Eltern sozial unsicherer Kinder kann man beobachten, daß sie ihr Erziehungsverhalten an einer Vielzahl irrationaler Haltungen ausrichten. Eine sehr eindrucksvolle Beschreibung solcher irrationaler Haltungen gibt Hauck (1979). Von den Ratschlägen, die Hauck für den Umgang mit solchen Erziehungsklischees gibt und die sich an der rational-emotiven Therapie orientieren (vgl. Keßler & Hoellen 1982; Mödder 1986), ist die Haltung „liebevoll, aber konsequent" sicherlich eine der angemessensten. Die Veränderung einer unrealistischen Problemsicht, einer hinderlichen Erziehungshaltung allgemein und der Aufbau neuer Interaktionsstile in der Familie sind daher die Grobziele unserer Elternberatung.

7.2 Familienbezogene Interpretation kindlicher Verhaltensstörungen

Seit mehr als zehn Jahren werden immer wieder Vorwürfe laut, daß Kinderpsychotherapeuten sich lediglich an der Problematik des „gestörten Kindes" orientieren und die Familie als Entstehungsort dieser Symptome ignorieren. In der Blütezeit der Familientherapie führte dies dazu, nur mit der Gesamtfamilie zu arbeiten, um auf diesem Wege Kinderprobleme zu lösen. Diese Bewegung bewirkte nicht nur eine unnötige Verunsicherung der Eltern gegenüber psychologischen Maßnahmen, sondern warf allzu leichtfertig erprobte Diagnose- und Therapieverfahren für Kinder über Bord. Es blieben sehr allgemeine Bemühungen mit zweifelhaften Erfolgen (vgl. Heekerens 1988).

Man muß jedoch dieser Bewegung auch positive Effekte zuschreiben: Sie löste eine heilsame Diskussion in der Analyse und Behandlung von Kinderpro-

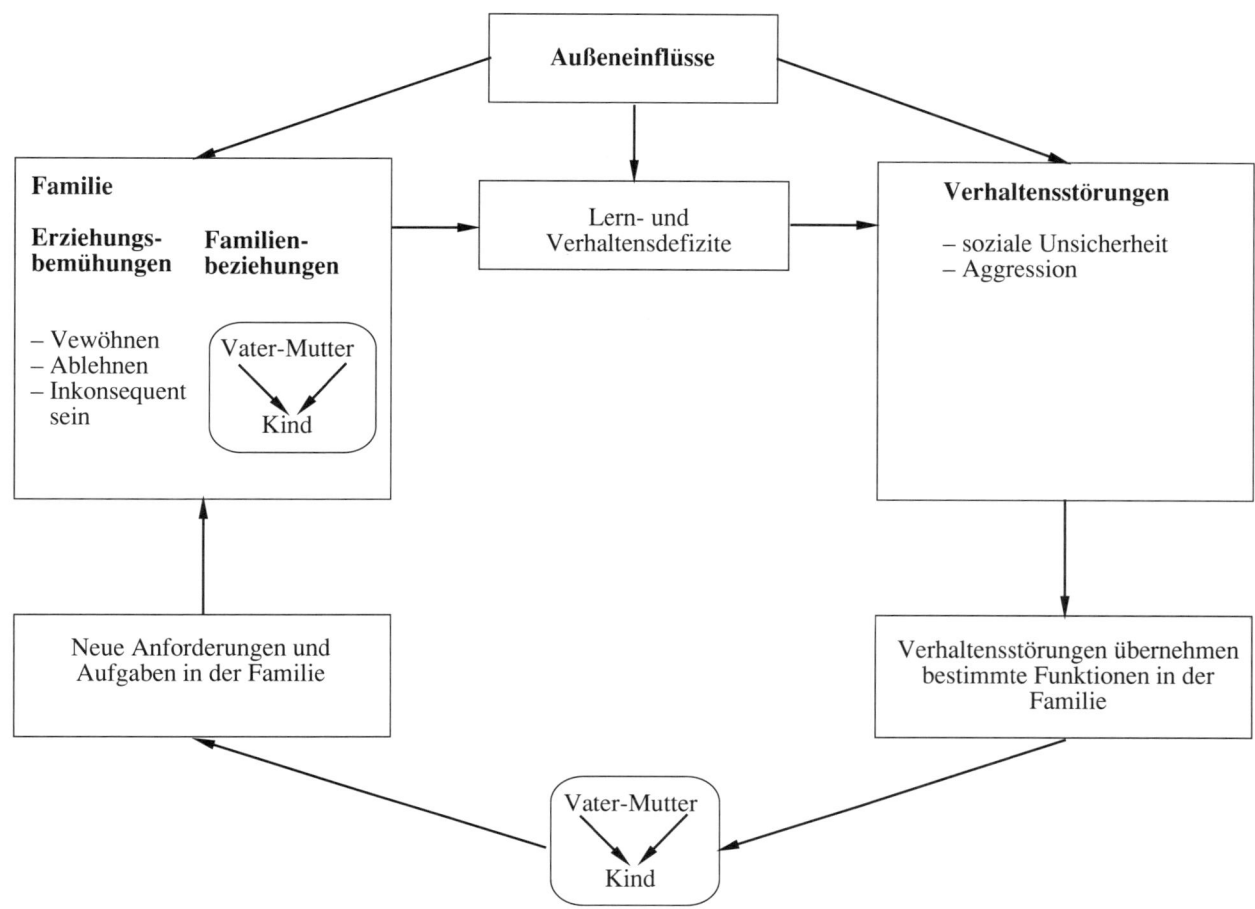

Abbildung 9: Mögliche Wechselwirkungen zwischen kindlicher Verhaltensstörung und familiären Beziehungen.

blemen aus. Alle Beteiligten wurden gezwungen, ihren Blick zu weiten und unter neuen Vorzeichen zu schulen. Anders formuliert: Die Begriffe „Lern- und Verhaltensdefizit" und „Verhaltensstörung" sind nicht überflüssig geworden, sondern können durch die Analyse familiärer Beziehungen und durch die Beschreibung der Funktionen, die Verhaltensstörungen bei einer Familie übernehmen können, präzisiert werden. Die nachfolgende Abbildung integriert diese Aspekte.

Beginnen wir bei der Familie. Das im Theorieteil beschriebene Konzept von Seligman verdeutlicht die Folgen von Ablehnung (Vernachlässigung), Verwöhnung und inkonsequentem Handeln von seiten der Eltern. Die Fallberichte aus Kapitel 3 zeigen, in welcher Form Schuldgefühle oder „Beschützen-Wollen" der Eltern ihr Verhalten gegenüber dem Kind bestimmen und damit familiäre Beziehungen grundlegend prägen. Solche einschränkenden Bedingungen beziehungsweise eingeschränkten Lern-

chancen in der Familie führen zu **Lern- und Verhaltensdefiziten** beim Kind.

Es ist zunächst nicht vorhersagbar, ob ein Kind kein oder ein überzogenes Selbstvertrauen aufbaut, besonders ausgeprägte Mißerfolgserwartungen besitzt, aggressiv oder kontaktscheu ist. In vielen Fällen bestimmen nämlich noch ungünstige **Außeneinflüsse** (zum Beispiel der Verlust von Bezugspersonen, das Eindringen neuer Personen in die Familie, Unfälle und Trennungserlebnisse), ob und wie stark eine **Verhaltensstörung** zu Tage tritt. Liegt eine deutlich erkennbare Verhaltensstörung vor (zum Beispiel Kontaktangst), wird die Familie mit dieser Beeinträchtigung **umgehen lernen**. So wird das „scheue Kind" später eingeschult oder es braucht den Kindergarten nicht länger zu besuchen. Erlebt ein sozial unsicheres Kind auf diese Weise „familiären Schutz", so wird es diesen ausweiten und verstärkt in Anspruch nehmen wollen. Diese Sachlage wird die Mutter zum Beispiel dazu veranlassen, ihre erneute ins Auge gefaßte Berufstätigkeit zunächst einmal aufgrund der verschobenen Einschulung ihres Kindes zu vertagen.

Eine solche Entwicklung legt in der Familie (oft für viele Jahre) die **Funktionen** der Familienmitglieder fest. Die kindliche Kontaktangst prägt in vielen Bereichen das Familienleben (zum Beispiel wird das Kind regelmäßig zur Schule gebracht und abgeholt; die Freizeitbedürfnisse der Familie orientieren sich am Kind). In der Folge dieser **Entwicklung** ändern sich allmählich auch die **familiären Beziehungen,** das heißt die Mutter-Kind-Beziehung wird immer enger, und der Vater unternimmt häufiger Aktivitäten alleine und fühlt sich ausgeschlossen.

Diese veränderten Beziehungen können zu **neuen Anforderungen und Aufgaben** in der Familie führen, da sich bestimmte Vorstellungen als irreal gezeigt haben, wie: die altersgemäße Verselbständigung des Kindes; dadurch fühlt sich die Mutter im häuslichen Bereich „angebunden" und ähnliches. Diese neuen Bedingungen **wirken** sich wiederum auf (a) die Erziehungsbemühungen der Eltern, (b) die Zufriedenheit der Mutter, (c) die eheliche Kommunikation und dergleichen aus.

An diesem Punkt schließt sich der Kreislauf und es wird deutlich, wie vielschichtig kindliche Verhaltensstörungen im familiären Bezugsrahmen zu interpretieren sind.

Wünschenswert und effektiv ist nach unserer Erfahrung die **Zweigleisigkeit** bei einer Intervention, die darin besteht, die Verhaltensstörung des Kindes durch ein Training allmählich zu beheben und zugleich die aufrechterhaltenden familiären Bedingungen durch eine systematische Elternberatung so zu ändern, daß aktuelle Probleme sich auflösen und zukünftige vermieden werden.

Für die Familie ist es dabei wichtig, Chancen zu erkennen, wie sie sich (unter Anleitung) aus eigenem Bemühen ändern kann. Dies und die Trainingsfortschritte des Kindes wirken hoffnungsvoll auf die Familie, und die Bemühungen der Eltern ermutigen das Kind, Trainingsinhalte im Alltag zu erproben. In diesem komplexen Bezugssystem können lerntheoretisch begründete **Prinzipien** umfassende Effekte erzielen. Die lerntheoretischen Prinzipien sind dann besonders wirkungsvoll, wenn sie in eine gut vorbereitete Elternberatung und in „Hausaufgaben" für die Eltern oder die Familie integriert werden.

7.3 Ziele und praktisches Vorgehen

Eine Elternberatung soll vor allem nachhaltige Langzeiteffekte ermöglichen. Aufgrund von Erfahrungen aus der Elternarbeit mit aggressiven Kindern (vgl. Petermann & Petermann 1988) werden minimal **vier Elternkontakte** als zweistündige **Hausbesuche** und ein **Nachgespräch** zwei Monate nach Trainingsende konzipiert.

* **Vertrauensaufbau**
Es hat sich gezeigt, daß diese Form der Elternberatung relativ schnell eine **tragfähige Basis** für gemeinsame Gespräche und Veränderungsabsichten schafft. Allein schon das den Eltern vertraute häusliche Umfeld und das damit verbundene „Hausrecht" verleiht ihnen **Verhaltenssicherheit.** Die häusliche Umgebung sowie auch die angesetzte Zeitspanne pro Treffen ermöglichen eine relativ entspannte und vertrauensvolle Atmosphäre, die offene (ehrliche) Gespräche erlaubt. Das bedeutet: Die Eltern bemühen sich, den Tatsachen entsprechend zu berichten; und die Therapeuten können unangenehme Tatbestände, wie Widersprüche in den Elternäußerungen und falsche Erziehungsvorstellungen unmittelbar zur Sprache bringen.

Eine Elternberatung in dieser Form erlaubt es zum einen, auch den Vater zu motivieren, an den Gesprächen teilzunehmen. Zum anderen kann das Kind über die Eltern gut zu einem regelmäßigen Trainingsbesuch bewegt werden. Schließlich erhält der Therapeut auf diesem Wege eher die Gewähr dafür, daß neue soziale Aktivitäten im Freizeitbereich oder in der Schule vom Kind in Angriff genommen werden.

* **Ziele**
Analog dem Einzel- und Gruppentraining für die Kinder werden für jeden Elternkontakt Beratungsziele aufgestellt (vgl. Abb. 10), nach denen sich die Vorgehensweise und die einzusetzenden Materialien ausrichten. In der **ersten Sitzung** werden drei Ziele angestrebt:
a) Mit Hilfe eines **Elternexplorationsbogens** (vgl. Abschnitt 2.2.3) sollen Informationen über das sozial unsichere Verhalten des Kindes gewonnen werden, und zwar, wie es sich entwickelt hat. Zugleich geht damit eine **Verhaltensanalyse** einher, die für die Erstellung kindspezifischer Trainingsziele notwendig ist.

b) Die Eltern werden mit verschiedenen Erscheinungsformen sozial unsicheren Verhaltens vertraut gemacht. Dies dient der **Schulung der Verhaltensbeobachtung**. Es wird dazu der Verhaltensbeobachtungsbogen beziehungsweise werden einige Kategorien daraus herangezogen (vgl. Abschnitt 2.2.2). Die Eltern sollen zwischen bestimmten Reaktionsweisen des Kindes und der Familie diskriminieren lernen sowie für ausgewählte Kindverhaltensweisen sensibilisiert werden. Im Rahmen der Einführung in die tägliche Verhaltensbeobachtung wird das Einschätzverfahren, anhand dessen das Kindverhalten bewertet werden soll, erklärt und Einschätzungen eingeübt.

c) Die **Erwartungen der Eltern** gegenüber dem Training werden geklärt, und es wird ihnen verdeutlicht, was das Vorgehen leisten kann. Zur Konkretisierung des Vorgehens wird der Trainingsaufbau mit den einzelnen Schritten den Eltern verständlich gemacht. Der Berater gibt aufgrund der Exploration eine Einschätzung über sinnvolle Trainingsziele ab; er weist darauf hin, daß die Eltern das Kind über das Training informieren und es motivieren sollen, daran teilzunehmen.

Der **zweite Elternkontakt** ist in vier inhaltliche Schwerpunkte gegliedert: Als erstes erfolgt eine **Mitteilung über die Testergebnisse** des Kindes im Schülerangstfragebogen (AFS; Wieczerkowski et al. 1974; vgl. Abschnitt 2.2.1). Damit verbunden ist eine nochmalige Abgrenzung der Trainingsziele, die im Sozialverhaltensbereich liegen, gegenüber schulischen beziehungsweise kognitiven Anliegen. Auf den Unterschied von kognitiven/schulischen Aufgaben einerseits und sozialen Aufgaben andererseits müssen die Eltern in diesem Kontext aufmerksam gemacht werden.

Als zweites werden Beobachtungen über spezifisches **Kindverhalten in den ersten Trainingsstunden** den Eltern mitgeteilt. Dies geschieht in der Absicht, die Diskriminationsfähigkeit bezüglich des Kindverhaltens weiter zu erhöhen.

Ein globaler **Bericht der Eltern** über relevante Ereignisse aus dem Trainingszeitraum sowie ein spezifischer Erfahrungsbericht mit dem Beobachtungsbogen erfolgt als dritter Punkt. Die Erfahrungsberichte der Eltern liefern genügend Beispiele, anhand derer Reiz-Reaktions- beziehungsweise Reak-

tions-Konsequenz-Zusammenhänge verdeutlicht werden können. Mit Hilfe von Lehr-Lern-Folien (zum Beispiel Overheadfolien, auf denen in bunten Farben graphisch die Zusammenhänge beispielhaft dargestellt sind) wird das Erkennen und Behalten solcher Informationen unterstützt. So werden Modellierungsprozesse im Sinne Banduras eingeleitet.

Viertens sind Kontrollmöglichkeiten der Reiz-Reaktions- Konstellationen den Eltern zu vermitteln, um sowohl das Kind- als auch das Elternverhalten zu modifizieren. In diesem Rahmen werden Regeln oder **Aufgaben für Eltern und Kinder** aufgestellt und unter Umständen zu **Wochenplänen** verarbeitet. Diese Wochenpläne enthalten Verstärkerbedingungen und stellen zugleich Verhaltensübungen dar.

Im **dritten Elternkontakt** werden wieder von Beraterseite Beobachtungen über die Kinder während des Trainings mitgeteilt. Auch die Elternberichte über deren Erfahrungen im familiären Bereich können dazu herangezogen werden, die elterliche Beobachtungs- und Diskriminationsfähigkeit zu verbessern. Den Eltern muß zu ihren Erfahrungen mit den Wochenplänen eine **Rückmeldung** gegeben werden. Diese Situation kann gut dazu genutzt werden, die veränderten Verhaltenweisen der Eltern durch **Anerkennung** zu verstärken. Auch positives Feedback über modifizierte Kindverhaltensweisen verstärkt die Eltern. Feedbackmöglichkeiten bieten auch unter anderem die Videoaufzeichnungen aus den Trainingsstunden.

Es werden weitere Verhaltenspläne (Wochenpläne) erarbeitet, die dem Kind **regelmäßige Verpflichtungen abverlangen** und **mit Sozialkontakten verknüpft** sind (zum Beispiel Beitritt zu einem Sport- oder Schwimmverein). Damit soll ein stärkerer Realitätstransfer der Trainingseffekte erzielt werden.

Der **vierte Elternkontakt** geht noch einmal auf die Punkte der dritten Sitzung ein, wobei besonders die bisher angestrebten und erreichten Ziele überprüft und eventuell wiederholt modifizierte Verhaltenspläne aufgestellt werden.

Mit den Eltern wird eine zusammenfassende **Rückschau** darüber durchgeführt, ob und wie sich familiäre Aktivitäten und das Familienklima verändert haben. Es wird nachgefragt, in welcher Form das Kind jetzt in die Familie **integriert** ist (zum Beispiel durch eine gemeinsame Aktion aller Familienmitglieder, wie das Abendessen und das Kind ins

ZIELE DER ELTERNBERATUNG

1. Elternkontakt

    a) Informationen gewinnen, um kindspezifische Trainingsziele zu erstellen

    b) Die Fähigkeit zur Verhaltensbeobachtung schulen

    c) Trainingsziele mit den Eltern abklären

↓

2. Elternkontakt

    a) Verhaltensbeobachtungen mitteilen und die Zielvorstellungen spezifizieren

    b) Problemlösestrategien im Elternhaus aufzeigen (Verstärkung, Planung gemeinsamer Aktivitäten)

↓

3. Elternkontakt

    a) Verhaltensbeobachtungen mitteilen und die abgesprochenen Verhaltensweisen auswerten

    b) Problemlösestrategien im Elternhaus aufzeigen (Verstärkung, Hilfestellung für das Kind von seiten der Eltern)

    c) Über einen eventuell stattgefundenen Lehrerkontakt berichten

↓

4. Elternkontakt

    a) Verhaltensweisen des Kindes rückmelden

    b) Veränderungen des Familienklimas bewerten

    c) Problemlösestrategien im Elternhaus aufzeigen (Erinnerungshilfen für die Eltern, Realitätstransfer)

↓

5. Elternkontakt

    a) Die Eltern berichten über die Stabilisierung des Kindverhaltens und Familienaktivitäten

    b) Eventuell aufgetretene Schwierigkeiten besprechen

Abbildung 10: Überblick über die Ziele der Elternberatung.

Bett bringen). Es ist auch wichtig zu wissen, ob das Kind **Abstand** zu einzelnen Bezugspersonen gewonnen hat und deshalb beispielsweise zum Spielen die Wohnung verläßt. In diesem Kontext ist zu klären, ob es dem Kind gelungen ist, aufgrund der veränderten familiären Situation das im Training gelernte Verhalten auf den **Alltag zu übertragen** und zu stabilisieren. Weiterhin werden den Eltern im Hinblick auf **Problemlösestrategien** lerntheoretische Zusammenhänge erläutert. Erst in diesem Stadium sind die Eltern in der Lage, auf dem Hintergrund der Erfahrungen mit dem Training, **Lerngesetze** in ihrem Handeln zu berücksichtigen und die neuen Verhaltensweisen im Umgang mit ihrem Kind konsequent und dauerhaft in die Tat umzusetzen.

Ein **fünftes und abschließendes Elterntreffen** findet nach **acht Wochen** statt; es werden Informationen über das Kindverhalten und über die Familienaktivitäten erhoben. Schwierigkeiten bei der Anwendung von Lernprinzipien sind abzuklären.

• **Interaktionsstil**

Die Realisierung der angegebenen Ziele setzt einen bestimmten Interaktionsstil mit den Eltern voraus. Dabei muß zwischen der Durchführung des **Erstkontaktes** und den **nachfolgenden Elternberatungen** unterschieden werden. Gemeinsam ist allen Elterngesprächen, daß zwei Berater bei den Sitzungen anwesend sind, von denen sich jedoch nur einer als direkter Ansprechpartner anbietet. Der sich im Hintergrund haltende Berater übernimmt die Strukturierung und Protokollierung des Gespräches.

a) **Beim Erstkontakt** ist es wichtig, folgende Verhaltensweisen im Umgang mit den Eltern zu realisieren:

1. Den Eltern gegenüber wird die **Beraterrolle** betont; die Berater versuchen, gemeinsam mit den Eltern anstehende Probleme zu lösen.
2. Dadurch weisen sie den Eltern **Erziehungskompetenzen** zu. Die Kompetenzzuweisung sowie der gemeinsame Wunsch, dem Kind zu helfen, bauen **Gemeinsamkeiten** zwischen Berater und Eltern auf und bewirken **Solidarisierungseffekte.**

3. Die Solidarisierungseffekte und die gemeinsame Zielsetzung tragen dazu bei, die notwendige **vertrauensvolle Atmosphäre** und eine positive Beziehung zwischen den Eltern und den Beratern herzustellen.
4. Mit Hilfe der Schilderung des **Tagesablaufes** im Rahmen des Elterninterviews und konkreter Verhaltensbeobachtungskategorien werden **reale Problemsituationen** durchgesprochen.
5. Hierbei können **Widersprüche in der Problemschilderung** erkannt und angesprochen werden.
6. **Überhöhte** und **unrealistische Erwartungen** der Eltern können auftreten und sollen reduziert werden, indem Ziele abgeklärt und die Notwendigkeit der **aktiven Elternmitarbeit** betont werden.

b) **Für die sich anschließenden Elternkontakte** gelten folgende Grundprinzipien:

1. Das **Anspruchsniveau** der Eltern (das heißt ihre Erwartungen an das Training) muß immer wieder auf seinen realistischen Gehalt hin überprüft werden.
2. Auftretende **irrationale Erziehungshaltungen** beziehungsweise Einstellungen der Eltern müssen abgebaut werden (zum Beispiel: „Nur eine alles gewährende (=inkonsequente) Mutter ist eine gute Mutter!").
3. Zu **bedrohende Appelle** und Forderungen an die Eltern sind zu vermeiden; die Eltern dürfen aber auch **nicht aus der Pflicht** gelassen werden.
4. Das Nicht-aus-der-Pflicht-lassen wird durch eine **kontinuierliche Mitarbeit** der Eltern gewährleistet. Sie wird durch mindestens fünf Maßnahmen realisiert:
   • Die Beobachtungsfähigkeit der Eltern muß geschult werden, damit sie das Problemverhalten des Kindes, die kindlichen Verhaltensstrategien und eigene problematische Verhaltensweisen erkennen.

- Die Eltern werden auf Verhaltensalternativen im familiären Bereich, zum Beispiel auf die Notwendigkeit von gemeinsamen Freizeitaktivitäten, hingewiesen.
- Die Eltern bekommen **Hausaufgaben „auferlegt"**, so zum Beispiel, das Kind systematisch für klar abgesprochene und abgrenzbare Verhaltensweisen zu loben beziehungsweise bestimmtes Verhalten konsequent zu ignorieren oder zu bestrafen. Sie sollen Wochenpläne ausfüllen und gemeinsame Aktivitäten mit der Familie regelmäßig planen und durchführen.
- **Rollenspiel** und rollenspielähnliche Gespräche können zur Demonstration verschiedener Interaktionsabläufe in der Familie durchgeführt werden; dies ist jedoch nur dann angebracht, wenn ein Signal von den Eltern erfolgt (zum Beispiel die Frage „Was hätten Sie denn in dieser Situation gemacht?"). Ein von den Beratern gefordertes Rollenspiel verunsichert eher die Eltern.
- Die Eltern werden über die einzelnen Trainingsstunden der Kinder und die beobachteten Verhaltensfortschritte, aber auch über die noch bestehenden Verhaltensdefizite informiert.

Diese Grundprinzipien werden in den nächsten Abschnitten konkretisiert.

7.4 Instruktionen und Beispiele

Die Instruktionen für die Elternberatung stellen erstens **Handlungsanweisungen** für den Therapeuten dar. Zweitens sind sie **schablonenhaft** strukturiert, und jeder Elternkontakt wird mit auf die Familie und das Kind abgestimmten Inhalten gefüllt, wodurch die Instruktionen zugleich Materialcharakter erhalten. Das heißt, Instruktionen und Materialien für die Elternberatung sind nicht so einfach zu trennen wie etwa im Kindertraining. Je nach Ereignissen und den anfallenden Problemsituationen in einer Familie gestalten sich die konkreten Gesprächsinhalte während eines Elternkontaktes. Von daher ist es

weder sinnvoll noch möglich, differenzierte inhaltliche Instruktionen festzulegen. Trotzdem ist jeder Kontakt nach einer bestimmten Abfolge strukturiert und inhaltliche Schwerpunkte werden vorgegeben sowie abgearbeitet. Dies unterstreicht den lenkenden Charakter des Vorgehens. Die zur Verfügung stehenden Materialien müssen nicht alle zum Einsatz kommen. Im Bedarfsfall können sie durch Materialien aus dem Training mit aggressiven Kindern ergänzt werden.

7.4.1 Erster Elternkontakt

Diesem ersten Elternkontakt geht, in der Regel telefonisch, ein Gespräch voraus, aus dem ersichtlich ist, um welche Problematik es sich wahrscheinlich handelt. Wenn es sich um ein sozial unsicheres Kind zu handeln scheint, dann wird ein Treffen vereinbart. Die Eltern wählen, ob sie lieber in die Beratungsstelle kommen wollen oder die Berater sie zu Hause aufsuchen sollen.

An diesem ersten Gespräch nehmen in der Regel nur die Eltern teil. Dies stellte sich als günstig heraus, da sie dann „freier" über das Kind, über sich und ihren Erziehungsstil berichten.

1. Elternexploration
Nach den üblichen Begrüßungsworten und dem gegenseitigen Vorstellen umreißt ein Berater die **Problematik** defizitären und unangemessenen Sozialverhaltens, seine gleichwertige Stellung gegenüber Lernproblemen sowie die **Grobstruktur** des gesamten Vorgehens mit den Kindern und den Eltern; er steckt auch den zeitlichen Rahmen ab. Er **begründet** die Elternexploration, die während des ersten Kontaktes durchgeführt wird, damit, daß zuerst abgeklärt werden muß, welches Problemverhalten letztlich beim Kind vorliegt und welche Intervention dann angezeigt ist. Kommt ein Training für sozial unsichere Kinder in Frage, dann dienen die Informationen der Eltern zudem dazu, daß das Training mit dem Kind so individuell als möglich gestaltet werden soll.

Es handelt sich um eine standardisierte Exploration, mit der die Faktoren, die das Verhalten des Kindes **bedingen** und **aufrechterhalten**, bestimmt werden. Die Informationen fließen in die **Verhaltensanalyse** ein und helfen, die **kindspezifischen**

Trainingsziele festzulegen (vgl. den Elternexplorationsbogen in Abschnitt 2.2.3).

Nachdem die Exploration abgeschlossen ist, erkennt man in der Regel die Art der Verhaltensstörung und kann **entscheiden,** ob ein Training mit sozial unsicheren Kindern durchgeführt wird. Wenn ja, dann wird mit den nächsten beiden Schritten fortgefahren. Hat die Elternbefragung sehr viel Zeit, das heißt zwei Stunden, in Anspruch genommen, werden die beiden ausstehenden Schritte auf das nächste Treffen vertagt. Der **Termin** des nächsten Treffens sowie alle folgenden Elternkontakte werden auf Tag und Uhrzeit **genau festgelegt.**

Besteht **Unsicherheit bei der Indikationsstellung,** sollte der Elternkontakt an dieser Stelle beendet und das Kind zu entsprechenden Diagnoseschritten, vor allem zur Verhaltensbeobachtung, in die Beratungsstelle bestellt werden.

2. Verhaltensbeobachtung

Als zweiter Schritt erfolgt die Einweisung in die Verhaltensbeobachtung anhand des Verhaltensbeobachtungsbogens (vgl. Abschnitt 2.2.2):

- Die **Kategorien** werden mit konkreten Verhaltensweisen und Situationen **erklärt;** maximal zwei bis vier Kategorien, die für das Problemverhalten des Kindes relevant sind, werden mit den Eltern zusammen ausgewählt. Die beiden Kategorien, die sich auf das Zielverhalten beziehen, werden vorgegeben. Somit haben die Eltern zwischen vier und sechs Kategorien zu bearbeiten. Sollten die Eltern damit Schwierigkeiten haben, dann können auch weniger Kategorien gewählt werden (eine für das Problemverhalten und eine für das Zielverhalten), um dadurch die Zuverlässigkeit der Einschätzungen zu erhöhen.
- Um die **Verhaltensbeobachtung** zu **üben,** schätzen die Eltern das Kindverhalten für den Tag ein, an dem der Hausbesuch stattfindet; hierzu muß den Eltern die Einschätzskala erklärt werden. Die Instruktionen zum Beobachtungsbogen und der Einschätzskala werden den Eltern schriftlich in die Hand gegeben (vgl. den Materialteil unter Abschnitt 7.5).
- Als **Hausaufgabe** schätzen die Eltern täglich das Kindverhalten in den **ausgewählten und geübten Kategorien** ein: Dies soll die Bezugsperson übernehmen, die die meiste Zeit am Tag mit dem Kind zusammen ist und es von daher am besten beurtei-

len kann. Die Einschätzung soll immer abends, nachdem das Kind zu Bett gegangen ist, erfolgen.

3. Erwartungen der Eltern

Abschließend erhalten die Eltern noch einmal spezifische Informationen über die therapeutische Arbeit mit dem Kind, so daß die Eltern ihre Erwartungen und Ziele an das Training nennen können. Diese Ziele werden daraufhin besprochen, ob sie **realisierbar** sind, so daß bei den Eltern überhöhte Erwartungen zugunsten angemessener Vorstellungen abgebaut werden können. Es ist zu betonen, daß eine gute Chance besteht, die realistischen Ziele unter der Voraussetzung der **aktiven Elternmitarbeit** zu erreichen.

7.4.2 Zweiter Elternkontakt

Auch dieser Kontakt wie die folgenden Hausbesuche werden damit eingeleitet, daß die Berater den Eltern Informationen über den Fortgang des Trainings geben. Ab diesem Treffen können das Kind und seine Geschwister - wenn sie wollen - an den Gesprächen teilnehmen.

1. Diagnostische Ergebnisse

Es wird über die diagnostischen Ergebnisse des Kindes - hier sind es die Befunde aus dem AFS und der Verhaltensbeobachtung - berichtet.

2. Beobachtungen aus dem Training

Es folgen Mitteilungen über Beobachtungen während der Trainingsstunden:

- Verhaltens- und Situationsbeschreibungen,
- Schlußfolgerungen im Hinblick auf das unerwünschte Sozialverhalten und andere unangemessene Verhaltensweisen und
- konkrete Vorgaben für Kind- und Elternverhaltensweisen.

Hierzu ein **Beispiel:** Einem Elternpaar wurde berichtet, daß ihr Kind ein Spielzeug mit zur Trainingsstunde gebracht hatte. Es wurde gefragt, ob dies aus Angst oder deshalb geschah, weil das Kind dadurch besondere Zuwendung erreichen wollte. Die Eltern meinten, dieses Verhalten hätte eher die Funktion, die Aufmerksamkeit des Therapeuten auf sich zu ziehen. Als nächstes schilderte der Berater, der das

Kindertraining durchführte, die großen Entscheidungsschwierigkeiten des Kindes: Es wäge lange viele Alternativen ab, fände bei allem Einwände und käme deshalb zu keiner Entscheidung und Handlung (dies bezog sich zum Beispiel auf die banale Frage, welche Rolle das Kind im Rollenspiel spielen wollte). Dem Kind fiele es auch schwer, Spiel und Wirklichkeit voneinander zu unterscheiden.

Entscheidungsschwierigkeit und Unterscheidung von Spiel und Wirklichkeit spielten sicherlich eine große Rolle im sozial unsicheren Verhalten des Kindes. Entsprechend mußte die Entscheidungsfähigkeit verbessert werden, vor allem, indem das Kind lernt, nicht immer nur Einwände gegen eine Sache vorzubringen, sondern Dinge, Personen und Ereignisse so zu akzeptieren, wie sie sind, und auch das Positive an ihnen zu sehen.

3. Bericht der Eltern

- Die Eltern sollen über ihre **unsystematischen Verhaltensbeobachtungen berichten**; das heißt, die Eltern erzählen, ob sie schon irgendwelche Veränderungen im Kindverhalten feststellen konnten und was sich alles in der Zwischenzeit ereignet hat.

  Ein Elternpaar zum **Beispiel** konnte Veränderungen im Sozialkontakt innerhalb der Familie feststellen. Das Kind ging nun mehr aus sich heraus, erzählte mehr, was es erlebt hatte und begann, eigene Ideen und Gedanken zu formulieren. Ein anderes Elternpaar beschrieb sein Kind als ausgeglichener und aktiver: Es zeigte Freude am ausgiebigen Schlittenfahren (früher mußte die Mutter das Kind aus dem Haus „jagen") und brachte manchmal Klassenkameraden mit nach Hause, um ihnen sein neues Spielzimmer zu zeigen.

- Eine Auswertung der **systematischen Verhaltensbeobachtung mit Hilfe des Beobachtungsbogens** schließt sich an; hierbei werden die ausgewählten Kategorien durchgegangen und geprüft, ob die Verhaltenskategorien und die Einschätzskala richtig verstanden und angewandt wurden. Dies geschieht, indem man zum Beispiel nach der genauen Situation fragt, in der ein bestimmtes Verhalten am Tag zuvor auftrat, und sich die Situation mit konkretem Verhalten beschreiben läßt.

- Eine **Ursachenklärung** momentan auffallender positiver wie negativer Verhaltensweisen des Kindes im Training, im Elternhaus, in der Schule oder im Kontakt mit Gleichaltrigen kann von Bedeutung sein. Zum **Beispiel** kann es sein, daß die Eltern sich mehr mit dem Kind auseinandersetzen, das Kind dies als Aufmerksamkeitszuwendung wahrnimmt und deshalb mehr erzählt.

4. Problemlösestrategien

Abschließend werden Problemlösestrategien im Elternhaus besprochen:

- Dies kann sich auf **Veränderungen des Elternverhaltens** im Hinblick auf spezifische Kindverhaltensweisen beziehen wie: **Verhalten loben, tadeln und ignorieren.** Zum **Beispiel** sollte eine Mutter ihr Kind für erbrachte Leistungen (zufriedenstellendes Erledigen der Hausaufgaben oder Hilfe im Haushalt) loben sowie das Erzählen des Kindes anerkennen.

- Die **Notwendigkeit** von **konsequentem Verhalten** ist den Eltern nahezulegen, besonders, wenn es um notwendige Anforderungen an das Kind geht. Mit einer Mutter wurde die **Abmachung** getroffen, daß ihr Kind selbständig mit dem Bus in die Beratungsstelle fährt. Nach einem ersten Mißerfolg - das Kind stand an der Bushaltestelle und wußte nicht, in welchen der beiden gleichzeitig ankommenden Busse es einsteigen sollte, worauf es weinend in Passivität verharrte - wurde **unmittelbar danach** ein neuer Versuch gestartet: Die Mutter wurde telefonisch instruiert, das Kind in den nächsten Bus zu setzen; der Therapeut würde es an der Bushaltestelle abholen. Nach dieser Hilfestellung, gekoppelt mit konsequentem Verhalten der Erwachsenen, kam das Kind in Zukunft selbständig mit dem Bus zur Beratungsstelle.

- Den Eltern werden **Hilfen** durch einen **Wochenplan** gegeben; das heißt: Eltern und Kind erhalten **Hausaufgaben.** Mit einer Mutter wurde **beispielsweise** ein Verhaltenswochenplan erstellt, der das tägliche Lesen-Üben betraf. Da sich das Kind immer vor dem Lesen drücken wollte, wurde mit ihm durch das regelmäßige Lesen-Üben der angemessene Umgang mit einer Anforderung bearbeitet. Der Wochenplan diente der Mutter und dem Kind als Hilfe zur Verhaltenskontrolle, jedoch ohne eingesetzte Verstärker für das Kind. Die Aufgabe lautete, jeden Tag eine kleine Geschichte im Lesebuch zu lesen; für jeden Wochentag wurden zwei Verhaltensmöglichkeiten von

Mutter und Kind bestimmt: „Mit Hilfe gut/ schlecht gelesen" und „Ohne Hilfe gut/schlecht gelesen". Mit einer anderen **Mutter** wurde ein Verstärkungsplan für eine Woche aufgestellt, auf dem sie das selbständige Waschen, Anziehen und Zähneputzen ihres Kindes registrierte. Für ein viermaliges Erfüllen des Selbständigseins wurde ein Eisessen vereinbart; das Kind erreichte dieses Ziel. Mit einem weiteren Kind und seinen Geschwistern wurde schließlich ein Wochenplan aufgestellt, um Streitsituationen zu verringern.

- Durch alltägliche **gemeinsame Aktivitäten** im **Arbeits-** wie im **Freizeitbereich** soll ein Familiengefühl geschaffen werden. Hierzu müssen familienorientierte Möglichkeiten vorgeschlagen werden wie Rodeln, Schwimmen oder gemeinsames Reparieren des Fahrrades von Vater und Sohn.

7.4.3 Dritter Elternkontakt

1. Beobachtungen aus dem Training

Die Berater beginnen mit den Mitteilungen und Beobachtungen aus den Trainingsstunden, die sich auf Fortschritte, Rückschläge und sonstige Probleme des Kindes beziehen; damit werden noch einmal sehr konkrete Schilderungen der Trainingsinhalte sowie Demonstrationen des Trainingsmaterials verbunden.

2. Bericht der Eltern

Die Beobachtungen der Eltern über Veränderungen des Kindverhaltens werden erfragt:

- Ereignete sich etwas Besonderes?
- Es ist notwendig, sich ausreichend Zeit zu nehmen, um die **Wochenpläne** beziehungsweise die abgesprochenen **Verhaltensweisen der Eltern** gegenüber dem Kind sowie einzelne **Aktivitäten von Eltern und Kind** auszuwerten. **Beispiele** sind: Eine Mutter berichtete erfreut über die Erfolge, die ihr Kind mit dem selbständigen Busfahren erzielte; das Kind bat Fahrgäste um das Drücken des Halteknopfes, wenn es nicht herankam, oder ging von sich aus auf ein anderes „Trainingskind" und dessen Mutter zu, als es diese im Bus traf. Ein anderes Kind wünschte das erste Mal regelmäßiges Schwimmen mit dem Vater und stellte entsprechende Forderungen (Wettschwimmen) an ihn.

- Besonders ist nach **verändertem Sozialverhalten** des Kindes zu fragen, ob es zum Beispiel Sozialkontakte anknüpft, soziale Verpflichtungen eingeht, Aufgeschlossenheit, angemessene Selbstbehauptung und soziales Verhalten zeigt.

3. Problemlösestrategien

Neue und bewährte Problemlösestrategien im Elternhaus werden wieder angegangen:

- Die Eltern sollen im **Sozialbereich spezifische Aufgaben** an das Kind stellen; es soll sich zum **Beispiel** einmal pro Woche mit einem Kind treffen, abwechselnd bei ihm oder bei dem anderen Kind zu Hause; oder es soll eine regelmäßige soziale Aktivität unternehmen, indem es sich einer Kindergruppe anschließt (Sportverein, Kindergruppe, Musikgruppe etc.) und den damit verbundenen Anforderungen nachkommt. Es ist hierbei an eine Aktivität gedacht, die dem Kind Spaß macht, **Sozialkontakt** mit sich bringt und **regelmäßig** sowie **regelgeleitet** erfolgt. Die Eltern sollen die Bemühungen des Kindes durch Kooperation und Hilfestellung unterstützen.
- Eventuell wird ein **neuer Wochenplan** mit **neuen** und **alten** Verhaltenszielen und -regeln erarbeitet.

4. Lehrerkontakt

Ein Bericht über den Kontakt zum Lehrer des Kindes, sofern dieser von den Eltern gewünscht war und stattgefunden hatte, schließt den dritten Elternkontakt ab.

7.4.4 Vierter Elternkontakt

1. Beobachtungen aus dem Training

- Sie betreffen **Fortschritte, positive Ereignisse, Rückschläge** und **sonstige Probleme** des Kindes. So berichteten wir **beispielsweise** Eltern, daß ihr Kind sich sehr gut in Geschichten und darin vorkommende Personen eindenken und deshalb ein bestimmtes Verhalten im Rollenspiel gut ausdrükken konnte. Das Kind hatte jedoch dabei die Schwierigkeit zu überwinden, das, was es erkannte und wußte, in Worte zu fassen beziehungsweise zu formulieren. Man mußte ihm dazu Zeit lassen und es ermutigen. Ein anderes erstaunliches Ereignis, was für sein Empfindungsvermögen sprach, war die verblüffende Übereinstimmung mit einem anderen Kind in der Gruppe. Dies machte sich bei Antworten beider Kinder auf Fragen des Therapeuten bemerkbar. Beide wollten das gleiche sagen, oder man konnte es an den Blicken erkennen, die sie sich gegenseitig zuwarfen. Das Kind hatte allerdings auch schon im Ansatz gelernt, sich eine Meinung zu bilden und diese gegenüber einem anderen Kind zu vertreten; auch sozial kompetente Verhaltensweisen, wie ein anderes Kind zum Spielen auffordern, waren beobachtbar.

- **Eventuell** können negative und positive Kindverhaltensweisen mit Hilfe von **Video-** oder **Tonaufnahmen** den Eltern eine **Rückmeldung** darüber geben, welche Ziele das Kind schon erreicht hat. Die Eltern erhalten durch solche Aktionen einerseits einen noch konkreteren Einblick in das, was mit dem Kind geschieht; andererseits kann man sie damit auch zu einer weiteren aktiven Mitarbeit motivieren.

Die Möglichkeit eines Videofeedbacks wurde zum Beispiel bei einem Kind genutzt, um den Eltern das Verweigerungsverhalten und die damit verbundene Verhaltensstrategie des Kindes zu verdeutlichen. Dies war vor allem für die Mutter wichtig, die zu nachgiebig und verwöhnend mit dem Kind umging. Es konnte gleichzeitig damit illustriert werden, daß das gleiche Verhalten in der Schule auftrat und deshalb die Schulleistungen des Kindes nicht seinen Möglichkeiten entsprachen. Die ausgewählten „**Verweigerungssituationen**" verdeutlichten folgende **Verhaltensstrategie** des Kindes: Zunächst lenkte das Kind durch alberne Späße ab, ging dann auf räumliche Distanz (zum Beispiel mit dem Stuhl wegrücken) und nahm eine Abwehrhaltung ein, indem es die Arme vor der Brust verschränkte; es gab keine Antworten mehr und senkte den Blick. Wagte es der Therapeut, immer noch Anforderungen an das Kind zu stellen, dann brach es - als Steigerung des sich weigernden Verhaltens - in Tränen aus. Die Mutter berichtete, daß das Kind auch bei ihr weinte, wenn sie die Schulaufgaben einforderte. Sie gäbe bisher immer dem Kind an diesem Punkt nach und ließ es eine Weile spielen oder fernsehen; dann ginge das „Spiel" von neuem los.

Bedeutend war, die Mutter darauf hinzuweisen, daß der Therapeut auch nach diesem Verhalten das Kind nicht aus der Pflicht ließ und auf einer minimalen Aktivität bestand, indem er konsequent und kontinuierlich mit entschlossener Ruhe in seinem Vorgehen fortfuhr. Neben diesen Videoausschnitten wurden auch solche gezeigt, in denen das Kind **gut mitmachte** und durch Lob und Zuwendung seine Aktivität sogar steigerte und ausgezeichnete Problemlösungen fand. Hiermit konnte den Eltern bewiesen werden, wozu ihr Kind fähig ist, wenn es nur wirklich wollte und wenn man es nur konsequent forderte. Bei diesem Kontakt mit Videoeinsatz waren neben den Eltern das Kind selbst und seine ältere Schwester anwesend.

2. Bericht der Eltern

Nach den Mitteilungen der Berater berichten die Eltern über:

- die Ergebnisse der **Wochenpläne** beziehungsweise **Verstärkerpläne**. Bei **einem Kind** wirkte sich die Regel aus dem Detektivbogen „Wenn ich etwas nicht sofort kann oder falsch gemacht habe, probiere ich es noch einmal und noch einmal!" unmittelbar günstig aus.

Ein anderes Beispiel: Alle Pläne schlugen fehl, die darauf hinausliefen, den Schulweg schrittweise zu vergrößern, den die Tochter allein gehen sollte. Die Mutter wandte daraufhin folgende List an: Sie nahm den Satz, den sonst die Tochter zu ihren Eltern sagte, wenn sie etwas nicht ohne weiteres durchsetzen konnte, für sich in Anspruch, indem sie sagte: „Ich glaube, du hast mich nicht lieb." „Warum?" fragte das Kind zurück. „Weil du den Schulweg allein gehen würdest, wenn du mich lieb hättest." Die Tochter war über die Aussage der Mutter bestürzt, dachte nach und versprach, am nächsten Tag allein zur Schule zu gehen. Dies klappte auch problemlos, worauf der Vater die Gelegenheit ergriff und (nach gezeigter Freude und Lob) mit der Tochter schriftlich einen Vertrag schloß, daß diese ab sofort allein zur Schule gehe. Diese analog dem Therapievertrag getroffene Abmachung erwies sich als langfristig erfolgreich.

- Es wird danach gefragt, **ob** und **wie** die an das Kind **gestellten Aufgaben realisiert** wurden. Dies betrifft den **regelmäßigen Sozialkontakt** sowie eine mit Sozialkontakt verbundene **regelmäßige Verpflichtung**. Andere **Eltern** berichteten, daß sich ihr Kind in letzter Zeit manchmal mit einem Nachbarjungen verabredete, mit diesem schwimmen gewesen war und sogar einmal bei ihm übernachtet hatte. Das Kind sollte als regelmäßige Verpflichtung einen Schwimmverein besuchen, in dem bereits ein anderes Kind aus der Kindergruppe Mitglied war. Ein **weiteres Kind** nahm ebenfalls mit einer Freundin gemeinsam an einem Schwimmkurs regelmäßig teil. Sozialkontakte zu derselben Freundin wurden ausgebaut - so besuchte das Kind **allein** die Faschingsparty dieser Freundin. In einem **anderen Fall** berichteten Eltern über ihr Kind, daß es freundschaftliche Kontakte zu Nachbarskindern aufnahm und sich nicht mehr nur in seinem Zimmer hinter seinen Kinderbüchern vergrub. Auch Kontaktversuche zu Klassenkameraden und Treffen mit einem anderen Trainingskind kamen zustande.

- Wichtig ist, daß die Eltern über **prinzipielle Veränderungen im Verhalten des Kindes** berichten. So „wagte" es zum Beispiel ein Kind im Zuge des neu erworbenen selbstbehauptenden Verhaltens, seine eigene Meinung manchmal zu Hause zu vertreten. Obwohl dies die Eltern als Trainingsziel gewünscht hatten, fiel es ihnen doch schwer, mit diesem neuen Verhalten ihres Kindes umzugehen. Die Vorteile dieser Entwicklung mußten den Eltern erneut aufgezeigt werden. Die Lehrerin eines **anderen Kindes** berichtete, daß es sich in letzter Zeit besser durchsetzen könnte, zum Beispiel sich verbal gegen etwas „rauhe" Jungen in der Klasse wehrte und nicht mehr sofort bei jeder Gelegenheit weinte. **Andere Eltern** erzählten von auffallenden Veränderungen; das Kind schaffte es, sich über etwas zu freuen und diese Freude zu zeigen; ihm gelang es auch, nicht alles so ernst zu nehmen. Was noch nie vorkam, war, daß es sich zu Fasching mit Freude verkleidete; auch entwickelte es mehr Toleranz gegenüber anderen Kindern als früher und konnte sich von sich aus inzwischen bei anderen für unangemessenes Verhalten entschuldigen. Angeregt durch die individuelle Instruktionskarte im Gruppentraining („Ich quassel schon wieder zuviel!") zeigte das Kind lautes Verbalisieren, um sein vieles Reden im Umgang mit anderen Kindern zu kontrollieren und schaffte es auch, diese Instruktion sofort in Handeln umzusetzen.
- Auch **Veränderungen im Familienklima,** zum Beispiel durch gemeinsame Aktivitäten, werden besprochen. Dies konnte das sonntägliche Schwimmen von Vater und Sohn, gemeinsame Radtouren mit Picknick oder sonntägliche Spaziergänge mit Eisessen sowie Radtouren betreffen. Auch die Aufforderung eines Vaters an seinen Sohn, sich immer wieder mit Fragen und Bitten an ihn zu wenden (zum Beispiel gemeinsam den Fahrradschlauch reparieren, was der Vater zugab, immer wieder zu vergessen), zeigten positive Veränderungen im Familienklima an.

- **Besondere Ereignisse,** die schon stattfanden oder noch bevorstehen, sollten **nicht vergessen** werden. Es kann sich dabei zum Beispiel um einen geplanten und durchgeführten Kindergeburtstag handeln, was das Kind im Vorjahr energisch ablehnte.

3. Problemlösestrategien

Möglichkeiten von Problemlösestrategien im Elternhaus werden **allgemein** noch einmal besprochen:

- Es ist nochmals der **Zusammenhang** von **Verhalten** und **Konsequenzen** einerseits beziehungsweise **vorausgehenden Bedingungen und Verhalten** andererseits zu erklären. Hierzu wird Demonstrationsmaterial, sogenannte „Lehr-Lern-Folien", herangezogen (vgl. dazu Abschnitt 7.5). Von den dort angeführten Beispielen ausgehend können spezifische Situationen aus der Familie noch einmal aufgegriffen werden; zum Beispiel die über Videofeedback vermittelte Verhaltensstrategie eines Kindes, die durch das Nachgeben der Mutter aufrechterhalten wurde. Die Reiz-Reaktions-Konsequenz-Zusammenhänge müssen den Eltern genau erklärt werden.

  Aufgrund der bisherigen Elternkontakte fanden wir ein gutes Vorverständnis für diese lerntheoretischen Zusammenhänge vor, und die Eltern konnten diese theoretischen Grundlagen auf dem Hintergrund eigener besprochener Erfahrungen sehr gut nachvollziehen. Die Eltern bekamen diese Materialien als Unterlagen in die Hand.

- Schriftliche **Erinnerungshilfen** für die Eltern wie: *Nicht vergessen:* **loben, anerkennen, Freude zeigen, konsequent strafen!** oder wie: *Fördern durch fordern:* **nicht immer nachgeben!** können im Einzelfall wertvoll sein.

- Allgemeine Hinweise für Wochenpläne, Regeln und Verträge können Eltern und Kindern **nützliche Hilfestellungen geben.**

7.4.5 Fünfter Elternkontakt

Der letzte Kontakt zu den Eltern dient der Trainingsnachkontrolle. Er findet acht Wochen nach dem Ende des Gruppentrainings wiederum bei der Familie zu Hause statt und dauert ungefähr anderthalb bis zwei Stunden.

1. Unsystematischer Elternbericht
Die Eltern berichten in zunächst unsystematischer Weise über die vergangenen zwei Monate. Orientierung gebende Fragen sind folgende:

- Welche **Fortschritte** machte das Kind im Hinblick auf sozial kompetentes Verhalten beziehungsweise konnte das zum Trainingsende erreichte Verhalten **stabilisiert** werden? Zeigten sich im Kindverhalten **neue Probleme**, sei es spezifisch bei Sozialkontakten und Anforderungen, sei es, daß sich andere Schwierigkeiten ergaben?
- Hat das Kind seine **regelmäßigen Sozialkontakte** sowie seine **spezifische Aufgabe** (Schwimmverein, Kindergruppe etc.) **beibehalten?**
- Was ist aus den **gemeinsamen Familienaktivitäten** geworden? Was kann daraus über das **Familienklima** und damit über die Bedingungen des Kindes, sein neu erlerntes Verhalten zu stabilisieren, abgeleitet werden?
- Wurden weiterhin **lerntheoretische Prinzipien beachtet?** Wenn alte oder neue problematische Verhaltensweisen des Kindes in bestimmten Situationen automatisch ablaufen (zum Beispiel Verweigerung von Anforderungen, von Sozialkontakt), dann kann angenommen werden, daß lerntheoretische Prinzipien nicht berücksichtigt werden.
- Kamen weitere **Wochen- oder Verstärkungspläne** mit spezifischen Regeln zur Anwendung?

---

2. Systematischer Elternbericht
Ein systematischer Elternbericht über konkrete Verhaltensweisen wird anhand des **Beobachtungsbogens** abverlangt. Hierbei sollen die Eltern eine Einschätzung über die Kindverhaltensweisen (Kategorien) während der letzten vierzehn Tage abgeben, die schon **zuvor** den **täglichen Elternurteilen** zugrunde lagen.

7.5 Materialien

Neben den **Instruktionen**, die Materialcharakter haben, handelt es sich auch bei dem **Elternexplorationsbogen** und dem **Verhaltensbeobachtungsbogen** um Materialien für die Elternberatung (vgl. die Abschnitte 2.2.2 und 2.2.3). Die **Hinweise** zum Beobachtungsbogen und zu den Verhaltenseinschätzungen für die Eltern sind nachfolgend abgedruckt. Das Vorgehen wird mit den Eltern besprochen und geübt; die schriftlichen Hinweise behalten die Eltern als **Erinnerungshilfe** für die täglichen Verhaltenseinschätzungen ihres Kindes.

Auch eventuell vorhandene **Ton- oder Videoaufzeichnungen** aus dem Kindtraining (Einzel- oder Gruppentraining) stellen Materialien dar, die ideal in der Elternberatung eingesetzt werden können (vgl. das Beispiel des Videofeedbacks für die Eltern eines Kindes im Abschnitt 7.4.4). An dieser Stelle wird die unmittelbare Verzahnung von Kindertherapie und Elternberatung deutlich.

Die **Wochen- und Verstärkerpläne** mit kind- und familienspezifischen Regeln und Instruktionen sind ebenfalls wichtige Materialien, die je nach Bedarf eingesetzt werden. Sie sollen nur sehr wenige (eine bis maximal drei) Verhaltensweisen aufweisen, die konkret und situationsspezifisch formuliert sein müssen. Dies ist die beste Gewähr dafür, daß die Wochenpläne auch täglich beachtet und ausgefüllt werden. Auch **Rollenspielsituationen** zählen zu den Materialien; sie orientieren sich an der Problemvorgabe der Eltern und deren Signale, diese Situationen einmal im Gespräch durchzuspielen.

Schließlich ist auf die sogenannten „**Lehr-Lern-Folien**" als Material für die Elternberatung hinzuweisen. Sie erklären noch einmal, wie Verhalten entsteht (vgl. die folgenden Seiten).

Hinweise zum Beobachtungsbogen

Für Familie...

Der folgende Beobachtungsbogen enthält **zwölf verschiedene Verhaltensbereiche** (Kategorien), wie „still sein", „Körperausdruck", „Sozialkontakt" usw. Diese Verhaltensbereiche werden noch einmal genau erklärt. Zum Beispiel ist mit „still sein" gemeint, daß jemand nichts von sich aus erzählt, nichts fragt, um nichts bittet und auch keine Freude zeigt. Es geht also um Sozialverhalten, das heißt um Verhalten bezüglich des Umganges, des Zusammenseins und des Sprechens mit anderen Menschen.

Die ersten neun Bereiche beschreiben Verhaltensweisen, die für den Umgang mit anderen Menschen **nicht nützlich** sind und die deshalb in einem Training verändert werden sollen. Die Bereiche 10 und 11 stellen entgegengesetztes Verhalten zu den Kategorien 1 bis 9 dar. Das Verhalten von 10 und 11 sollen die Kinder im **Training lernen**. Kategorie 12 beinhaltet sehr verschiedene Merkmale, die zusätzlich zu dem Verhalten von 1 bis 9 auftreten können.

Bei den Ausführungen zu den einzelnen Bereichen ist oft von „**sozialer Aufgabe**" die Rede. Damit ist gemeint, daß es nicht nur Aufgaben und Verpflichtungen gibt im Zusammenhang mit der Schule und dem schulischen Lernen. Es gibt auch Aufgaben und Verpflichtungen für ein Kind in der Familie (im Umgang mit den Eltern und Geschwistern) oder gegenüber Freunden oder Klassenkameraden. Das Kind hat die soziale Aufgabe, mit anderen Kindern zu reden, seine eigene Meinung zu vertreten ohne gleich Streit zu bekommen, sich in angemessener Form durchzusetzen usw.

Auch wenn ein Kind zum Beispiel ein guter oder sehr guter Schüler ist und die Lernaufgaben gut bewältigen kann, so kann es doch sozialen Aufgaben nicht gewachsen sein. Es geht beispielsweise nie zu anderen Kindern spielen, und umgekehrt kommen auch keine Kinder, um es zu besuchen.

Ihre Aufgabe ist es nun, das soziale Verhalten Ihres Kindes täglich für **einige** Kategorien einzuschätzen. Wir werden diese Kategorien gemeinsam auswählen und besprechen.

Sie sollen dazu lediglich Ihr Kind etwas **bewußter beobachten** und am Abend eines jeden Tages Ihre Beobachtungen mit Hilfe des Beobachtungsbogens festhalten. Sie benötigen dazu erfahrungsgemäß nicht mehr als zwischen fünf und zehn Minuten Zeit.

Die Einschätzungen, die Sie für jede Kategorie abgeben, erfolgen in **fünf Stufen;** das heißt, Sie wählen für jedes Verhalten eine Stufe aus, von der Sie aufgrund Ihrer Beobachtungen glauben, daß sie für Ihr Kind zutrifft.

Die fünf Stufen sind:

tritt	tritt	tritt	tritt	tritt
nie	selten	manchmal	häufig	ständig
auf	auf	auf	auf	auf
1	2	3	4	5

Haben Sie für ein Verhalten Ihre Wahl getroffen, dann tragen Sie die entsprechende Zahl auf dem Beobachtungsbogen unter **Urteil** ein. In dieser Weise verfahren Sie für jedes Verhalten, das wir gemeinsam ausgewählt haben.

Die Frage ist, **wie** kommen Sie zu Ihrem Urteil? Nehmen wir ein **Beispiel**: Ihr Kind sieht leidenschaftlich gerne Fernsehen. Am liebsten würde es jede Sendung verfolgen. Sie sind der Meinung, daß ein neunjähriges Kind täglich nicht länger als eine Stunde fernsehen darf.

Stellen Sie sich nun vor, Sie wollen feststellen, was Ihr Kind macht, wenn Sie es für eine Woche gewähren lassen. Um zu überprüfen, was dabei herauskommt, halten Sie das Verhalten Ihres Kindes systematisch in einem täglichen Protokoll fest. Sie kommen zu folgendem Ergebnis:

Es gibt Tage, die zum Beispiel so sonnig und warm sind, daß Ihr Kind kein Fernsehen schaut, weil es schwimmen geht; das Verhalten tritt also **nie** auf (=**1**). An Regentagen sieht es das gesamte Nachmittags- und Abendprogramm bis 20.00 Uhr; 20.00 Uhr haben Sie als Höchstgrenze gesetzt. Nun tritt das Verhalten **ständig** auf (=**5**). Verfolgt Ihr Kind eine Sendung am Tag, die es interessiert, dann tritt das Verhalten **selten** auf (=**2**). Ihr Kind schaut an einem anderen Tag mehrere Sendungen an, unter Umständen mit Unterbrechungen, aber insgesamt nicht länger als ca. eineinhalb Stunden; dann tritt das Verhalten **manchmal** auf (=**3**). Sieht es schließlich den überwiegenden Teil des Nachmittags- und Abendprogramms, auf jeden Fall länger als zwei Stunden, dann tritt das Verhalten **häufig** auf (=**4**).

Lehr-Lern-Folien

Wie entsteht Verhalten? - Erstes Beispiel:
Vorausgehende Ereignisse (= Reize) bestimmen ein Verhalten!

Was heißt das?

1	2	3
Eine Mutter sagt zu ihrem Sohn „Nachher kommt Frau Becker mit Jürgen zu uns zu Besuch. Jürgen ist so alt wie du. Ihr könnt zusammen spielen."	Der Sohn denkt: „Ich will aber nicht mit diesem Jungen spielen. Ich kenne ihn doch gar nicht." Er verläßt die elterliche Wohnung mit einer Ausrede gegenüber der Mutter und kehrt erst am Abend zurück, nachdem die Bekannte der Mutter mit Jürgen bereits wieder gegangen ist.	Der Sohn denkt: „ Gut, daß Frau Becker mit Jürgen weg ist und ich nicht mit ihm heute nachmittag spielen mußte. Allein war es viel schöner."

Bei **1** handelt es sich um einen **Reiz**, der von der Mutter ausgeht und auf ihren Sohn wirkt; bei **2** um ein **Verhalten**, das der Sohn als Reaktion auf den Reiz zeigt; bei **3** um eine positive **Konsequenz**, die jedoch nicht das Verhalten bestimmt, sondern als zufällig positives nachfolgendes Ereignis das Verhalten des Sohnes begleitet.

Wie entsteht Verhalten? - Zweites Beispiel:
Nachfolgende Ereignisse (= Konsequenzen) steuern ein Verhalten!

Was heißt das?

1	2	3
Die Tochter spielt nachmittags allein zu Hause in ihrem Zimmer. Eigentlich hat sie Lust, mit einem anderen Mädchen aus ihrer Klasse zu spielen. Aber sie traut sich nicht, anzurufen.	Sie geht zur Mutter und sagt: „Ich möchte gerne mit Monika spielen. Rufst du sie an und fragst, ob sie kommt?" Die Mutter antwortet: „Du kannst sie doch auch anrufen und fragen!" - „Nein, mach' du das lieber", entgegnet die Tochter und schmiegt sich bettelnd an die Mutter.	„Na gut", gibt die Mutter nach. Sie unterbricht ihre Arbeit und ruft Monika zu Hause an. Die Mutter erreicht Monika und diese verspricht, zu kommen. Die Tochter freut sich sehr darüber.

Bei **1** besteht ein **Reiz** aus dem Wunsch der Tochter.
2 ist das **Verhalten** der Tochter; diese verhält sich gegenüber der Mutter aktiv, verweigert aber die Anforderung (nämlich selbst anzurufen). Das Verhalten bewirkt, daß die Mutter anruft (= Konsequenz).
3 ist die **Konsequenz**, die in dem nachgebenden Verhalten der Mutter besteht und dadurch positiv auf die Tochter wirkt. Das Verhaltensergebnis (= Monika kommt) wirkt zusätzlich positiv. Diese nachfolgenden Ereignisse (= Konsequenzen) nimmt die Tochter als **Erfolg** wahr. Deshalb wird sie das gleiche Verhalten **auch in Zukunft** zeigen; das heißt, sie wird immer wieder die Mutter bitten, anzurufen.

Zugleich macht dieses Beispiel deutlich, daß das anschmiegsame, bettelnde Verhalten der Tochter einen **Reiz für die Mutter** darstellt und bei der Mutter ein bestimmtes Verhalten auslöst, nämlich nachzugeben und anzurufen. Zu sehen, daß sich die Tochter darüber freut, besonders, wenn der Anruf der Mutter erfolgreich war, ist wiederum eine **positive Konsequenz für die Mutter**.

Wie entsteht Verhalten? - Drittes Beispiel:
Vorausgehende und nachfolgende Ereignisse bestimmen ein Verhalten!

Was heißt das?

1	2	3
Eine Mutter möchte gerne, daß ihr Sohn an einer Kindergruppe teilnimmt, die sich einmal wöchentlich trifft und Spiele zusammen unternimmt. Sie spricht mit ihrem Sohn darüber.	Der Sohn sagt: „Ich möchte aber nicht dort hingehen." „Dort bist du doch mit anderen Kindern zusammen und kannst mit ihnen spielen", entgegnet die Mutter. „Ich möchte aber lieber zu Hause spielen." Die Mutter unternimmt einen weiteren Überzeugungsversuch. Daraufhin bricht ihr Sohn in Tränen aus.	Die Mutter ist erschrocken, daß ihr Sohn weint. Sie nimmt ihn in die Arme, streichelt ihn und sagt: „Na ja, wenn du gar nicht in die Kindergruppe möchtest, dann darfst du zu Hause bleiben." - Nach einigen weiteren Minuten auf Mutters Schoß zieht sich der Junge zufrieden spielend in sein Zimmer zurück.

1 ist der **Reiz**, der von der Mutter ausgeht und auf den Sohn wirkt.

2 ist das **Verhalten**, das der Sohn als Reaktion auf den Reiz zeigt und das zugleich auf ein bestimmtes nachfolgendes Verhalten abzielt, nämlich, daß die Mutter nachgibt (= Konsequenz).

3 ist die **Konsequenz**, die positiv auf den Sohn wirkt, da die Mutter nachgegeben hatte. Dieses nachfolgende Ereignis nimmt der Sohn als **Erfolg** wahr. Deshalb wird er sich bei einem gleichen oder ähnlichen Reiz (zum Beispiel wünscht die Mutter zu einem späteren Zeitpunkt, daß der Sohn einem Schwimmverein beitritt) **ebenso verhalten**, um die gleiche positive Konsequenz zu erreichen (nämlich, daß die Mutter wieder nachgibt).

In dem hier geschilderten Beispiel entsteht das Verhalten eines Kindes sowohl aufgrund eines vorhergehenden Ereignisses (= Reiz) als auch aufgrund eines nachfolgenden Ereignisses (= Konsequenz).

Auch hier wird wieder deutlich, daß das Verhalten des Kindes die Mutter in ihrem Verhalten beeinflußt. Das Weinen des Kindes ist der **Reiz für die Mutter**, nachzugeben. Das danach zufrieden spielende Kind verstärkt die Mutter, stellt also eine **positive Konsequenz für die Mutter** dar.

8 Effektkontrolle

Besonders durch **Beobachtungsverfahren** kann eine angemessene Kontrolle des Trainingsverlaufes ermöglicht werden. Der geplante Trainingsverlauf, in globalen sowie kindspezifischen Trainingszielen ausgedrückt, wird hierbei dem tatsächlichen vergleichend gegenübergestellt. Die Grundlage der Verlaufsbeschreibung bilden systematische Beobachtungen aus den Trainingssitzungen (aufgrund von Expertenurteilen) und aus dem häuslichen Bereich (aufgrund von Elternurteilen).

Manns et al. (1987) nennen vor allem Kategoriensysteme als geeignete Beobachtungsverfahren, da durch diese verschiedene Mängel verhindert werden können (zum Beispiel Ungenauigkeiten und Fehler bei der Identifizierung komplexer Prozesse). Aus diesem Grund erfolgt die Verlaufsbeschreibung mit dem Beobachtungsbogen für sozial unsicheres Verhalten bei Kindern. Die dem Vorgehen zugrunde gelegte Verhaltensbewertung basiert auf differenzierten Informationen, die eine präzise einzelfallbezogene Auswertung ermöglichen.

Die Ergebnisse der **einzelfallanalytischen Effektprüfung** sind an anderer Stelle (vgl. U. Petermann 1984) publiziert. Eine Übersicht über die Trainingseffekte geben graphische Veranschaulichungen (vgl. Abschnitt 8.3).

Neben den Verhaltensbeobachtungen dienen auch Informationen aus den Elternberatungen der Effektkontrolle. Die Überprüfung des Trainings wird mit einer Nachkontrolle im Hinblick auf die Langzeiteffekte abgeschlossen.

8.1 Allgemeine Hinweise

Die sicherlich interessanteste Frage, die vor allem von Praktikern immer wieder aufgeworfen wird, bezieht sich auf den Nutzen von **stark gelenkten Programmen bei sozial unsicheren Kindern**. Auch wenn man im Rahmen der Arbeit mit aggressiven Kindern diesen Ansatz noch akzeptiert (vgl. Petermann & Petermann 1988), wählt man bei unsicheren Kindern die klientzentrierte Spieltherapie als angemessenes Vorgehen. Man handelt damit nach dem Prinzip: „Sozial unsichere Kinder sollen behutsam einen Weg aus der Angst finden!" Die neueren psychologischen **Forschungsbefunde** sprechen jedoch alle **gegen** diese gutgemeinte Intuition. Wir möchten diese Diskussion mit den Befunden einer Mannheimer Arbeitsgruppe einleiten und diesen zeitgleich, jedoch unabhängig von unseren Bemühungen entstandenen Ansatz damit würdigen.

Döpfner et al. (1981) wollen mit ihrem Ansatz, der am Zentralinstitut für seelische Gesundheit in Mannheim entwickelt wurde, die soziale Kompetenz bei neun- bis zwölfjährigen Kindern allein durch ein Gruppentraining erhöhen. Dieses Training umfaßt zehn Einheiten:

1. Kennenlernen und Aufbau eines Gruppenzusammenhaltes,
2. Nonverbale Kommunikation 1: Die Sprache der Augen und die Sprache des Gesichts,

3. Nonverbale Kommunikation 2: Die Sprache des Körpers und die Sprache der Stimme,
4. Soziale Angst und irrationale Gedanken,
5. Freude zeigen,
6. Sich gemeinsam freuen,
7. Bitten stellen, erfüllen und ablehnen,
8. Forderungen stellen,
9. Ärger ausdrücken,
10. Kontakte aufnehmen, aufrechterhalten und beenden (Döpfner et al. 1981, S. 242 f.).

In einer Therapiestudie zeigten diese Autoren, daß die klientzentrierte Gruppen-Spieltherapie - auch wenn man konzeptnahe Erfolgskriterien heranzieht (wie etwa die Marburger Verhaltensliste von Ehlers et al. 1978) - soziale Unsicherheit bei Kindern nicht abbauen kann. So betrachteten Döpfner et al. (1981) zwölf neun- bis zwölfjährige Kinder in einem **Therapievergleich**. Die **Gruppen-Spieltherapie** wurde dem zehn Einheiten umfassenden **Selbstsicherheitstraining** gegenübergestellt. Beide Gruppen unterschieden sich von ihren Ausgangsbedingungen nicht oder nur unwesentlich. Der Vergleich erbrachte die folgenden fünf Befunde:

- Sowohl durch die Spieltherapie als auch durch das Selbstsicherheitstraining konnte die **soziale Ängstlichkeit** der Kinder abgebaut werden.
- Nur durch das Selbstsicherheitstraining konnte das **negative Selbstwertgefühl** der unsicheren Kinder nachhaltig verändert werden (erfaßt durch Selbsteinschätzungen der Kinder und Elternurteile). Es ließen sich kurz- und langfristige Effekte feststellen. Die Spieltherapie zeigte keinen Effekt.
- Die **Interaktionsfähigkeit** der Kinder (erfaßt durch Selbst- und Elternurteil) wurde nicht durch die Spieltherapie beeinflußt; auch traten nur bei dem Selbstsicherheitstraining kurz- und langfristige Effekte auf.
- Die **Verhaltenseffektivität** (erfaßt durch zwölf Einschätzungen der Kinder anhand eines Verhaltenstests) wies ebenfalls auf, daß

das Selbstsicherheitstraining gegenüber der klientzentrierten Spieltherapie überlegen war; ebenso blieben die Effekte über die Zeit stabil. Die Spieltherapie zeigte überhaupt keine Effekte.
- Die „**Gesamtgestörtheit**" verringerte sich lediglich durch das Selbstsicherheitstraining; unter „Gesamtgestörtheit" verstehen Döpfner et al. (1981) einen Summenwert aus der Marburger Verhaltensliste von Ehlers et al. (1978), der die Dimensionen „Kontrollangst",„unrealistisches Selbstkonzept", „emotionale Labilität", „unangepaßtes Sozialverhalten" und „instabiles Leistungsverhalten" beinhaltet. Auch hinsichtlich dieser globalen Erfolgsgrößen konnte lediglich das Selbstsicherheitstraining Veränderungen erzielen, die sogar über die Zeit stabil blieben.

Zu denselben **Ergebnissen** kamen auch **angloamerikanische Studien** von Berler et al. (1982), Bierman & Furman (1984), Kazdin (1988) und Weisz et al. (1987). Immer erwies sich die klientzentrierte Spieltherapie oder Gruppen-Spieltherapie dem Selbstsicherheitstraining als unterlegen. Vielfach konnten mit Hilfe der Spieltherapie überhaupt keine Effekte erzielt werden.

Wir stimmen Döpfner et al. (1981) und Döpfner (1987) in der Bewertung der klientzentrierten Spieltherapie zu. Zudem spricht gegen die Spieltherapie ein weiteres Argument: Offensichtlich wird durch diesen Ansatz eine für den Alltag des Kindes so **untypische Interaktionsstruktur** verwirklicht (vgl. Döpfner et al. 1981, S. 238), daß eine Übertragung von möglicherweise erzielten Therapiefortschritten auf den Alltag nicht gelingt.

8.2 Einzelfallanalytischer Untersuchungsplan

Der Trainingsaufbau und die theoretisch begründete Abfolge bestimmter Trainingselemente schränkt implizit die Auswahl der Einzelfalluntersuchungspläne ein. Die Trainingselemente legen folgende Aspekte der Effektkontrolle nahe:

a) Kontrolle der beiden Trainingsphasen (Einzeltraining/Gruppentraining) mit der Notwendigkeit, die Wirksamkeit beider Trainingteile zu trennen.

b) Nachweis der Kontinuität des Trainingsverlaufes insgesamt.

Die beiden Absichten lassen sich schwer in einem Untersuchungsplan testen, da eine Prüfung der Trainingteile einen Untersuchungsplan voraussetzt, der durch eine längere Nicht-Trainingsphase unterbrochen wird. Will man die Kontinuität des Trainingsverlaufes feststellen, dann ist es erforderlich, die Behandlungsteile hintereinanderzufügen, um zum Beispiel einen hierarchischen Trainingserfolg festzustellen.

Eine Lösung dieses Problems bietet ein sogenannter „Ausblendungsplan". Unter einem Ausblendungsplan versteht man ein Vorgehen nach den Schemata B-A-B, B-A-BC oder B-A-C. Zur Erklärung dieser Schemata (nach F. Petermann 1989):

A-Phase = Beobachtungsphase, das heißt Bereiche, in denen keine Behandlung durchgeführt wird; sie können vor und/oder zwischen Behandlungsphasen liegen;

B-Phase = Behandlungsphase, die sich im Normalfall auf einen vorgeordneten, meist weniger komplexen Trainingsabschnitt bezieht (hier: das Einzeltraining);

C-Phase = Behandlungsphase, die einen komplexeren, zeitlich meist nachgeordneten Trainingsabschnitt bezeichnet (hier: das Gruppentraining); und

BC-Phase = kombinierte Behandlungsphase, die sich aus Bestandteilen der B- und C-Phase zusammensetzt (hier: eine Kombination von Einzel- und Gruppensitzungen mit dem Kind).

In dem vorliegenden Fall, bei der strengen Trennung zwischen Einzel- und Gruppentraining, bietet sich der **B-A-C-Plan** als Umsetzung eines Ausblendungsplanes an. Dieser Plan bezieht sich nur auf die Effektanalyse der Kindersitzungen; die Effekte der Elternarbeit können in diesem Plan nicht genauer be-

rücksichtigt werden. In diesem Fall muß unterstellt werden, daß die Elternarbeit eine das Training unterstützende Funktion innehat. Eine Spezifikation dieser Annahme ist innerhalb des Ausblendungsplanes nicht möglich. Für die Hypothesenformulierung bedeutet dies, daß eine Begründung der Trainingseffekte vorwiegend aus den Interventionsschritten mit den Kindern erfolgt: Die globale **Annahme** (Hypothese), die dem B-A-C- Ausblendungsplan zugrundeliegt, besagt, daß die Effekte des Einzeltrainings (B) - aufgrund des Einsatzes von vorwiegend kognitiven Modifikationstechniken - zeitlich nicht überdauernd sind (A) und erst durch eine Verhaltenseinübung wieder aufgefangen und stabilisiert werden können (C); die Stabilisierung wird dabei global über eine Nachkontrolle nach acht Wochen geprüft.

8.3 Datenerhebung: Verhaltensbeobachtung durch Experten und Eltern

Das größte Problem bei der Erstellung einer Einzelfalldiagnose besteht darin, für die Hypothesentestung eine **umfassende Datenbasis** zu gewinnen. Für eine statistische Effektprüfung müssen ungefähr zehn bis fünfzehn Messungen pro Phase als absolutes Minimum angesehen werden. Als Richtzahl wird bei dem dreiphasigen Untersuchungsplan die Zahl 45 gewählt, das heißt pro Phase werden zwischen zwölf und achtzehn Messungen erhoben. Aus technischen Gründen (siehe unten) ergeben sich für das Einzeltraining fünfzehn Messungen, für die Ausblendungsphase (Nicht-Behandlungsphase) zwölf und für das Gruppentraining achtzehn Messungen (bezogen auf die Expertenurteile). Die Ausblendungsphase, die zwischen Einzel- und Gruppentraining liegt, bezieht sich bei uns auf die vier Gruppensitzungen, in denen sich die Kinder vor dem Gruppentraining kennenlernen. Diese Sitzungen sind deshalb eine Nicht-Behandlungsphase, weil die Kinder frei und selbständig diese Zeit mit Spielaktivitäten füllen dürfen.

Die benötigte Datenbasis kann auf zweierlei Weise gewonnen werden:

a) mit Hilfe von **Expertenurteilen**, die sich aus **Videomitschnitten** aller Sitzungen des Trainings gewinnen lassen und

b) durch die **tägliche Einschätzung** des Kindes aus der Sicht der **Eltern**.

Beide Informationsquellen werden herangezogen, da vor allem die **Elternurteile mit Fehlern** belastet sind, wie dies neuere empirische Untersuchungen (vgl. Billman & McDevitt 1980) nahelegen. Diese Fehlerbelastetheit wird teilweise dazu führen, daß nicht davon auszugehen ist, daß Experten- und Elternurteil übereinstimmen. Allerdings sind Annahmen über die Art der Abweichung kaum möglich (vgl. Achenbach et al. 1987).

Ein sicherlich nicht zu vernachlässigender Effekt ergibt sich aus der unterschiedlichen Art der Datengewinnung bezüglich der Umweltbereiche. Sie beinhaltet jedoch potentiell die Möglichkeit, die **Trainingseffekte** sowohl im **häuslichen** als auch im **therapeutischen Kontext** zu kontrollieren. Zudem erfüllt das von den Eltern abverlangte Urteil über das Verhalten ihres Kindes eine wichtige therapeutische Funktion: Die Eltern lernen genau zu beobachten, sie lernen Verhaltens-Konsequenz-Zusammenhänge zu erkennen als Voraussetzung zur Veränderung derselben, und für sie wird das therapeutische Vorgehen mit dem Kind durch die konkreten Verhaltenskategorien begreifbar.

Wie die Experten- und Elternurteile gewonnen werden, soll genauer beschrieben werden.

Gewinnung der Expertenurteile: Alle Trainings- und die Ausblendungssitzungen mit den Kindern werden mit Video aufgezeichnet, und jede Sitzung wird in drei gleichlange Sequenzen untergliedert. Eine Untergliederung in drei Sequenzen ist notwendig, um die Datenbasis von 45 Messungen zu erreichen; eine solche Sequenzbildung ist im Rahmen von Einzelfallstudien üblich und methodologisch statthaft (vgl. F. Petermann 1989). Für jede Sequenz wird von zwei klinischen Psychologen ein unabhängiges Urteil abgegeben. Sie sollen sich nach dem Einzelurteil auf ein **gemeinsames Urteil** in einer Diskussion einigen; die beurteilenden Psychologen sind nicht an dem Training beteiligt.

Bei dem geschilderten Vorgehen ist davon auszugehen, daß es sich um eine Verhaltensbeobachtung

aufgrund einer **standardisierten Situation** handelt. Die standardisierte Situation wird durch fixierte Rahmenbedingungen hergestellt. Diese beziehen sich auf Umwelt-, Personen- und Objektvariablen; das heißt, das Training wird immer in denselben Räumen der Beratungsstelle durchgeführt, die Interaktionspartner hinsichtlich Kind-Therapeut- und Kindergruppe-Therapeut-Interaktion stellen konstante Größen dar, und schließlich ist jede Trainingsstunde für alle Kinder bis auf die individuell ausgewählten Inhalte im Einzeltraining identisch. Die standardisierte Situation ist zwar durch die Interaktionsbedingungen und die an das Kind gestellten Forderungen lebensnah, sie zeigt jedoch nur einen begrenzten Ausschnitt des Sozialverhaltens. Da eine fremde Umgebung (Behandlungssituation) vorliegt und ein Eingewöhnen in eine Gruppe gefordert wird, dürfte es sich allerdings um sozial schwierige Situationen für unsichere Kinder handeln und dieser Aspekt ein Indikator für die Trainingsfortschritte bilden.

Gewinnung der Elternurteile: Während des ersten Elternkontaktes werden diese in die Grundzüge der Verhaltensbeobachtung und die Registrierung von Kindverhaltensweisen anhand des Beobachtungsbogens eingeführt. Alle Kategorien werden ausführlich an Fallbeispielen erläutert und die Einschätzungsskala eingehend illustriert. Mit den Eltern zusammen werden einige für das Kind wichtige Kategorien ausgewählt. Aufgrund der Verhaltensanalyse, die unmittelbar vorher mit dem Elternexplorationsbogen durchgeführt wurde, können auch die aus Therapeutensicht relevanten Kindverhaltensweisen bei der Auswahl der Kategorien berücksichtigt werden. Die Eltern sollten erfahrungsgemäß nicht mehr als zwischen drei und fünf Kategorien einschließlich derer, die das Zielverhalten beinhalten, beurteilen. Die Kategorien mit den Zielverhaltensweisen müssen standardgemäß von allen Eltern eingeschätzt werden.

Die Urteile gibt jeweils abends (nachdem das Kind zu Bett gegangen ist) eine Bezugsperson ab, die die meiste Zeit mit dem Kind verbringt (= bei unseren Fällen immer die Mutter). Die Beobachtung setzt mit Beginn der ersten Trainingswoche ein und endet zehn Tage nach der letzten Trainingswoche (letzten Trainingssitzung). Insgesamt werden auf diese Weise 65 Urteile von den Eltern erhoben. Auch diese **täglichen Verhaltensbeobachtungen** sind unter standardisierten Bedingungen gewonnen, da ihnen ein familienspezifischer Tages- und Wochenrhythmus zugrunde liegt und die Einschätzungen immer zu derselben Tageszeit ohne Anwesenheit des Kindes abgegeben werden. Die Verlaufsbeobachtungen der Eltern beziehen sich auf relativ umfassende Alltagssituationen.

8.4 Graphische Darstellung der Trainingseffekte

Da die **Elternurteile** nach unserer Erfahrung häufig verzerrt sind, bezieht sich die graphische Darstellung der Trainingseffekte ausschließlich auf die Expertenurteile. Eine statistische Gegenüberstellung der Experten- und Elternurteile erfolgte im Rahmen von Einzelfallanalysen an anderer Stelle (U. Petermann 1984). Dort wurde auf die Abweichungen der Eltern- von den Expertenurteilen eingegangen. Die Abweichungen sind vor allem zu Trainingsbeginn (Einzeltraining) und in der Ausblendungsphase feststellbar. Sie äußern sich in **konstanten Urteilen bei änderungssensiblen** Kategorien, wie zum Beispiel dem Gesichtsausdruck sowie in **Überschätzungen** des Therapieerfolges. Gegen Ende des Trainings, das heißt im Gruppentraining, **stimmen** Experten- und Elternurteile annähernd **überein**, was auf die fortgeschrittene Schulung der Beobachtungsfähigkeit der Eltern im Rahmen der Elternberatung zurückgeführt werden kann.

Die folgenden graphisch dargestellten Ergebnisse basieren auf den 45 Meßzeitpunkten des **Expertenurteils** (vgl. Abbildung 11). Pro Trainingsphase werden für jedes Kind hinsichtlich einiger Kategorien Mittelwerte gebildet, die in einem Koordinatensystem abgetragen sind. Bei den für jedes Kind ausgewählten Kategorien handelt es sich um für das Kind typische und im Training beobachtbare Problemverhaltensweisen. Die Kategorie 8 („Tätigkeiten") ist lediglich für die Ausblendungs- und Gruppentrainingsphase bedeutsam, das heißt, dort beobachtbar; standardgemäß werden für alle Kinder die Zielverhaltensweisen (Kategorie 10 und 11) aufgenommen. Für Markus liegen lediglich Beobachtungen für das Einzeltraining und die Ausblendungsphase vor. Aufgrund extremer beruflicher Belastungen der Mutter einerseits und des abrupten, guten Trainingserfolges (im schulischen und häuslichen Bereich sichtbar) andererseits beendete die Mutter das Training frühzeitig.

Wie Abbildung 11 zeigt, ist bei allen Kindern eine Veränderung in der gewünschten Richtung zu verzeichnen; das heißt, das sozial unsichere Verhalten kann reduziert und sozial kompetentes Verhalten aufgebaut werden (detaillierte Angaben in U. Petermann 1984).

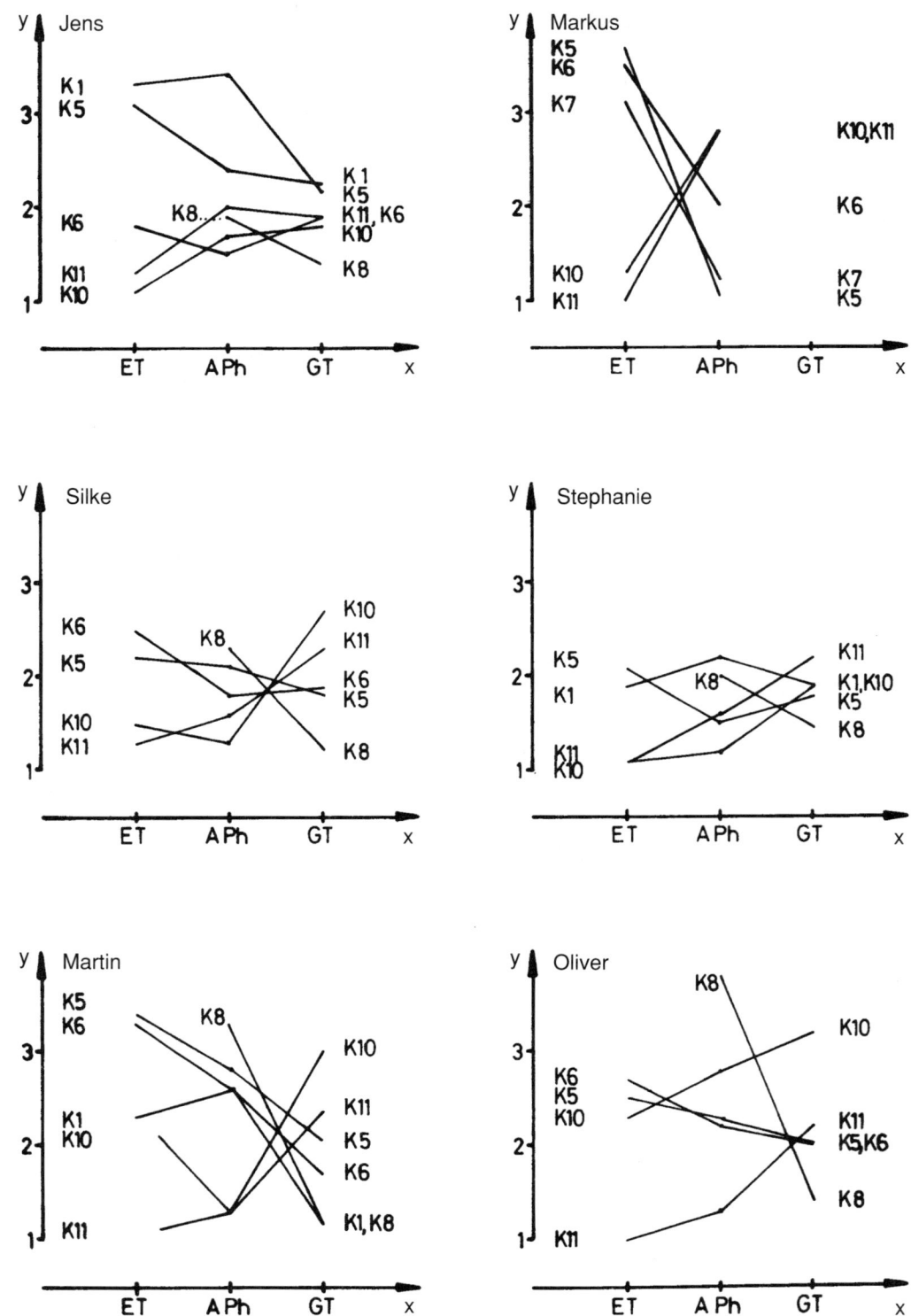

Abbildung 11: Graphische Darstellung der Trainingseffekte.

Erklärung der Abkürzungen:

ET   =   Einzeltraining

APh =   Ausblendungsphase

GT   =   Gruppentraining

K   =   Kategorien des Beobachtungsbogens

X   =   Zeit

Y   =   Verhaltensausprägung

8.5 Informationen aus der trainings-begleitenden Elternberatung

Ein Ziel der trainingsbegleitenden Elternberatung besteht darin, **qualitative Informationen** zu gewinnen. Diese qualitativen Informationen erstrecken sich auf Ereignisse innerhalb der Familie (positive wie negative) und auf Freizeitaktivitäten, die die gesamte Familie oder das Kind selbständig unternimmt. Kindspezifische Freizeitaktivitäten können sich dabei auf den regelmäßigen Besuch eines Sport-Clubs, auf Treffen mit Freunden beziehungsweise Klassenkameraden, auf das Initiieren und Besuchen von Geburtstagsfeiern usw. beziehen.

Die Gespräche der trainingsbegleitenden Elternberatung werden entweder mit Kassette aufgenommen oder ausführlich protokolliert.

Qualitative Informationen können die durch den Beobachtungsbogen festgestellten **quantitativen Veränderungen** erklären und interpretieren helfen. Positive Trainingseffekte, aber auch eine negative Veränderung, das heißt Rückschläge im Kindverhalten, müssen mit den Mitteilungen und Erklärungsvorschlägen der Eltern in Beziehung gebracht werden. So können zum Beispiel die Informationen der Eltern, daß sie zwei Wochen aufgrund beruflicher Belastungen keine Zeit für das Kind hatten oder daß es der Mutter gesundheitlich nicht gut ging und sie sich mit allem und damit auch mit dem Kind überlastet sowie überfordert fühlte, einen wichtigen Erklärungswert für beobachtete negative Veränderungen im Kindverhalten besitzen. In ähnlicher Weise lassen sich überraschend positive Effekte aufgrund des plötzlichen konsequenten Verhaltens der Eltern gegenüber ihrem Kind und/oder vermehrter gemeinsamer Freizeitaktivitäten der Familie erklären. In diesem Zusammenhang können qualitative Informationen nicht auf **das Training zurückführbare Einflußfaktoren** benennen und die Trainingseffekte gegenüber anderen Einflüssen (wie einem Schulwechsel) absichern.

In die qualitativen Informationen fließen auch Hinweise über Verhaltensänderungen der Eltern ein, die damit einen Hinweis auf die **Effekte der Elternberatung** geben. Interessant sind die Erklärungsversuche der Eltern darüber, wie und durch welche Bedingungen sich ihre Kinder geändert haben. Durch die Diskussion solcher Erklärungsversuche kann man den Eltern die Wechselwirkung zwischen ihrem Verhalten und dem ihrer Kinder verdeutlichen.

Schließlich ermöglichen **Hausbesuche** Beobachtungen über die Eltern-Kind-Interaktion, die wiederum wichtige Rückschlüsse auf beobachtete Veränderungen gestatten.

8.6 Trainingsnachkontrolle

Ein wichtiges Kriterium zur Bewertung eines Trainings repräsentiert die Stabilität der erreichten Veränderung, die über längere Zeiträume festgestellt werden kann. Bei einem Kompakttraining über wenige Monate ist es für eine solche Nachkontrolle ausreichend, acht Wochen nach Trainingsende die Effekte zu prüfen. Da eine **unmittelbare Beobachtung** der Kinder nur in Ausnahmefällen (zum Beispiel in der Schule) möglich ist, muß das **Elterngespräch** während eines längeren, nämlich ca. 90minütigen Hausbesuchs als Informationsbasis herangezogen werden. Die Elternurteile sind zwar aus den dargestellten Gründen mit Vorbehalten zu betrachten; jedoch werden die Urteile durch eine intensive Elternberatung zuverlässiger, wie dies die Übereinstimmungen von Experten- und Elternurteilen gegen Ende des Trainings zeigen. Dies rechtfertigt, die Elternurteile für die Nachkontrolle heranzuziehen. Das Elterngespräch zur Nachkontrolle wird im Einzelfall durch Informationen von seiten der Schule ergänzt.

Die Elterngespräche, die zur Trainingsnachkontrolle erfolgen, liefern **qualitative und quantitative** Informationen über den Zeitraum von acht Wochen seit Trainingsende. Im Detail werden die Eltern nach positiven und negativen Erscheinungsformen des Kindverhaltens, der Häufigkeit des Auftretens, der Intensität usw. befragt. Alle Informationen werden mit Kassettenrekorder aufgezeichnet beziehungsweise ausführlich protokolliert. Um alle Elterneinschätzungen zur Stabilität der Trainingseffekte unmittelbar vergleichen zu können, werden die Eltern gebeten, eine globale, aber **systematische Einschätzung** des Kindes für den Zeitraum nach dem Training (besonders die letzten 14 Tage über) auf dem Beobachtungsbogen vorzunehmen. Die qualitativen Informationen und die quantitativen Einordnungen auf dem Beobachtungsbogen können in Beziehung gesetzt und als **wechselseitige Prüfung** der Elternurteile betrachtet werden. Auch diese Ergebnisse sollen mitgeteilt werden. Die systematische Einschätzung gibt Tabelle 5 wieder; in dieser Tabelle sind die symptomatischen Beobachtungskategorien ausgewählt und zum besseren Vergleich die Mittelwerte der Elternbeurteilungen während des Gruppentrainings in Klammern angegeben. Ein stabiler Trainingserfolg liegt dann vor, wenn das kompetente Sozialverhalten der Gruppentrainingsphase fortbesteht. Bis auf Kategorie 1, 5 und 6 liegen sehr stabile Effekte vor; dies trifft besonders auf die Entwicklung des positiven Sozialverhaltens zu. Auf die Ergebnisse der Nachkontrolle im einzelnen sowie auf die Diskrepanzen wird in der weiteren Gegenüberstellung eingegangen, da diese kind- beziehungsweise elternspezifisch sind.

Tabelle 5: Gegenüberstellung der Langzeiteffekte aufgrund der systematischen Verhaltenseinschätzung. Anmerkung:
In den Klammern steht der Mittelwert der Elternurteile im Gruppentraining; es wurden nur die Ergebnisse der symptomatischen Beobachtungskategorien aufgenommen; bei Markus war keine Kontrolle der Langzeiteffekte möglich, da das Training vorzeitig beendet wurde.

Kategorien des Beobachtungsbogens	Jens	Silke	Stephanie	Martin	Oliver
1 Still sein	2,3 (2,3)	–	2 (1)	2,5 (1)	1 (1)
5 Gesichtsausdruck	1 (1,1)	2,5 (1)	1 (1)	3 (1)	–
6 Körperausdruck	1,5 (1,1)	4 (3,2)	–	4 (2,7)	3 (1,4)
8 Tätigkeiten	1,5 (1,9)	1,2 (1,1)	2 (2,3)	–	2,6 (1,9)
10 Selbstbehaupten	4 (3,1)	3 (3,1)	4 (3,3)	2 (1)	3,5 (3,5)
11 Eigenständige Aktivitäten	4 (3,6)	3 (2,9)	3 (2,9)	4 (2,9)	2,5 (2,7)

Jens

Die Eltern berichten, daß Jens aktiver geworden ist, mehr fragt und sozialen Aktivitäten (Schwimmverein) regelmäßig nachgeht. Durch die reduzierte Berufstätigkeit der Mutter sind mehr Gespräche mit Jens möglich; die Familie unternimmt mehr oder weniger regelmäßig gemeinsam Freizeitaktivitäten. Die Eltern beschreiben die Veränderungen im Sozialbereich als positiv beziehungsweise zufriedenstellend und beklagen nur noch Leistungsschwächen von Jens in der Schule.

Silke

In der Nachtrainingszeit stabilisierten sich die Effekte weiter, das heißt, Silke ist selbständig geworden (geht allein den Schulweg und kauft für die Mutter ein; lädt andere Kinder ein und besucht diese; geht regelmäßig schwimmen). Weitere Erscheinungsformen, wie das Erbrechen in der Schule, sind verschwunden. Sehr auffällig ist die Veränderung des Sozialverhaltens, das Akzeptieren von anderen Kindern und das Integriert-sein in Kindergruppen. Das Anforderungen verweigernde Verhalten tritt kaum noch auf und kann von Silke gut bewältigt werden.

Stephanie

Das Sozialverhalten von Stephanie hat sich gefestigt (zum Beispiel regelmäßiger Besuch der Turn- und Gruppenstunde); Stephanie wird von sich aus initiativ und versucht, Kontakte zu anderen Kindern aufzubauen. Die Mutter berichtet, daß Stephanie ihr gegenüber etwas verschlossener wurde. Sie erkennt, daß sich ihr psychischer Zustand (einen Monat nach der Nachkontrollsitzung unternimmt sie einen Selbstmordversuch) auf die Kinder auswirkt. Die Mutter besucht weiterhin die Beratungsstelle. Zur Nachkontrolle wurde zudem ein Lehrergespräch geführt, in dem die Lehrerin das positive und kooperative Sozialverhalten von Stephanie unterstreicht.

Martin

Im Kontakt mit anderen Kindern kann sich Martin behaupten, wobei der Kontakt erheblich zugenommen hat; zudem besucht Martin regelmäßig einen Sportverein (Judo). Bei Konflikten mit anderen Kindern zeigt er sich kompromißbereit. In der Schule und hinsichtlich schulischer Anforderungen verhält sich Martin „stur" (dies geht aus einem Gespräch mit der Lehrerin hervor). Er erzählt von der Schule zu Hause nichts. Bis auf die Tatsache, daß Leistungsanforderungen gemieden werden, hat sich das Sozialverhalten (nach Auskunft der Lehrerin) stabilisiert. Das nicht stabilisierte Verhalten hinsichtlich Gesichts- und Körperausdruck kann auf die Vorbildwirkung der Mutter zurückgeführt werden.

Oliver

Der Sozialkontakt zu anderen Kindern hat sich verbessert (regelmäßiges Schwimmen, andere Kinder ansprechen, auf den jüngeren Bruder eingehen). Die Hilfsbereitschaft gegenüber dem jüngeren Bruder und den Eltern hat zugenommen. Das nervöse Spiel mit den Händen trat wieder häufiger auf, wobei die Mutter Modellwirkung ausübt. Probleme bereitet auch noch, mit Enttäuschungen (zum Beispiel eingeladenes Kind kommt nicht) fertig zu werden. Die Entwicklung, die sich am Aufbau von Sozialkontakten orientiert, wird durch das konsequente Verhalten der Eltern auch zukünftig unterstützt werden.

8.7 Ansprechbarkeit auf das Training

Wie die Ausführungen bisher gezeigt haben, konnte die Wirksamkeit der Intervention in der gewünschten Richtung nachgewiesen werden. Entsprechend den theoretischen Annahmen hat das Einzeltraining **vorbereitende** (kognitive) und das Gruppentraining **verhaltensstabilisierende Effekte**, die auf dem Hintergrund der modernen sozialen Lerntheorie von Bandura (1986) erklärt werden können. Sicherlich ist der Stellenwert von rein kognitiven Verfahren, wie es das Einzeltraining teilweise verkörpert, aufgrund der kurzfristigen Wirksamkeit kritisch zu diskutieren (vgl. Hammen et al. 1980). Kognitive Verfahren scheinen eine **notwendige** Voraussetzung für weitere soziale Interventionen zu sein, jedoch stellen sie keine **ausreichende** Voraussetzung für einen Trainingserfolg dar. Die **verhaltenseinübenden** Verfahren im Gruppentraining ermöglichen **längerfristige** Verhaltensänderungen, was unsere Hypothesen bestätigt.

Fallvergleichend sind die unterschiedlich stark ausgeprägten Trainingseffekte und verschieden langen Lernzeiten zu berücksichtigen. Die individuellen Unterschiede in der Zielerreichung zeigen, daß **differentielle Behandlungspläne** entworfen werden müssen, die den **Lernvoraussetzungen der Kinder** (und unter Umständen der Familien) **entsprechen**. Zumindest muß auf die beiden differenzierten Kindtypen (wie in Abschnitt 3.7 vermutet) bei der Therapieplanung Rücksicht genommen werden. Es zeigt sich, daß sich die passiven „deprivierten" Kinder zwar schnell dem Training anpassen; sie sind jedoch durch ihre Passivität und ihr negatives Selbstbild sowie durch mangelndes Selbstvertrauen lernbeeinträchtigt.

Die **Zusammensetzung der Kindergruppen** für das Gruppentraining sollte in Abhängigkeit von den Lernvoraussetzungen und den beiden Kindtypen erfolgen. Dies heißt jedoch nicht, daß die Kindergruppen hinsichtlich der Kindtypen („Sonntagskinder"/„deprivierte Kinder") homogen sein müssen. Es kann sich im Gegenteil als äußerst nutzbringend erweisen, die Gruppen gemischt zusammenzusetzen; allerdings unter der Bedingung, daß die Lernvoraussetzungen der Kinder nicht zu stark differieren. Der Vorteil dieser gemischten Gruppen liegt offensichtlich in der unterschiedlichen Verteilung von Verhaltenskompetenzen. Wie im Einzelfall zu verfahren ist, muß jedoch nach situationalen Bedingungen entschieden werden.

Die Nachkontrolle zeigt, daß nach zwei Monaten noch überwiegend stabile Interventionseffekte vorliegen, und zwar besonders im Sozialverhaltensbereich: Aktiv sein, Sozialkontakte knüpfen und angemessen sich selbstbehaupten. Diese positiven **Effekte** und die **Übertragung** der Erfolge auf den **Kinderalltag** (zum Beispiel sich einer Schwimmgruppe anschließen, regelmäßig einen Freund/eine Freundin besuchen) sprechen nicht nur für das Kindertraining, sondern auch für die „feldnahe" Elternberatung. Beide Komponenten stellen damit eine **untrennbare Einheit** dar.

8.8 Neuere Ergebnisse

Bis heute (1992) haben wir mit unseren Mitarbeitern das beschriebene Vorgehen bei ungefähr 95 sozial unsicheren Kindern und deren Familien angewendet; davon wurden ungefähr 50 Trainingsverläufe einzelfallstatistisch ausgewertet und veröffentlicht (vgl. U. Petermann 1984; Petermann & Röttgen 1987; Petermann & Walter 1989; Petermann & Sauerborn 1989; Petermann & Senftleben 1989). Vergleicht man die Ergebnisse, so zeigt sich, daß man vor allem an

fünf Verhaltensweisen soziale Unsicherheit erkennen kann; es handelt sich dabei um die folgenden Verhaltensweisen, die aus dem in Abschnitt 2.2.2 dargestellten Beobachtungsbogen stammen:

- Still sein (für 70% der Fälle typisch);
- Gesichtsausdrücke (bei 60 % der Kinder kennzeichnend);
- Sprechen, Tätigkeiten und Körperausdruck (in jeweils 50 % der Fälle typisch).

Diesen Verhaltensweisen sollte man im Rahmen der Indikationsstellung besondere Aufmerksamkeit schenken.

Für die Indikationsstellung ist noch ein weiterer Hinweis notwendig: Ältere sozial unsichere Kinder (ab ca. neun oder zehn Jahren) weisen oft eine **Reihe** von **Beeinträchtigungen** auf. In einer Studie von Petermann & Walter (1989) wurden 16 sozial unsichere Kinder betrachtet, wobei verblüffende Ergebnisse auftraten: Fast alle Kinder wiesen neben der sozialen Unsicherheit massive Sprachbehinderungen, Tics und körperliche Beeinträchtigungen auf (vgl. Tab. 6). Auch bei solchen Symptomverkettungen ist unser Vorgehen erfolgreich.

Die Auswirkungen von Mehrfachbeeinträchtigungen und die damit gekoppelte soziale Unsicherheit machen verschiedene Studien deutlich. Van Hasselt (1987) weist darauf hin, daß Sozialverhalten in der Regel visuell vermittelt wird; naheliegenderweise haben damit Sehbehinderte besondere Probleme, soziale Sicherheit zu entwickeln. Senftleben (1988) führte ein leicht verändertes Training nach dem vorliegenden Buch durch und erzielte gute Erfolge (Petermann & Senftleben 1989). Gerade bei behinderten und chronisch kranken Kindern tritt soziale Unsicherheit gehäuft auf (vgl. Petermann et al. 1987). So fördert und verfestigt nach Biglan et al. (1988) das überbehütend – inkonsequente Erziehungsverhalten der Eltern sehbehinderter Kinder soziale Unsicherheit. Ähnliche Ergebnisse liegen bei Kindern mit Diabetes mellitus vor, wobei auch hier das Training mit sozial unsicheren Kindern zum Einsatz kommen kann (U. Petermann 1991).

Zusammenfassung: Die Effektivitätsbelege aller Studien zu unserem Training lassen sich in sieben Punkten zusammenfassen:

Tabelle 6: Zusammenstellung von Mehrfachbeeinträchtigungen bei sozial unsicheren Kindern (N=16).

Alter Geschlecht	Schulleistungs-probleme	Konzentrations-mangel	Motorische Unruhe	Minderwertig-keitsgefühle	Übergewicht	andere soziale Auffälligkeiten	Sprachstörung	Einnässen/ Einkoten	Sonstiges
10 m	x		x						Angeborene Sehschwäche, Kopfschmerzen
10 m		x	x						Tics, Vergeßlichkeit
10 m	x	x					x	x	Rechtschreibschwäche, aggressives Verhalten zu Hause, Nägelkauen
10 m	x	x					x		Wahrnehmungsschwäche
13 m	x	x		x			x		Motivationsmangel
11 m	x				x			x	Daumenlutschen
11 m	x		x						Verminderte Motivations-bereitschaft
9 w	x								Rechtschreibschwäche, psychosomatische Beschwerden
7 m	x		x						Aggressives Verhalten zu Hause
8 m	x	x	x	x	x			x	Aggressives Verhalten in bestimmten Situationen
12 w	x					x			Psychosomatische Be-schwerden (z.B. Bauchschmerzen)
13 m	x			x	x	x			Kopfschmerzen, Stim-mungsschwankungen, Suizidgedanken
9 m	x	x	x	x					Untergewicht, Störungen der Feinmotorik, Nägel-kauen
14 m	x	x			x	x			Anpassungsprobleme im Heim
12 m	x	x	x	x		x			Allergische Reaktionen, Kontakt- und Verhaltens-störungen in der Schule
9 m	x	x		x					Allgemeine Ängstlichkeit, aggressive Reaktionen zu Hause

1. Das Vorgehen besitzt durchgängig **kurz-** und **langfristige** Effekte; der Ausdruck „langfristig" bezieht sich zum einen auf einen Zeitraum von **zwei** bis **drei Monaten** nach Abschluß des Trainings (vgl. U. Petermann 1984; Petermann & Röttgen 1987). Diese Nachkontrolle bezieht sich standardgemäß auf alle einzelfallstatistisch ausgewerteten Fälle. Zum anderen konnten ausgewählte Fälle über **zwei Jahre** kontrolliert werden. Durch Elternbefragung wurde ein Beleg dafür gefunden, daß die Effekte des Trainings stabil waren (vgl. Petermann & Walter 1989).

2. Treten **Motivationsprobleme bei den Eltern zu Beginn** der Beratung auf, dann sind **verzögerte Trainingseffekte** auch beim Kind beobachtbar (Overdieck 1984; U. Petermann 1984).

3. **Jüngere** und **lernbehinderte** Kinder weisen häufig **verzögerte Trainingseffekte** auf; das **Ausmaß** der Effekte unterscheidet sich jedoch **nicht grundlegend** von denen älterer, normal entwickelter Kinder (Iommelli 1982; Petermann & Sauerborn 1989).

4. Bei **mehrfach beeinträchtigten** Kindern scheint soziale Unsicherheit ein so zentrales Problem zu sein, daß durch unser Vorgehen auch **andere Symptome verschwinden** (vgl. Walter 1986) und über Jahre diese Befunde **konstant** bleiben (vgl. Petermann & Walter 1989)

5. Eher passive, sozial zurückgezogene („**deprivierte**") Kinder benötigen zu einem stabilen Trainingserfolg viel mehr **Zeit** als sich verweigernde „Sonntagskinder" (Petermann & Röttgen 1987).

6. Das **Einzeltraining** bewirkt **kurzfristige** Effekte, die jedoch durch die kontinuierliche Elternberatung erheblich gestützt werden; die **nachhaltigsten Effekte** zeigt eindeutig das Verhalten einübende **Gruppentraining** (vgl. Overdieck 1984).

7. Durch das **Gruppentraining** erfolgt ein guter **Transfer** der Inhalte des Trainings auf den Alltag – dies belegen zumindest Elternurteile und Verhaltensbeobachtungen der Kinder im schulischen Bereich (vgl. U. Petermann 1984)

8. Bei **sehbehinderten, unsicheren** Kindern konnten Petermann & Senftleben (1989) die Wirksamkeit des Trainings belegen.

9. In der **Heimerziehung** kann mit dem Training eine nachhaltige Verhaltensänderung und Verbesserung des Selbstbildes erzielt werden. (Schauder 1991).

10. **Sozial benachteiligte Kinder** können besonders stark von dem Vorgehen profitieren, wobei die Arbeit mit Unterschichtsfamilien einige Spezifikationen verlangt (Burk & Wittchen 1991).

Die neueren empirischen Belege unterstreichen die Notwendigkeit, die Inhalte des Trainings für jüngere und lernbehinderte Kinder auf eine größere Anzahl von Sitzungen zu verteilen. Ebenso ist eine Ausweitung des Vorgehens bei passiven, sozial stark zurückgezogenen („deprivierten") Kindern erforderlich. Insgesamt kann eine Verdoppelung der Sitzungsanzahl angemessen sein, ohne daß neue Inhalte hinzukommen müssen. Für die angedeutete Verlängerung ist das beschriebene Vorgehen offen und verfügt über eine entsprechende Anzahl von Materialien.

9 Hinweise zum Erlernen des Vorgehens

Jede Arbeitsweise besitzt mehr oder weniger klar ausgesprochene Vorannahmen, die ihr Erlernen im Einzelfall erleichtern oder erschweren. So ist bei unserem Training eine Vorentscheidung darüber vonnöten, ob man ein theoretisch abgeleitetes, empirisch geprüftes, hochstrukturiertes und lernzielorientiertes Vorgehen überhaupt akzeptieren will. Darüber hinaus wird angenommen, daß die Arbeit mit dem Problemkind und die mit der Familie gleichrangig ist. Der damit definierte Standard wird Therapeuten unterschiedlich motivieren, das Vorgehen in der Praxis anzuwenden. Wenn man sich für das Vorgehen entschieden hat, wird man festlegen müssen, welche minimalen Kriterien bei der Durchführung erfüllt sein müssen, um noch von einem Training mit sozial unsicheren Kindern sprechen zu können.

9.1 Einige Prinzipien bei der Anwendung des Trainings

Das Training eröffnet zwar die Möglichkeit, die **Materialien frei** für die praktische Arbeit **auszuwählen**; dies erstreckt sich jedoch nur auf die jeweilige **Zielebene.** Das bedeutet zum Beispiel, daß man einem Kind sozial unsicheres Verhalten in der ersten Einzeltrainingsstunde wahlweise mit Hilfe der Videosituationen, Fotovorgaben oder dem Mikro-Computer verdeutlichen kann. Man muß jedoch dabei immer beachten, daß zu Beginn der Maßnahme die Betroffenheit des Kindes nicht zu groß wird, wodurch sich viele Kinder überfordert fühlen und in der Folge davon die Mitarbeit verweigern.

Das Programm kann die Auswahl der konkreten Materialien auf einer Zielebene nur im Sinne eines **Baukastensystems** vorgeben. Auf diese Weise ist die hierarchische Abfolge der Lernziele festgelegt; es ist jedoch noch keine Entscheidung darüber getroffen, für welches Kind welcher „Baustein" besonders geeignet ist. Das Training verlangt also eine detaillierte Planung, die zu einer freien Ausgestaltung, das heißt einem individualisierten Vorgehen führen muß. Materialien hält das Buch dafür ausreichend bereit. Die **Planung** des Vorgehens setzt also einen **komplexen Entscheidungsprozeß** voraus, der mit einer rezepthaften Anwendung des Vorgehens im Widerspruch steht.

Wie schon erwähnt, sind für die Anwendung des Trainings hierarchische, kindbezogene Lernziele notwendig, die gemäß einer (vorab) festgelegten Reihenfolge angegangen werden. Sind Ziele für ein Kind zu **leicht**, dann sollte man entsprechend weniger Zeit darauf verwenden, um keine Langeweile aufkommen zu lassen. Merkt man, zum Beispiel bei einem lernbehinderten Kind, daß nachgeordnete Ziele zu **schwer** sind, dann kann man komplexe Ziele streichen, zum Beispiel: in der vierten Sitzung des Einzeltrainings „Beurteilungskriterien für Verhalten in sozialen Interaktionen entwickeln". Ist ein Kind von der Menge der Inhalte einer Sitzung überfordert, dann sollte man die Inhalte auf mehrere Sitzungen verteilen und bei solchen Kindern von Anfang an (im Therapievertrag) für das Einzeltraining acht oder sogar zehn Sitzungen veranschlagen. Man sollte dann auch längere Zeit die besonders attraktiven Materialien, wie die Videosituationen, einsetzen. Sehr gute Erfahrungen liegen in solchen Fällen auch mit den von Walter (1986) entwickelten Einsatzmöglichkeiten des Mikro-Computers vor (vgl. Abschnitt 5.7).

Für die **Einarbeitungszeit** in unser Training empfehlen wir, sich zunächst auf die Elemente des Einzeltrainings zu beschränken. Diese Bemühungen erfordern eine intensive **Vor-** und **Nachbereitung** der

Sitzungen; ideal wäre eine **fallbezogene Supervision**. In einem zweiten Schritt kann man die Elternberatung und das Gruppentraining erproben. Bei den ersten und bei besonders schwierigen Fällen beziehungsweise Familien ist eine Überprüfung der erzielten Effekte durch Verhaltensbeobachtungen wünschenswert. Man kann sich hierbei an dem in Kapitel 8 beschriebenen Vorgehen orientieren.

9.2 Lernhilfen und Erschwernisse

Die folgenden Punkte können die Einarbeitung in das Training mit sozial unsicheren Kindern erleichtern. Liegen solche Bedingungen nicht vor, wird unter erschwerten Verhältnissen gearbeitet, was jedoch nicht bedeutet, daß von vornherein die Bestrebungen zum Scheitern verurteilt sind.

Lernhilfen

Jede neue Arbeitsform benötigt eine Einarbeitungszeit. Unsere Trainings sind nach einem bestimmten Muster aufgebaut, dies bezieht sich sowohl auf die Lernzielabfolge des gesamten Vorgehens als auch den Aufbau jeder einzelnen Sitzung. Vor allem der **Sitzungsaufbau** mag zunächst gedrängt erscheinen, jedoch bringt der strenge Aufbau für alle Beteiligten (Kind, Eltern und Therapeut) eine gewisse **Routine** mit sich, die in der Regel einen reibungslosen Ablauf gewährleistet. Weist man dieses Vorgehen als die übliche Arbeitsweise aus, können unsichere Kinder und ihre Eltern aus dem „Ritualhaften" **Sicherheit** und **Orientierung** ableiten. Da die Inhalte und Materialien von Sitzung zu Sitzung variieren, wird es dem Kind durch die wiederkehrenden Rituale (zum Beispiel Detektivbogen, Entspannungsgeschichte) nicht langweilig. Für den Therapeuten hat dieser Aufbau auch noch den Vorteil, daß er, nachdem er zum Beispiel mit dem Aggressionstraining **Erfahrung** hat, diese Routine auf das vorliegende Training oder das Jugendlichentraining (vgl. Petermann & Petermann 1991b) **übertrage**n kann. Diese Transferleistung verringert die Einarbeitungszeit erheblich und schafft über die Symptom- und Altersgruppen hinweg eine sehr gute Sicherheit im Umgang mit unseren Verfahren. Der Anwender erhält dadurch eine **eindeutige Grobstruktur**, die die Arbeitsschritte festlegt und ihm zugleich eine relativ **große Auswahl** von **Arbeitsmaterialien** an die Hand gibt.

Eine solche Standardisierung ermöglicht es in der Praxis zudem, **Fälle** über die Zeit miteinander **zu vergleichen.**

Eine Lernhilfe bildet sicherlich auch die gute **Abstimmung** zwischen **Kindertraining** und **Elternberatung**. Durch diese klaren Querbezüge und die detaillierten Teilziele lassen sich Eltern- beziehungsweise Familiensitzungen gut vorbereiten. Diese Abstimmung wird auch und vor allem durch den Bericht der Berater über das Kindertraining erreicht. Ist dieser detailliert und für die Eltern nachvollziehbar, dann entstehen keine Abstimmungsprobleme.

Eine wesentliche Hilfe kann das Team leisten, dem der Mitarbeiter angehört, der ein Training durchführen will. Eine minimale Unterstützung (zum Beispiel im Rahmen der Elternberatung) oder Offenheit sollte vorhanden sein. Da eine Ablehnung des Vorgehens auf manchen Mißverständnissen beruht, kann diese zwar allmählich abgebaut werden; jedoch sind solche Teamkonflikte selten nur sachlicher Natur. Förderlich für das Gelingen eines Trainings ist das **Bewußtsein** eines Teams, daß sich manche Kollegen **spezialisieren** sollten. Eine mögliche Spezialisierung in einem Team wäre etwa die von uns empfohlene Arbeitsweise mit Kindern und Familien.

In der Einarbeitungszeit sollte man sich auch dadurch einen leichten Zugang zu unserem Vorgehen verschaffen, indem man bei den **ersten Fällen** mit gut motivierten Familien arbeitet und nur solche unsicheren Kinder auswählt, die keine Mehrfachbeeinträchtigungen aufweisen und nicht vorbehandelt sind. Gerade bei **spieltherapeutisch vorbehandelten Kindern** muß man bei unserem anforderungsreichen Vorgehen mit anfänglichen Motivationsproblemen rechnen, die einen Start erschweren.

Erschwernisse

Selbstverständlich kann man auch eine Reihe von Erschwernissen benennen, die den Erfolg erheblich in Frage stellen. Diese sollen abschließend wenigstens noch stichwortartig aufgeführt werden:

- Es besteht eine **ambivalente Haltung** gegenüber dem Vorgehen, die dadurch entsteht, daß die Sachlage in einer Institution zwar unser Vorgehen für angezeigt erscheinen läßt, diese Notwendigkeit jedoch dem eigenen Wunsch- oder Menschenbild entgegensteht. Häufig kann nur ein belegter Mißerfolg des strukturierten Ansatzes diese Dissonanz lösen.

- Die **unzureichende Kenntnis** der theoretischen Begründungen des Vorgehens, der Materialien und Instruktionen sowie eine mangelhafte Vor- und Nachbereitungszeit - gerade in der „Lernphase" - erschweren die Arbeit.
- Die **Indikationsstellung** wird **nicht vollständig** durchgeführt, vor allem besteht in der Regel nicht ausreichend Gelegenheit zur Verhaltensbeobachtung.
- Bei der **Bildung einer Gruppe** herrschen zu große Unterschiede hinsichtlich des Alters, der Symptomatik oder der Lernvoraussetzungen bei den Kindern.
- In der Einrichtung existiert **kein fester Arbeitsraum,** in dem das Training realisiert werden kann.
- Es stehen **keine** oder **unzureichende technische Geräte** (Kassettenrekorder, Videogerät, Mikro-Computer) zur Verfügung.
- Durch die Eltern, die Schule oder eigene **unrealistische Erwartungen** besteht ein zu großer Zeit- und Erfolgsdruck, vor allem wenn andere therapeutische Maßnahmen bereits versagt haben.
- Man **überfordert** sich durch zu viele, gleichzeitig begonnene Fälle.
- **Institutionelle Zwänge** (zum Beispiel in der Heimerziehung) **verhindern die Elternberatung** völlig oder schränken sie erheblich ein (zum Beispiel wegen zu langer Anfahrtswege).

Literatur

Abramson, L.Y., Seligman, M.E.P., and Teasdale, J.D. (1978). Learned helplessness in humans: Critique and reformulation. Journal of Abnormal Psychology, 87, 49–71.

Achenbach, T.M., McConaughy, S.H., and Howell, C.T. (1987). Child/adolescent behavioral and emotional problems: Implications of cross-informant correlations for situational specificity. Psychological Bulletin, 101, 213–232.

Alloy, L.B., Peterson, C., Abramson, L.Y., and Seligman, M.E.P. (1984). Attributional style and the generality of learned helplessness. Journal of Personality and Social Psychology, 46, 681–687.

American Psychiatric Association (APA) (1987). Diagnostic and Statistical Manual of mental disorders. Washington: American Psychiatric Association (3nd, rev. ed.).

Argyle, M. (1972). Soziale Interaktion. Köln: Kiepenheuer und Witsch.

Asendorpf, J. (1986). Shyness in middle and late childhood. In: W.H. Jones, J.M. Check and S.R. Briggs (eds), A sourcebook on shyness: Research and treatment. New York: Plenum.

Asendorpf, J. (1990). Beyond social withdrawal: Shyness, unsociability and peer avoidance. Human Development, 33, 250–259.

Balk, D. (1983). Learned helplessness: A model to understand and overcome a child's extreme reaction to failure. Journal of School Health, 53, 365–370.

Bandura, A. (1983). Self-efficacy determinants of anticipated fear and calamities. Journal of Personality and Social Psychology, 45, 464–469.

Bandura, A. (1986). Social foundations of thought and action. Engelwood Cliffs: Prentice-Hall.

Beelmann, A. (1990). Effektivität von Interventionen zur Förderung sozialer Kompetenzen bei Kindern. Eine Meta-Analyse. Bielefeld: Unveröffentlichte Diplomarbeit.

Bergold, J.B. (1974a). Verhaltensindikatoren der Angst. In: C. Kraiker (Hrsg.), Handbuch der Verhaltenstherapie. München: Kindler.

Bergold, J.B. (1974b). Subjektiv-verbale Indikatoren der Angst. In: C. Kraiker (Hrsg.), Handbuch der Verhaltenstherapie. München: Kindler.

Berler, E., Gross, A.M., and Drabman, R.S. (1982). Social skills training with children: Proceed with caution. Journal of Applied Behavior Analysis, 15, 41–53.

Bierman, K.L, and Furman, W. (1984). The effects of social skills training and peer involvement on the social adjustment of preadolescents. Child Development, 55, 151–162.

Biglan, A.W., van Hasselt, V.B., and Simon, J. (1988). Visual impairment. In: V.B. van Hasselt, A.E. Kazdin, M. Hersen (eds), Handbook of Developmental and Physical Disabilities. New York: Pergamon Press, 1988.

Billman, J., and McDevitt, S.C. (1980). Convergence of parent and observer ratings of temperament with observations in peer interaction in nursery school. Child Development, 51, 395–400.

Blechman, E.A., McEnroe, M.J., Carella, E.T., and Audette, D.P. (1986). Childhood competence and depression. Journal of Abnormal Psychology, 95, 223–227.

Blumberg, S.H., and Izard, C.E. (1986). Discriminating patterns of emotions in 10- and 11-yr-old children's anxiety and depression. Journal of Personality and Social Psychology, 51, 852–857.

Booraem, C., Flowers, J., und Schwartz, B. (1979). Mein Kind weiß sich zu helfen: Selbstsicherheitstraining für Kinder. München: Pfeiffer.

Born, C., Lazarus-Mainka, G., und Stölting, E. (1980). Die paradoxen Reaktionen nichtängstlicher Personen. Zeitschrift für Experimentelle und Angewandte Psychologie, 27, 369–383.

Bornstein, M.R., Bellack, A.S., and Hersen, M. (1977). Social skills training for unassertive children: A multiple baseline analysis. Journal of Applied Behavior Analysis, 10, 183–195.

Brack, U.B. (1986) (Hrsg.). Frühdiagnostik und Frühtherapie. München: Urban und Schwarzenberg.

Brandau, H., Skatsche, R., und Ruch, W. (1984). Die Vorhersagevalidität und Verhaltensrelevanz einer multidimensionalen Testbatterie zur Erfassung von „Selbstsicherheit". Zeitschrift für Klinische Psychologie, 13, 77–87.

Bruch, M.A. (1989). Familial and developmental antecedents of social phobie: Issues and findings. Clinical Psychology Review, 9, 37–47.

Burk, B., und Wittchen, H.-U. (1991). Modifizierte Anwendung eines Trainings für sozial unsichere Kinder aus soziokulturell benachteiligten Schichten. Zeitschrift für Klinische Psychologie, Psychopathologie und Psychotherapie, 39, 64–87.

Buss, A.H. (1980). Self-consciousness and social anxiety. San Francisco: Freeman.

Butler, S., Doster, J.T., and Lahey, B.B. (1977). Parent- and teacher-mediated social skills training in very withdrawn disadvantaged girl. Corrective and Social Psychiatry and Journal of Behavioral Technology, Methodology and Therapy, 23, 85–87.

Butollo, W. (1979). Chronische Angst. Theorie und Praxis der Konfrontationstherapie. München: Urban und Schwarzenberg.

Caesar, S.G. (1976). Experimentierverhalten in sozialen Situationen.–Eine experimentelle Untersuchung zur Überprüfung eines Zusammenhanges zwischen dem Verhaltensbereich der „sozialen Hemmung" und den Motivdispositionen der „Erfolgszuversicht" und der „Mißerfolgsangst" bei Kindern im Vorschulalter. München: Phil. Diss.

Cartledge, G., and Milburn, J.S. (eds) (1980). Teaching social skills to children. New York: Pergamon Press.

Cheek, J.M., and Buss, A.H. (1981). Shyness and sociability. Journal of Personality and Social Psychology, 41, 330–339.

Christoff, K.A., and Myatt, R.J. (1987). Social isolation. In: M. Hersen and V.B. van Hasselt (eds), Behavior therapy with children and adolescents. New York: Wiley.

Cone, J.D. (1987). Behavioral assessment with children and adolescents. In: M. Hersen and V.B. van Hasselt (eds.), Behavior therapy with children and adolescents. New York: Wiley.

Conger, J.C., and Kaene, S.P. (1981). Social skills intervention in the treatment of isolated or withdrawn children. Psychological Bulletin, 90, 478–495.

Dadds, M.R., Schwartz, S., and Sanders, M.R. (1987). Marital discord and treatment outcome in behavioral treatment of child conduct disorders. Journal of Consulting and Clinical Psychology, 55, 396–403.

D'Zurilla, T.J., and Goldfried, M.R. (1971). Problem solving and behavior modification. Journal of Abnormal Psychology, 78, 107–126.

Dahlmann, J., und Lazarus-Mainka, G. (1981). Ängstlichkeit und Selbstwertgefühl im Kontext sozialer Situationen. Psychologische Beiträge, 23, 86–96.

Davison, G.C., and Neale, M.M. (1988). Klinische Psychologie. München: PVU (3. völlig überarbeitete Auflage).

Dehmelt, P., Kuhnert, W., und Zinn, A. (1974). Diagnostischer Elternfragebogen (DEF). Weinheim: Beltz.

Denham, S. (1986). Social cognition, prosocial behavior and emotion in preschoolers: Contexual validation. Child Development, 57, 194–201.

Diener, C.I., und Dweck, C.S. (1980). Eine Analyse gelernter Hilflosigkeit: Kontinuierliche Verhaltensänderungen, Strategie und leistungsbezogene Kognitionen nach Mißerfolg. In: W. Herkner (Hrsg.), Attribution–Psychologie der Kausalität. Bern: Huber.

Dodge, K.A., McClaskey, C.L., and Feldman, E. (1985).

Situational approach to the assessment of social competence in children. Journal of Counseling and Clinical Psychology, 53, 344–353.

Döpfner, M. (1987). Soziale Kompetenztrainings bei selbstunsicheren Kindern. In: O. Speck, F. Peterander, und P. Innerhofer (Hrsg.), Kindertherapie. Interdisziplinäre Beiträge aus Forschung und Praxis. München: Reinhardt.

Döpfner, M., Schlüter, S., und Rey, E.R. (1981). Evaluation eines sozialen Kompetenztrainings für selbstunsichere Kinder im Alter von neun bis zwölf Jahren–Ein Therapievergleich. Zeitschrift für Kinder- und Jugendpsychiatrie, 9, 233–252.

Durlak, J.A., Fuhrman, T., and Lampman, C. (1991). Effectiveness of cognitive-behavior therapy for maladapting children: A meta-analysis. Psychological Bulletin, 110, 204–214.

Eggers, C. (1983). Depression im Kindesalter. Nervenheilkunde, 2, 176–182.

Ehlers, B., Ehlers, T., und Markus, H. (1978). Die Marburger Verhaltensliste (MVL). Ein Elternfragebogen zur Abklärung des Problemverhaltens und zur Kontrolle des Therapieverlaufs bei sechs- bis zwölfjährigen Kindern. Göttingen: Hogrefe.

Eisler, R.M., Hersen, M., and Miller, P.M. (1973). Effects of modeling on components of assertive behavior. Journal of Behavior Therapy and Experimental Psychiatry, 4, 1–6.

Fiedler, P. (1986). Verhaltenstherapie in Gruppen: Überblick und Perspektiven. Gruppendynamik, 17, 341–360.

Filipp, S.-H. (1979). Entwurf eines heuristischen Bezugsrahmens für Selbstkonzept-Forschung: Menschliche Informationsverarbeitung und naive Handlungstheorie. In: S.-H. Filipp (Hrsg.), Selbstkonzept-Forschung. Probleme, Befunde, Perspektiven. Stuttgart: Klett-Cotta.

Fischer, P., Ludwig, R., und Petermann, F. (1980). Kurzfragebogen zur Erfassung selbstunsicheren Verhaltens. Heidelberg: Unveröffentlichtes Manuskript.

Flowers, J.V. (1977). Simulation und Rollenspiel. In: F.H. Kanfer and A.P. Goldstein (Hrsg.), Möglichkeiten der Verhaltensänderung. München: Urban und Schwarzenberg.

Friedman, P.H. (1971). The effects of modeling and role playing on assertive behavior. In: R.D. Rubin, H. Fensterheim, A.A. Lazarus, and C.M. Franks (eds), Advances in Behavior Therapy. New York: Academic Press.

Fröhlich, W.D. (1983). Perspektiven der Angstforschung. In: H. Thomae (Hrsg.), Psychologie der Motive. Motivation und Emotion. Band 2. Enzyklopädie der Psychologie. Göttingen: Hogrefe.

Furman, W., Rahe, D., and Hartup, W. (1980). Rehabilitation of socially withdrawn children through mixed-age and same-age socialization. Child Development, 50, 915–922.

Galassi, M.D., and Galassi, J.P. (1976). The effects of role playing variations on the assessment of assertive behavior. Behavior Therapy, 7, 343–347.

Graumann, C.F. (1988). Der Kognitivismus in der Sozialpsychologie – Die Kehrseite der „Wende". Psychologische Rundschau, 39, 83–90.

Green, K.D., Forehand, R., Beck, S.J., and Vosk, B. (1980). An assessment of the relationship among measures of children's social competence and children's academic achievement. Child Development, 51, 1149–1156.

Gresham, F.M. (1981). Assessment of children's social skills. Journal of School Psychology, 19, 120–133.

Gresham, F.M. (1985). The utility of cognitive-behavioral procedures for social skills training with children. A critical review. Journal of Abnormal Child Psychology, 13, 141–423.

Halford, K., and Foddy, M. (1982). Cognitive and social skills correlats of social anxiety. British Journal of Clinical Psychology, 21, 17–28.

Hammen, C.L., Jacobs, M., Mayol, A., and Cochran, S.D. (1980). Dysfunctional cognitions and the effectiveness of skills and cognitive-behavioral assertion training. Journal of Consulting and Clinical Psychology, 48, 685–695.

Hauck, P.A. (1979). Irrationale Erziehungsstile. In: A. Ellis und R. Grieger (Hrsg.), Praxis der rational-emotiven Therapie. München: Urban und Schwarzenberg.

Heckhausen, H. (1980). Motivation und Handeln. Lehrbuch der Motivationspsychologie. Berlin: Springer.

Heekerens, H.P. (1987). Familientherapie mit delinquenten Jugendlichen. In: F. Petermann (Hrsg.), Verhaltensgestörtenpädagogik. Berlin: Marhold.

Heekerens, H.P. (1988). Systematische Familientherapie auf dem Prüfstand. Zeitschrift für Klinische Psychologie, 17, 93–105.

Helmke, A. (1983). Prüfungsangst. Ein Überblick über neuere theoretische Entwicklungen und empirische Ergebnisse. Psychologische Rundschau, 34, 193–211.

Herkner, W. (Hrsg.) (1980). Attribution. Psychologie der Kausalität. Bern: Huber.

Hersen, M., Eisler, R.M., und Miller, P.M. (1977). Entwicklung von selbstsicheren Verhaltensweisen: Betrachtung der klinischen Praxis, der Meßtechniken und experimenteller Untersuchungen. In: F. Petermann und C. Schmook (Hrsg.), Grundlagentexte der Klinischen Psychologie. Band 2. Bern: Huber.

Hersen, M. and van Hasselt, V.B. (eds) (1987). Behavior therapy with children and adolescents. New York: Wiley.

Hinsch, R. und Pfingsten, U. (1983). Gruppentraining sozialer Kompetenz. München: Urban und Schwarzenberg.

Holland, C.J. (1970). An interview guide for behavioral counseling with parents. Behavior Therapy, 1, 70–79.

Hope, D.A., Gansler, D.A., and Heimberg, R.G. (1989). Attentional focus and causal attributions in social phobia: Implications from social psychology. Clinical Psychology Review, 9, 49–60.

Iommelli, I. (1982). Training mit sozial-ängstlichen Kindern im Vorschulalter. TU Berlin: Unveröffentlichte Diplomarbeit.

Jakibchuk, J., and Smeriglio, V.L. (1976). The influence of symbolic modeling on the social behavior of preschool children with low levels of social responsiveness. Child Development, 47, 838–841.

Jeger, A.M., and Goldfried, M.R. (1976). A comparison of situation tests of speech anxiety. Behavior Therapy, 7, 252–255.

Kaslow, N.J., Tannenbaum, R.L., Abramson, L.Y., Peterson, C., and Seligman, M.E.P. (1983). Problem-solving deficits and depressive symptoms among children. Journal of Abnormal Child Psychology, 11, 497–502.

Kazdin, A.E. (1987a). Conduct disorder in childhood and adolescence. Newbury Park: Sage.

Kazdin, A.E. (1987b). Assessment of childhood depression. Current issues and strategies. Behavioral Assessment, 9, 291–319.

Kazdin, A.E. (1988). Effective child psychotherapy. New York: Pergamon Press.

Kazdin, A.E., Matson, J.L., Esveldt-Dawson, K. (1984). The relationship of role-playing assessment of children's social skills to multiple measures of social competence. Behavior Research and Therapy, 23, 129–139.

Keller, M.F., and Carlson, P.M. (1974). The use of symbolic modeling to promote social skills in preschool children with low levels of social responsiveness. Child Development, 45, 912–919.

Kendall, P.C., and Fischler, G.L. (1984). Behavioral and adjustment correlats of problem-solving: Validational analyses of interpersonal cognitive problem-solving measures. Child Development, 55, 879–892.

Keßler, B.H., und Hoellen, B. (1982). Rational-emotive Therapie in der Klinischen Praxis. Weinheim: Beltz.

Kolko, D.J. (1987). Depression. In: M. Hersen and V.B. van Hasselt (eds), Behavior therapy with children and adolescents. New York: Wiley.

Krohne, H.W. (1975a). Angst und Angstverarbeitung. Stuttgart: Kohlhammer.

Krohne, H.W. (1975b). Schulangst – empirische Befunde, Erklärungsansätze, therapeutische Möglichkeiten. In: H.W. Krohne (Hrsg.), Fortschritte der Pädagogischen Psychologie. München: Reinhardt.

Krohne, H.W. (Hrsg.) (1985). Angstbewältigung in Leistungssituationen. Weinheim: Edition Psychologie der VCH Verlagsgesellschaft.

Krohne, H.W., Neumann, R., und Schumacher, A. (1987). Erziehungsstildeterminanten aktueller Angst in Kompetenzerwartung in einer Leistungssituation. Mainz: Mainzer Berichte zur Persönlichkeitsforschung.

Lange, B., Kuffner, H., und Schwarzer, R. (1983). Schulangst und Schulverdrossenheit: eine Längsschnittanalyse von schulischen Sozialisationseffekten. Opladen: Westdeutscher Verlag.

Lauth, G., und Viebahn, P. (Hrsg.) (1987). Soziale Isolierung. München: PVU.

Lazarus, R.S., Averill, J.R., und Option, E.M. (1977).

Ansatz zu einer kognitiven Gefühlstheorie. In: N. Birbaumer (Hrsg.), Psychophysiologie der Angst. München: Urban und Schwarzenberg.

Lee, D.Y., Hallberg, E.T., Slemon, A.G., and Haase, R.F. (1985). An assertiveness scale for adolescents. Journal of Clinical Psychology, 41, 51–57.

Leichner, R. (1980). Zum Einfluß induzierter Angst auf die Verarbeitung sozialer Information. Zeitschrift für Experimentelle und Angewandte Psychologie, 27, 468–481.

Leichner, R. (1982). Die Verarbeitung visueller sozialer Information unter sozialer Angst. Zeitschrift für Experimentelle und Angewandte Psychologie, 29, 290–314.

Levitt, E.E. (1987). Die Psychologie der Angst. Stuttgart: Kohlhammer (Neuauflage).

Mahoney, M.J. (1977). Cognitive therapy and research: A question of questions. Cognitive Therapy Research, 1, 5–16.

Mann, R.A. (1987). Conduct disorders. In: M. Hersen and V.B. van Hasselt (eds), Behavior therapy with children and adolescents. New York: Wiley.

Manns, M., Herrmann, L., Schultze, J., und Westmeyer, H. (1987). Beobachtungsverfahren in der Verhaltensdiagnostik. Salzburg: Müller.

Matson, J.L., and Nieminen, G.S. (1987). Validity of measures of conduct behavior, depression and anxiety. Journal of Clinical Child Psychology, 16, 151–157.

McGuire, W.J. (1979). Resistenzinduktion gegenüber Überredungsversuchen. In: S.E. Hormuth (Hrsg.), Sozialpsychologie der Einstellungsänderung. Königstein: Hain.

Meichenbaum, D.M. (1979). Kognitive Verhaltensmodifikation. München: Urban und Schwarzenberg.

Meijers, J.J. (1978). Problem-solving therapy with socially anxious children. Amsterdam: Swets and Zeitlinger.

Michelson, L., Foster, S.L., and Ritchey, W.L. (1981). Social skills assessment of children. In: A.B. Lahey and A.E. Kazdin (eds), Advances in clinical child psychology. Vol. 4. New York: Plenum Press.

Mödder, C. (1986). Empirische Überprüfung des Konzepts der „erroneous beliefs of child management" nach Paul Hauck. Bonn: Unveröffentlichte Diplomarbeit.

Morris, R.J. (1977). Methoden der Angstreduktion . In: F.H. Kanfer und A.D. Goldstein (Hrsg.), Möglichkeiten der Verhaltensänderung. München: Urban und Schwarzenberg.

Nickel, H. (1973). Entwicklungspsychologie des Kindes- und Jugendalters. Bern: Huber.

Nolen-Hoeksema, S., Girgus, J.S., and Seligman, M.E.P. (1986). Learned helplessness in children: A longitudinal study of depression, achievement, and explanatory style. Journal of Personality and Social Psychology, 51, 435–442.

O'Connor, R.D. (1972). Relative efficacy of modeling, shaping, and the combined procedurres for modification of social withdrawal. Journal of Abnormal and Social Psychology, 79, 327–334.

Odem, S.L., and DeKlyen, M. (1989). Social withdrawal and depression in childhood. In: G. Adams (ed.), Children's behavior disorder. Englewood Clifs: Prentice-Hall.

Overdieck, E. (1984). Sozial unsicheres Verhalten bei Kindern: Trainingsbegleitende Eltern- und Familienarbeit. Bonn: Unveröffentlichte Diplomarbeit.

Peck, C.A., Apolloni, T., Cooke, T.P., and Raver, S.A. (1978). Teaching retarded preschoolers to imitate the free-play behavior of non-retarded classmates: Trained and generalized effects. Journal of Special Education, 12, 195–207.

Perrez, M. (1981). Soziale Kontrolle versus Hilflosigkeit des Kindes als bedeutsame Verhaltensparameter seiner sozialen Interaktion. Universität Fribourg: Unveröffentlichtes Manuskript.

Perrez, M., Büchel, F., Ischi, N., Patry, J.-L., and Thommen, B. (1985). Erziehungspsychologische Beratung und Intervention als Hilfe zur Selbsthilfe in Familie und Schule. Bern: Huber.

Peterander, F. (1987). Überlegungen zu einer familienzentrierten Kinderpsychotherapie. In: O. Speck, F. Peterander und P. Innerhofer (Hrsg.), Kindertherapie. Interdisziplinäre Beiträge aus Forschung und Praxis. München: Reinhardt.

Petermann, F. (1985). Psychologie des Vertrauens. Salzburg: Müller.

Petermann, F. (1986). Zehn Jahre „Erlernte Hilflosigkeit" in Theorie, Forschung und Anwendung. In: M.E.P. Seligman (Hrsg.), Erlernte Hilflosigkeit. München: Urban und Schwarzenberg (3. erweiterte Auflage).

Petermann, F. (Hrsg.) (1989). Einzelfallanalyse. München: Oldenbourg (2. völlig veränderte Auflage).

Petermann, F. (1991). Verhaltens- und Entwicklungsstörungen bei Kindern und Jugendlichen: Intervention. In: M. Perrez und U. Baumann (Hrsg.), Lehrbuch Klinische Psychologie. Band 2. Bern: Huber.

Petermann, F. und Petermann, U. (1980). Erfassungsbogen für aggressives Verhalten in konkreten Situationen (EAS-J; EAS-M). Braunschweig: Westermann.

Petermann, F. und Petermann, U. (1991a). Training mit aggressiven Kindern. München: PVU (5. erweiterte Auflage).

Petermann, F. und Petermann, U. (1991b). Training mit Jugendlichen. Förderung von Arbeits- und Sozialverhalten. München: PVU (2. ergänzte Auflage).

Petermann, F., Noeker, M., und Bode, U. (1987). Psychologie chronischer Krankheiten im Kindes- und Jugendalter. München: PVU.

Petermann, F., and Sauerborn, C. (1989). Training of social competence with nursery-school children. European Journal of Child and Adolescent Psychiatry, 52, 176–187.

Petermann, F., und Senftleben, S. (1989). Training sozialer Kompetenzen mit sehbehinderten Grundschulkindern. Heilpädagogische Forschung, 16, 53–60.

Petermann, F., und Walter, H.-J. (1989). Wirkungsanalyse eines Verhaltenstrainings mit sozial unsicheren, mehrfach beeinträchtigten Kindern. Praxis der Kinderpsychologie und Kinderpsychiatrie, 38, 118–125.

Petermann, U. (1981). Diskriminationstraining. In: M. Linden und M. Hautzinger (Hrsg.), Psychotherapie-Manual. Berlin: Springer.

Petermann, U. (1984). Einzelfallanalytische Effektprüfung bei einem Training mit sozial unsicheren Kindern. Zeitschrift für personenzentrierte Psychologie und Psychotherapie, 3, 357–374.

Petermann, U. (1986a). Kinder und Jugendliche besser verstehen. München: Kösel (2. Auflage).

Petermann, U. (1986b). Leitsymptom: mangelnde Selbständigkeit. In: U.B. Brack (Hrsg.), Frühdiagnostik und Frühtherapie. München: Urban und Schwarzenberg.

Petermann, U. (1987). Sozialverhalten bei Grundschülern und Jugendlichen. Frankfurt: Lang.

Petermann, U. (1991). Verhaltensmodifikation bei sozial unsicheren Kindern mit Diabetes. In: R. Roth und M. Borkenstein (Hrsg.), Psychosoziale Aspekte in der Betreuung von Kindern und Jugendlichen mit Diabetes. Basel: Karger.

Petermann, U., und Röttgen, B. (1987). Sozial unsichere Kinder – Konzeption und Evaluation eines Behandlungspaketes. In: F. Petermann (Hrsg.), Verhaltensgestörtenpädagogik. Berlin: Marhold.

Rathjen, D.P., und Foreyt, J.B. (eds) (1980). Social competence. Interventions for children and adults. New York: Pergamon Press.

Redlin, W. (1975). Explorationsschema für die Darstellung kindlicher Verhaltensstörungen im funktionalen Modell. Der Kinderarzt, 6, 853–854.

Reinecker, H. (1987). Grundlagen der Verhaltenstherapie. München: PVU.

Reinhard, H.G. (1980). Erziehungseinstellung bei Müttern verhaltensauffälliger Kinder. Zeitschrift für Kinder- und Jugendpsychiatrie, 8, 170–183.

Rholes, W.S., Blackwll, J., Jordan, S., and Walters, C.A. (1980). A development study of learned helplessness. Development Psychology, 16, 616–624.

Ross, A.O., und Petermann, F. (1987). Verhaltenstherapie mit Kindern und Jugendlichen. Stuttgart: Hippokrates.

Rossmann, P. (1988). Depression im Kindes- und Jugendalter. Eine Bibliographie. Graz: Berichte aus der Abteilung für Pädagogische Psychologie.

Röttgen, B. (1983). Soziale Unsicherheit bei Kindern. Replikationsstudie zum „Training mit sozial unsicheren Kindern". Bonn: Unveröffentlichte Diplomarbeit.

Rotter, J.B. (1954). Social learning and clinical psychology. Englewood Cliffs: Prentice-Hall.

Rotter, J.B. (1972). Generalized expectancies for internal versus external control of reinforcement. In: J.B. Rotter, J.E. Chance, and E.J. Phares (eds), Social learning theory of personality. New York: Holt, Rinehart and Winston.

Rubin, K.H., Daniels-Beirness, T., and Bream, L. (1984). Socialisolation and social problem-solving: A longitudinal study. Journal of Clinical and Counseling Psychology, 52, 17–25.

Rutter, D.R., and O'Brien, P. (1980). Social interaction in withdrawn and aggressive maladjusted girls: A study of gaze. Journal of Child Psychiatry, 21, 59–66.

Sauerborn, C. (1988). Training zum Aubau sozial kompetenter Verhaltensweisen im Kindergartenalter. Bonn: Unveröffentlichte Diplomarbeit.

Schauder, T. (1991). Zum Selbstwertgefühl von Kindern und Jugendlichen: Entwicklung und Anwendung der ALS. Zeitschrift für Klinische Psychologie, Psychopathologie und Psychotherapie, 39, 182–197.

Schlung, E. (1987). Schulphobie. Weinheim: Deutscher Studien Verlag.

Schröder, G. (1977). Verhaltenstherapie mit Kindern und Jugendlichen. München: Pfeiffer.

Schwarzer, R. (1981). Schulangst in Beziehung zur Klassenstufe und Schulart. Psychologie in Erziehung und Unterricht, 28, 1–6.

Schwarzer, R. (1987). Streß, Angst und Hilflosigkeit. Stuttgart: Kohlhammer (2. Auflage).

Seligman, M.E.P. (1978). Comment and integration. Journal of Abnormal Psychology, 87, 165–179.

Seligman, M.E.P. (1986). Erlernte Hilflosigkeit. Mit einem Nachwort von F. Petermann. München: Urban und Schwarzenberg (3. erweiterte Auflage).

Seligman, M.E.P., Peterson, C., Kaslow, N.J., Tannenbaum, R.L., Alloy, L.B., and Abramson, L.Y. (1984). Attributional style and depressive symptoms among children. Journal of Abnormal Psychology, 93, 235–238.

Seligman, M.E.P., Peterson, C. (1986). A learned helplessness perspective on childhood depression: Theory and research. In: M. Rutter, C.E. Izard, and P.B. Read (eds), Depression in young people: Developmental and clinical perspectives. New York: Guilford.

Senftleben, S. (1989). Training zum Aufbau sozialer Kompetenzen mit sehbehinderten Kindern im Grundschulalter–Theorie und Anwendung. Bonn: Unveröffentlichte Diplomarbeit im Fach Psychologie.

Shure, M.B., und Spivack, G.A. (1981). Probleme lösen im Gespräch. Stuttgart: Klett-Cotta.

Spence, S.H., and Shephard, G. (eds) (1984). Development in social skills training. London: Academic Press.

Städeli, H. (1983). Angst- und Depressionssyndrome im Vorschulalter – ihre Erkennung und ihre Behandlung. In: G. Nissen (Hrsg.), Psychiatrie des Kleinkind- und Vorschulalters. Bern: Huber.

Stefanek, M.E., and Eisler, R.M. (1983). The current status of cognitive variables in assertiveness training. In: M. Hersen, R.M. Eisler, and P.M. Miller (eds), Progress in behavior modification. New York: Academic Press.

Stiensmeier-Pelster, J., und Schürmann, M. (1991). Attributionsstil als Risikofaktor der depressiven Reaktion bei Kindern. Zeitschrift für Entwicklungspsychologie und Pädagogische Psychologie, 23, 318–329.

Strain, P.S., and Fox, J.J. (1981). Peer social initiations and the modification of social withdrawal: A review and a future perspective. Journal of Pediatrics and Psychology, 6, 417–433.

Strain, P.S., and Kerr, M.M. (1981). Modifying children's

social withdrawal: Issues in assessment and clinical intervention. In: M. Hersen, R.M. Eisler, und P.M. Miller (eds), Progress of behavior modification. Vol. 11. New York: Academic Press.

Strain, P.S., Shores, R.E., and Timm, M.A. (1977). Effects of peer imitations on the social behavior of withdrawn preschool children. Journal of Applied Behavior Analysis, 10, 289–298.

Strian, F. (1983). Angst. Berlin: Springer.

Sundberg, N.D., Snowden, L.R., and Reynolds, W.M. (1978). Toward assessment of personal competence and incompetence in life situations. Annual Review of Psychology, 29, 209–221.

Trower, P., and Gilbert, P. (1989). New theoretical conceptions of social anxiety and social phobia. Clinical Psychology Review, 9, 19–35.

Tyler, R.W. (1973). Curriculum und Unterricht. Düsseldorf: Schwann.

Ulich, d. (1980). Angstbewältigung und kognitive Kontrolle: Neue Perspektiven der Forschung und ihre praktische Bedeutung. Psychologie in Erziehung und Unterricht, 27, 349–356.

Ullrich de Muynck, R., und Forster, T. (1974). Selbstsicherheitstraining. In: C. Kraiker (Hrsg.), Handbuch der Verhaltenstherapie. München: Kindler.

Ullrich de Muynck, R., und Ullrich, R. (1978). Zum Beziehungsnetz von Selbstsicherheit, sozialer Angst und sozialer Kompetenz: Methodologische Probleme zur Begriffsoperationalisierung und Einführung in die empirischen Beiträge. In: R. Ullrich und R. Ullrich de Muynck (Hrsg.), Soziale Kompetenz. Experimentelle Ergebnisse zum Assertiveness-Training-Programm ATP. Band 1. Meßmittel und Grundlagen. München: Pfeiffer.

Upper, D., and Ross, S.M. (1985). Handbook of behavioral group therapy. New York: Plenum.

Urbain, E.S., and Kendall, P.C. (1980). Review of social-cognitive problem-solving intervention with children. Psychological Bulletin, 88, 109–143.

van Hasselt, V.B. (1988). Behavior therapy for visually handicapped persons. In: M. Hersen, R.M. Eisler, and P.M. Miller (eds), Progress of behavior modification. Vol.21. New York: Academic Press, 7, 13–44.

van Hasselt, V.B., Hersen, M., and Kadzin, A.E. (1985). Assessment of social skills in visually-handicapped adolescents. Behavior Research and Therapy, 23, 53–63.

von Cranach, B., Hüffner, U., Marte, F., und Pelka, R. (1976). Einschätzskala zur Erfassung gehemmter Kinder im Kindergarten. Praxis der Kinderpsychologie und Kinderpsychiatrie, 25, 146–155.

Walter, H.-J. (1986). Prozeßanalyse des Trainings mit sozial unsicheren Kindern. Bonn: Unveröffentlichte Diplomarbeit.

Wlazlo, Z. (1990). Exposure in-vivo bei sozialen Ängsten und Defiziten. Regensburg: Roderer.

Weisz, J.R., Weiss, B., Alicke, M.D., and Klotz, M.L. (1987). Effectiveness of psychotherapy with children and adolescents: A metaanalysis for clinicians. Journal of Consulting and Clinical Psychology, 55, 542–549.

White, R.W. (1959). Motivation reconsidered: The concept of competence. Psychological Review, 66, 297–333.

Wieczerkowski, W., Nickel, H., Janowski, A., Fittkau, B., und Rauer, W. (1974). Angstfragebogen für Kinder (AFS). Braunschweig: Westermann.

Wolpe, J. (1958). Psychotherapy by reciprocated inhibition. Stanford: Stanford University Press.

Wolpe, H. (1961). The systematic desensitization treatment of neuroses. Journal of Nervous and Mental Disease, 132, 189–203.

Wolpe, J., and Lazarus, A.A. (1966). Behavior therapy techniques. Oxford: Pergamon Press.

Yarrow, L.J. (1979). Emotional development. American Psychologist, 34, 951–957.

Younger, A.J., and Boyko, K.A. (1987). Aggression and withdrawal a social schemas underlying children's peer perception. Child development, 58, 1094–1100.

Zimmer, D. (Hrsg.) (1983). Die therapeutische Beziehung. Weinheim: Edition Psychologie.

Lehrfilme

Petermann, F., und Petermann, U. Unsichere Kinder: Ursachen und Interventionen. C 1505. Göttingen: IWF.

Petermann, F., und Petermann, U. Kritische Situationen in der Kinderpsychotherapie. C 1538. Göttingen: IWF.

Petermann, F., und Petermann, U. Autogenes Training mit Kindern. C 1539. Göttingen: IWF.

(Alle Filme sind für Schulen, Hochschulen und Kliniken vom Institut für den wissenschaftlichen Film, Nonnenstieg 72, 3400 Göttingen [Tel. 0551/202202] ausleihbar.)

Therapiefilm

Petermann, U., und Petermann, F. Verhaltensgestörte Kinder. Essen: ELVIKOM.

(Dieser Film beinhaltet die Videosituationen für das Einzeltraining mit sozial unsicheren und aggressiven Kindern. Er kann käuflich bei der Firma ELVIKOM, Kronprinzenstr. 13, 4300 Essen erworben werden.)

Bücher für die Arbeit mit Kindern und Jugendlichen

■■■■ Gezielt ein- und umsetzbare Diagnosematerialien sowie die Fülle der direkt übernehmbaren Arbeitsmaterialien machen den Praxiswert des Buches aus.
»Dieses Werk der Petermanns läßt kaum Wünsche offen... Man kann es sicher ohne Übertreibung als Standardwerk bezeichnen, das eine weite Verbreitung verdient.«
Zeitschrift für Klinische Psychologie, Psychopathologie und Psychotherapie

5., veränderte Auflage 1991. 242 Seiten mit Anhang. Zahlr. Abbildungen. Broschiert. DM 38,–
ISBN 3-621-27092-2

■■■■ Praxisorientierte Vorschläge und Handlungsanweisungen für den therapeutischen Umgang mit dem sozial unsicheren, ängstlichen Kinde auf dem Hintergrund neuerer psychologischer Erklärungskonzepte.
»Ein empfehlenswertes Buch für die Praxis mit vielen Anregungen zur individuellen Gestaltung der therapeutischen Arbeit mit Kindern.«
Report Psychologie

4., überarbeitete Auflage 1992.
205 Seiten. Broschiert.
DM 38,–
ISBN 3-621-27078-7

■■■■ Das Buch stellt ein weitangelegtes Programm vor, um Jugendlichen mit Problemen im Sozial- und Arbeitsverhalten (Aggression, Apathie, Delinquenz, mangelndes Selbstvertrauen, Motivationslosigkeit, soziale Angst, Verweigerungsverhalten, Verhaltensstörungen, Unsicherheit, Zukunftspessimismus) zu helfen. Mit vielfältigen und flexibel einsetzbaren Materialien für Einzel- und Gruppentraining.

2., veränderte Auflage 1991. 189 Seiten. Broschiert. DM 38,–
ISBN 3-621-27053-1

■■■■ »Das vorliegende Buch besticht einerseits durch die Fülle der übersichtlich dargestellten theoretischen und empirischen Arbeiten zum Problemkreis chronisch kranker Kinder und Jugendlicher, andererseits druch praktikable Handlungsvorschläge für den Anwender in der Praxis.«
TPS Theorie und Praxis der Sozialpädagogik

1987. 207 Seiten. Broschiert. DM 39,80
ISBN 3-621-27041-8

Psychologie Verlags Union
Postfach 100154
6940 Weinheim
Preisänderungen vorbehalten

Psychologie Verlags Union